ディディエ・フランク 著
本郷均・米虫正巳・河合孝昭・久保田淳 訳

現象学を超えて

Dramatique des Phénomènes

Didier FRANCK

凡　例

・本書は、Didier Franck, *Dramatique des phénomènes*, Presses Universitaires de France, 2001 の全訳である。ただし邦題は、著者とも相談の上、『現象学を超えて』とした。

・第一論文「身体と時間構成の問題」は、マリオン、プランティ＝ボンジュール編『現象学と形而上学』（法政大学出版局）に、すでに三上真司氏による邦訳が収載されているが、本書収録にあたり、著者は訂正・加筆を行っているため、新たに訳出した。邦訳にあたっては、三上氏の御訳業を参考にさせていただき、裨益されるところが多かった。記して感謝したい。

・使用した括弧等について。

(1)「　」は、原文中の《　》に対応する。

(2)（　）は、原文中の（　）に対応する。

(3)〈　〉は、原文中の大文字で始まる語を示す場合の他、訳者の判断に応じて、意味のまとまりを明示したい場合や、文章中に紛れがちな概念や用語を明示する場合などに用いた。

(4)［　］は、原文中の［　］（著者本人による補足）に対応する。

(5)〔　〕は、訳者による補足を示す。

(6) 傍点は、原文中のイタリック体に対応する。なお、フランス語以外の言語であることを示すために使用されたイタリック体には付していない。

(7) 本文中、（1）（2）（3）……は原注、〔一〕〔二〕〔三〕……は訳注である。注は、巻末にまとめた。

・著者によるドイツ語文献からの引用は、可能な限りドイツ語原文に当たったが、ドイツ語原文とフランス語訳とに異同のある場合には、文脈に応じて、適宜決定した。ただし、煩瑣を恐れて、そのすべてを明記してはいない。諒とされたい。

・「身体」に関わる訳語について。

本書の中心概念の一つであるchairは、通常「肉体」、あるいはキリスト教的な意味合いを含む「肉」と訳されることが多いが、著者によれば、これはフッサール現象学において「物体 Körper」と区別される「身体 Leib」というドイツ語を翻訳するために採用したフランス語であり、しかもここにキリスト教的な含意はまったくないとのことである。したがって、このchairと「物体」という意味でのKörper=corpsとの対比が重要となる本書のフッサール論とハイデガー論では、「肉」（ないしはそれを連想させかねない「肉体」）という訳語を避けて、chairは「身体」と訳した。またこの身体が純粋な身体そのものとして現出する場面は、身体の「物体化incorporation」（動詞の場合は物体化するs'incorporer）に対してincarnationと呼ばれるが、これもキリスト教的な「受肉」という意味は持っていないため「身体化」と訳してある（動詞の場合は「身体化する s'incarner」）。一方でニーチェ論としては「身体 Leib」と「物体 Körper」との対比が特に問題となっていないため、Leibのフランス語訳としてはcorpsが用いられている。したがってこの場合のcorpsはchairと同じく「身体」と訳し、incorporation, s'incorporerという表現に対してもそれぞれ「身体化」、「身体化する」という訳語をあてた。またレヴィナス論や各論文の結論部でのcorpsは「物体」の意味ではなくフッサール論の場合のようなchairの意味で用いられており、この場合のcorpsも「身体」と訳してある。ただし各論文の結論部で《chair et corps》などという形で両者が並記されていることもあり、共に「身体」という意味で用いられているが、この場合のみ例外的な措置としてchairに「肉体」という訳語をあてて「肉体と身体」と訳した。

日本語版のための序文

現象学を行うこと、これはフッサールにとって、経験のあらゆる対象の存在をその多様な所与性様態〔与えられ方〕の綜合へともたらすことである。ところで、その様態のうちでももっとも本原的なのは何か。この問いには、「原理中の原理」が答える。これによれば、「本原的な能与的直観はすべて、認識にとっては権利源泉である、つまり、われわれに対して『直観』において本原的に（いわばその生身のありありとした現実性において）自らを提示するものはすべて、単に自らを与えるものとして、自らを与えるものという制約においてのみ、受け入れられるのである」(1)。直観は意識の本原的様態であり、その対象を生身のありありとした（leibhaftig）仕方で与えると主張することによって、フッサールはまず、本原的現前が身体的であること、それが身体 corps（Leib）の現前なくしては生じない身体 corps への現前であること、さらにとりわけ、身体は超越論的主観性の一つの構造であること、これをはっきりさせるのである。

しかしながらフッサールは、直観的所与性の身体化した＝生身のありありとした incarné 性格を分析の主題としてはっきりと取り上げることはけっしてなかった。そして、構成する意識の肉体的で身体的な次元に正当性を認めることは、いくたの問題を引き起こす。これらの問題は、その原理においても、その方法や歴史においても、次々と現象学に関わってくるのであり、本論集はまさにこれらの問題を論じるものである。

こうした問題はどのようなものだろうか。また、どのように相互にかみ合わせればよいか。フッサールが言い続けていたように、身体はあらゆる知覚的意識において作動中である——そして知覚は「そこにすべての起源が存する作用[2]」である——なら、おのれの時間性を構成することによって、自らおのれを構成する根源的な構成的意識が、同時に、身体としておのれを構成しうるのはいかにしてなのか。より正確に言えば、感覚が、時間の根源的意識であり、かつつねに相互主観的に構成される身体の出来事である以上、時間性は、自我論的発生すべての普遍的形式であり、根元的に孤独なエゴのうちにとどまることができるのだろうか。この問いは、フッサールがその所与性様態を比べた上で結びつけた、時間と他者だけに関わるものではなく、志向性そのものに関わるものである。というのも、純粋な感覚所与が体験される仕方を分析することによって、フッサールは、意識に内在的な時間の自己構成の記述と、志向性の起源の記述とを結びつけるからである。要するに、身体化した所与性が自体所与性よりもいっそう根源的であると認めると、構成的現象学を超えたところで、志向性の存在についての問いが提起されることになるのである。

それでは、意識を「現存在 Dasein」に置き換えることで、この問いに答えることにはならないだろうか。おそらくはならない。というのも、ハイデガーは、自体所与（Selbst-gegeben）と身体化した＝生身のありありとした所与（Leibhaft-gegeben）とをきちんと区別し、フッサールに向かって、志向性の存在を問うことを怠ったと非難していながら、この区別とこの怠りとを関係づけはしなかったからである[3]。ところで、意識とその志向性を存在論的に規定するにあたって、その形式の中でももっとも本原的な生身のありありとした知覚から着手しないでそうすることなど、できるだろうか。より正確に言おう。意識の志向性を現存在の脱自的時間性のうちに基礎づけるそのときに、また「知覚において、知覚された存在者はそこに身をもってありありとある[4]」ことを強調したその後に、どうしてハイデガーは、その現前化の時間的意味だけによって、この知覚を性格づけようとするのだろうか[5]。意識の身体的次元は、何らかの仕方で、その時間的な次元に還元されてしまうがままなのか。そして、超越論的現象学が、本質的に知覚の現象学であり、身体化を特徴とするとすれば、志向性を、頽落した世界内存在として、あるいは気遣い——いずれにせよ、その気遣いの意味は、あらかじめ身体の存在を時間化様態へと連れ戻しておかずとも、時間的なものであることに変わりはない——の非本来的で「断片的な」[6]ヴァージョンである、とすることは可能だろうか。

そんなことができるのだろうか。これほどあてにできないものもないのである。「実を言えば、身体の現象学などない。というのも、身体（Leib）は、物体的事物 chose-corporelle（Körper）ではないからだ」[7]と、ハイデガーは一九六三年に指摘している。ところで、このような事態の確認が真だとしても、それは必ずしも、記述上、身体が一つの事物としても見られうるという点で、それについて提起される説明も真になるということを意味しているわけではない。そうすると、身体そのもののうちに、ハイデガーが『存在と時間』の時期に考えていたような現象学的ないし存在論的秩序に抵触しそうなものを探すのが適当ではなかろうか。

実存論的分析論が、あらゆる存在様態が時間化様態であるという原理を利用するものであるとすれば、志向性の存在論的解明は、身体化を、より厳密に言えば、そこから不可分な生〔生命〕と空間性を時間的意味によって、規定するようにと求めてくる。ところが、ハイデガーは、もっぱら実存と事物存在（Vorhandensein）とに分けられた普遍的な現象学的存在論のうちに、生を組み入れるに到らなかったのみならず、ついには、空間が時間的な意味を持ちうることを否定した[8]。それゆえ、身体は、空間と際立って特異な関係を持ちながら生きているがために[9]、現象学を逃れ、実存論的ないし範疇的にも理解できない。そして、身体の存在様態を時間化様態へともたらすことができないとすれば、基礎的存在論は、志向性の究極の意味を保証できなくなるだろう。

それでは、志向性の究極の意味にまで到るには、どんな道を辿ればよいか。時間意識の分析に立ち戻ろう。もし、感覚を感覚すること le sentir de la sansation が志向性の起源そのものであるならば、感覚の解明は、志向性の解明を可能にするにちがいない。では、フッサールは感覚をどのように理解しているか。感覚を印象と同一視するゆえ[10]、フッサールは、強度 intensité と引き替えにその受動性を強調するのである。ところで、志向がその出来事である〈感覚を感覚すること〉に強度という性格を回復させるとき、志向に何が生じるか。フッサールも忘れずに認めているように、志向は衝動 pulsion になる。よって、志向性は、衝動性 pulsionnalité として理解されねばならない。

とはいえ、意識の身体的次元に応じる志向性の存在のこの規定には、何の困難もないというわけではない。実際、志向性を衝動性へともたらした後、今度は逆に、衝動性から志向性を再構築することはできるだろうか。然りでもあり否でもある。然りであるのは、衝動性は、時間性と志向性の共通の源泉である感覚の移行性を説明可能にし、さらには、実在的であれ理念的であれ、あらゆる客観性を「即自的な最初の客観[11]」から出発して理解できるようにするからである。ちなみにこの客観は、現象学にとっては、身体であり、その客観性が、それ自体、衝動的な起源であるようなものである。なぜなら、いくつかの衝動に固有な性的な性格のおかげで、私の身体の構成は、必然的に変質〔他化〕し、相互主観的なものとなるからである。一方、結局は否であるのはつまり、これがもっとも重要なところだが、あらゆる超越論的主観性の本質的な形式である理性は、何らかの衝動から生じることは、おそらくできないからである。

それでは、志向性を衝動性として理解することは諦めねばならないのだろうか。とすれば、身体化した＝生身のありありとした所与性を主題化することには、失敗してしまうのではないか。あるいはそうであるかもしれないが、その存在において身体とは異なる主観性に身体を与えることができないことの他には、この失敗は何を意味しているのだろうか。むしろそれを転倒させて、身体を主観性の一契機にするのではなく、逆に主観性を身体の一契機とするべきではないのか。言い換えれば、もはやコギトからではなく、身体から出発すべきではないのか。「身体と生理学から出発すること。なぜか」と、ニーチェは一八八五年に問い、即座にこう答えている。「われわれは、われわれの主観的統一の様態の正確な表象に達する〔からである〕[12]。けれども、身体と主観性の概念を変様させない限り明らかにうまくいかないような、そうした方向転換とそうしたずらしとを思惟に刻み込むことによって、志向性は再構築されることになるのだろうか。

ニーチェはさらにこう書いている。「人間にあっては、その存在の瞬間ごとに、身体を構成する存在があるのと同じだけ『意識』がある」[13]。何を言いたいのか。身体は、無意識的に働く諸々の衝動によって組織されるヒエラルキー的社会である。けれども、従うには理解しなければならないし、命令するには理解してもらう必要があるとすれば、衝動は、相互に交渉しあうことをやめてはならないのである。この交渉は、絶えず中断されうる、というのも、身体のヒエラルキー的生は生成のうちにあり、その身体の予見不可能性は、交渉の流れを混乱させることもあるからである。してみれば、身体の機能障害に応答するのは、意識すること〔自覚〕である。「すべての意識に‐成ることにおいて、有機体の不調〔不快〕が表現される」[14]。生成の絶え間ない新しさに応じて、この不調も絶え間なく、また瞬間ごとに乗り越えられる。というのも、身体は、相対的に永続的な仕方で自らを維持するようになるからである。そして、衝動を意識と同一視することが正当であるのは、まず、ある衝動の機能障害が、つねに一つの抑止——つまり衝動をその行使から逸脱させることによって、どうにかこうにかそのエネルギーへと送り返すこと、要は、意識一般の特徴たる自己への回帰ないし反省——に等しいものだからである。さらに、それぞれの衝動の意識するものが他の衝動であるとすれば、他の何ものかへの関係は、この自覚した意識にとって本質的であり、その意識は志向的であることになる。「『客観』は、主観に対する主観の効果のようなものにすぎず［……］主観の一様態である」[15]と主張することによって、ニーチェはまさにこのことをのみ言ったのである。けれども、こうした無数の意識を、あらゆる客観性の形式を構成する統一性たる〈意識〉へと、いかにして移行させるか。一方では、その社会化が身体を生ぜしめている衝動間の関係分析は、身体の諸力と環境世界との関係に関わっており——「一種の力しかない」[16]――、他方では、身体とは区別されて身体を支配する意識は、支配的ないし主要な衝動の意識に他ならない。それゆえ、そこで力への意志が主たるまとめ役となる以上、身体から出発して志向的意識を再構築することは可能である[17]。

より直接的に現象学へ立ち返ろう。フッサールは、対象とその意識様態との関係を倦まず弛まず探究しているのだが、意識の肉体的で身体的な次元を主題的には考慮せず、つねに志向的分析を理論的分析として考えてきた。とすれば、現象学の記述スタイルを変えることなく、主観性に身体が従属していることを強調することなどできるのだろうか。いかなる意味で、そうすることが適切なのか。また、身体に正当性を認め、われわれにそれを教えることのできる現象学などあるのだろうか。

実存のうちに実存者が位置を占める仕方、つまり〈存在する〉という純粋な動詞のうちに、実詞〔名詞〕・存在者が自らを定位する仕方を分析することによって、レヴィナスは、身体を、この変容という出来事そのもの、存在論的差異の出来事と到来、とするところにまで導かれる。過去の所与性様態と他我の所与性様態との、フッサールによる比較を徹底し、死・性的なもの sexualité・父性が登場する具体的な場面を次々と記述することによって、時間が他者との関係であることを示そうと意を注ぐとき、レヴィナスは、「存在論的諸関係は脱身体化された＝具体性を欠いた結びつきではない」[18]という原理を働かせている。とすれば、レヴィナスの思惟は、身体の現象学であることなく身体を記述するに相応しい方法をわれわれに示してくれるかもしれない。

いかにしてこの思惟は行われるのだろうか。カントの区別を借りることで、その方法の特徴を浮き彫りにしよう。「ライプニッツとヴォルフ以来ドイツにおいて形而上学の実際の進歩はいかなるものか」というアカデミーの問いに答える論文の中で、カントは次のように書いている。「ある概念に照応する直観がその概念にア・プリオリに付随しうる場合、この概念は構築された、と言う。もしこれが経験的な直観でしかない場合には、それを概念の単なる一事例と称する。どちらの場合でも、概念に直観を付加する作用は、対象の提示（exhibitio）と呼ばれ、この提示（それが間接的に起こるのであれ直接的に起こるのであれ）がなければ、認識はありえないのである」[19]。カントは、概念と直観との関係の二つの様相を区別しているのだ。概念の構築による認識の場合、つねに単数の直観（作用という意味ではなく対象という意味で）が、ア・プリオリに概念と結合している。ここで、ア・プリオリに、とは、必然的に、ということである。一方、概念による認識の場合、単数の直観は経験的に概念と結合している。ここで、経験的に、とは、偶然的で可変的な仕方で、ということである。ところで、この区別に照らしてみると、レヴィナスのやり方は、本質的に曖昧である。なるほど、レヴィナスは一つの事例あるいは経験的直観から出発するのだが、それと対応する概念に照らしてみると、この経験的直観は唯一的であり、そのため可変的・偶然的な性格を失っている。超越の意味を確立するためにレヴィナスが探究するのは、われわれがそこから出発して超越にまで到る場面である。かかる探究は、超越の自然な意味によって導かれていることは明らかである。その意味とはどのようなものであり、どこでわれわれは、この超越の意味に到達するのか。われわれが超越の経験を持つのは、われわれが自らを隠すものに向き合うときであり、何ものかが、自らを隠しながら与え、かつ自らを与えながら自らを隠すときである。端的な例は顔の場合である。顔は、他人を与えると同時に隠す。これは注目すべき場面である。この場面は、範例的であり、かつ範例的ではないからである。これが範例的であるというのは、顔は超越そのものではないからであり、範例的ではないというのは、顔は唯一不変にして、それ単独で超越そのものの意味を保持しているからである。カント的に言えば、概念の提示は、ここでは、必然的ないしア・ポステリオリでもないのである。しかし、レヴィナスの思惟と関連させて言えば、問いは次のようになる。偶然的ないしア・プリオリでもなく、記述する概念が記述された事態にぴったりと接合したままである――というのも、現象の存在意味と、身体化された主体にその現象を示す具体的場面とを切り離せないからである――この方法、これが「存在は悪である」[20]とする命題に基礎を置いている以上、この方法は、存在の善への従属と、切り離すことはできるのかどうか。

身体という筋道をこのように辿っていくこと、これは、それゆえ、つねに現象学をその限界まで、現象学自身の彼方へともたらすことなのである。

現象学を超えて◎目次

現象学を超えて

一　身体と時間構成の問題

「では今日はどうか。現象学的哲学の時代は過ぎ去ったように見える。現象学的哲学は、哲学の他の諸思潮と並んだ、もはや歴史的な観点からしか特徴づけられない何か過去のものとすでに見做されている。しかし現象学はそのもっとも固有のところにおいてはけっして思潮なのではない。現象学とは、時と共に変化するがそのことによって存続する思惟の可能性、思惟すべきことの要求に応じる可能性なのである」(1)。

ハイデガーによって一九六三年に発せられたこの言葉は、われわれがそこから現象学を検討することができ、また検討しなければならない状況を記述するには、おそらくいまだに十分なものである。もはやフッサール的な意味での現象学は、歴史的研究や、さらには歴史主義的研究の一対象、つまりフッサールが絶えず命じるように、現象学の内的運動を、その「決定的歩み(2)」を追究してやり遂げ直すことよりも、現象学の諸源泉の目録を作成し、その形成と進展を描き直し、その諸影響を辿ることを気づかう哲学史家にとっての、付録的な一対象でしかないように思われる。かつては眼差しの転換、冒険、新たな自由であったものは、今日ではもはや構成済みの〔出来合いの〕単に伝達される一対象でしかなく、いまや一対象の健忘症的伝承〔伝統〕でしかない。資料と記念碑となった現象学、見捨てられあるいは単に見学されるだけの現象学が隠蔽する還元の大胆さを、われわれはいまだにほとんど把握できていない。

しかし現象学はそのフッサール的な意味＝方向に汲み尽くされるのか。現象学は必然的に超越論的現象学として、現象学的哲学として、形而上学として成し遂げられねばならないのか。もし現象学のもっとも本来的な要求が、諸事象そのものに戻ること、諸現象を示すこと、現象性を顕すことだとすれば、意識の諸作用とそこで告示されるものについての志向的で構成的な分析を行うことによって、現象学はそれに成功するのか。現象の〈現出すること l'apparaître〉は、「アリストテレスによって、またギリシア的な思惟と実存の総体において、アレーテイア〔二〕 *Ἀλήθεια* として、現前するものの非覆蔵性、現前するものの露現、その自らを‐示すこととして、なおより根源的に思惟されて[3]」いないか。あるいはまた、「現象学の原理に従って『事象そのもの』として経験されねばならないことは、どこからどのようにして規定されるのか。それは意識とその対象性なのか、それともその非覆蔵性と覆蔵における存在者の存在なのか[4]」。現象とそれを現出させるものへの気遣いによって、意識の持つ管轄的な特権と優位を剥奪して、現象と現象性についてのどんな主観的規定をもその歴運的〔三〕根元において破壊しなければならないのではないか。

これらの問いの受理可能性について予断を下さずに、またこれらの問いが含意していることすべてを何の検討もなしに受け入れることもせずに、これらの問いに答えること、これら問いの二者択一が要求する決断を行うことは、超越論的で構成的な現象学に固有の＝本来的な規定、超越論的で構成的な現象学に固有のもの＝本来的なものについての規定を、あらかじめ先決条件としてつねに前提することになるだろう。ところが、フッサール現象学の〈超越論的〉性格にしばしば強調が置かれたけれども、それは大抵その〈構成的〉性格を犠牲にすることによってなのである。おそらくこのアンバランスはフッサールのテクストそのものにおいてすでに働いており、フッサールは〈超越論的 transcendantal〉という現象学的概念を確かに何度も明確にしたが、〈構成 constitution〉という現象学的概念を一義的に定義することはけっしてなかった。

だが、そこで問題になっているのは、志向的分析のもっとも重要な概念の一つ、その歴史的、伝統的前例を指定することが困難な、もっとも独創的な概念の一つなのである。フッサールが『イデーン』第一巻第八六節で主張するように、もし構成が、構成的な観点が現象学の中心にあるのならば、構成という概念の相対的な曖昧さ、不透明さは、現象学的諸探究の領野全体に広がるのではないか。またこの主要概念の操作的性格は、フッサールの一連の諸概念の全体に影響し、操作的または技術主義的、盲目的で夢遊病的な奇妙な経験論——構成という語の自然的な、つまり前‐現象学的な了解だけがその無意味さについて知らせてくれるかもしれない経験論——へと、現象学の総体を導くというおそれがあるのではないか。しかしフッサールが構成という概念をはっきりと主題化しなかったということは、その主題化を行うことが不可能であるということを少なくともまだ意味してはいないし、おそらく現象学の本来の意味〔存在意義〕であるそれに固有の核心〔構成という概念〕を現象学が現象学的に記述できないということがもし明らかになれば、この事態、より正確にはこの実状はその時、問いと解釈に委ねられなければならないだろう。

I

『イデーン』第一巻第八六節は、純粋意識の一般的諸構造の研究を終了させる。この〔純粋意識の一般的諸構造の〕検討の間に、フッサールは〈体験 les vécus〉のもっとも一般的な形相的諸特徴、つまり反省、純粋なエゴ〔自我〕への・現象学的時間への関係、志向性（ヒュレーとモルフェー）〔三〕を取り出したが、第八五節の冒頭で彼が喚起するように、時間意識の謎、超越論的「絶対者」の謎は故意に無視していた。「その謎めいた諸形式と諸々のレベルを考慮に入れなければ、普遍的媒体にも似た志向性は、それ自身は志向的とは特徴づけられない体験も含めてすべての体験を最終的にその内に含んでいる、とわれわれは前にすでに（体験流を意識の統一として言い表した時に）示した。当面われわれがとどまっている考察のレベル、一切の体験時間性を構成する究極の意識の昏い深みに降りなくてもよいレベルでは、われわれはむしろ統一的な時間過程として内在的反省に差し出されるままに諸体験を受け入れる。しかしながらわれわれは原理上、次の二つを区別しなければならない。⑴『論理学研究』で『第一次的内容』として言い表されたすべての体験、⑵志向性という特性をその内に含む諸体験ないしは体験諸契機〔四〕。

体験の時間流はそれゆえ階層化されている。つまり時間流は、ヒュレー的層とノエシス的層を所有しており、それ自体として考察されれば志向的ではなく、本来の意味では〈…についての意識〉ではないヒュレー的層の内に、ノエシス的層が志向性を導入する。この区別は何を意味するのか。この区別の妥当領野はいかなるものなのか。〈体験〉についての記述的諸概念が徐々に仕上げられ整理されるのは、『論理学研究』「第五研究」の「志向的体験とその『内容』について」が最初である。これら諸概念をはっきりと浮き彫りにするために、フッサールによって提示された範例的分析の一つを辿ってみよう。「私は或る事物を、例えばこの箱を見ているのであって、私の感覚を見ているのではない。この箱がどのように向きを変えられても、私はつねにこの同一の箱を見ているのである。知覚される対象を意識内容と言い表したければ、同じ『意識内容』を私はそこでつねに持っている。しかしよりはるかに適切な意味で、体験される内容を意識内容と言い表すならば、箱の向きを変えるたびに私は新しい意識内容を持つ。非常に様々な内容がそれゆえ体験されるが、しかし同じ対象が知覚される。したがってさらに一般的に言えば、体験される内容自身は知覚される対象ではない。この点に関しては、対象の現実的存在や非存在は知覚体験自身の本質には関わらないが、その体験はしかじかの仕方で現出し、しかじかのものとして憶測されるこの対象の知覚である、ということに注意しなければならない。さらに、体験される内容が変化しても同じ対象を知覚的に把握しているとわれわれが憶測することは、それ自身また体験領圏に改めて属する何事かである。われわれは確かに『同一性意識』、つまり同一性を把握しているというこの憶測することを体験している。私はそこで、この意識の根底に何が存在しているのかと問うてみる。おそらく二つの場合には異なる感覚内容がそれぞれ与えられるが、『同じ意味』でこれら感覚内容は統握され、統覚されており［感覚内容は解釈されて（統握され、統覚されて）おり］、この『意味』に従う統握〔*Auffassung*〕［解釈（*Deutung*）］は一つの体験性格であって、それがまず第一に『私にとっての対象の存在』を形成する（*ausmacht*）、と答えることが正しいのではないだろうか。さらに、両者共にまさに同じものを思念するということの直接的意識としてのこれら双方の体験性格に基づいて、同一性意識は成就する、と答えることが正しいのではないだろうか。そしてこの意識もまた、われわれが定義した意味での作用であり、この作用の対象的相関者は、すでに述べた同一性に存しているのではないか。私には、これらすべての問いは肯定的な答えをはっきりと要求しているように思われる。これに関して浮き彫りとなった内容と作用の区別、特に呈示する感覚という意味での知覚内容と、統握し、さらには様々な層をなす性格を備えた志向、統握される感覚と一つになって、完全で具体的な知覚作用を形成する志向という意味での知覚作用との区別以上に明証的なものを、私は何ら見出すことができない[5]」。

ここでは〈体験〉という概念はまず何より純粋に現象学的な意味で捉えられており、実在自身とのどんな実在的関係も排除されている。おそらく一九〇一年に現象学は記述的心理学とまだ名のってはいるが、しかしすでにもはやそのようなものとして自らを了解してはいない[6]。次にフッサールは体験内容の二つの概念を区別する。

(a)志向的対象という意味での内容、つまり志向的内容、〔例えば〕私が見て知覚しており、私の眼差しの方向がいかなるものであれ、私にとって同一のものとして現出するこの箱。『イデーン』第一巻がノエマ[五]と呼ぶことになるものがそこでは問題となっているが、それは体験の内に実的に内含されえないので本来の意味での内容ではない。

ノエシスへのノエマの非実的内含の発見によって、フッサールは、現象学的分析を志向的関係の対象的限界へと拡張することを正当化し合法化しようとすることになるだろう。実際この拡張はフッサールが絶えず取り組んだものである。

(b)本来の意味での内容、体験の実的内容、体験されているが見られず、客観的には現出しない[7]多様な感覚所与。結局、分析によって明らかになる体験の最終的な契機、つまり感覚内容が、意味作用の体験という意味での作用によって、私にとっての対象の存在を構成するように統握、つまり解釈される。統握ないしは統覚（フッサールは徐々に「解釈」という語を放棄することになるだろう）が、感覚的所与を知覚される対象として構成する。「われわれにとって統覚とは、感覚のなまの存在に対して、体験自身の内に、体験の記述的内容の内にある超過分である。いわば感覚を生気づけ、その本質に従って、われわれがしかじかの対象的なものを知覚するようにさせる、例えばわれわれがこの木を見たり、あの呼び鈴を聞いたり、花の香りを嗅いだりなどのことをするようにさせるのは、作用性格である[8]」。志向性がそこに存する統握は体験されてはいるが、対象的には現出しえないだろう[9]。体験はそれゆえ現象学的に還元されると、本来の意味での作用（ノエシス、モルフェー）と、その作用に属しそこに実的に内含される感覚内容（ヒュレー）とに分離される。志向的内容（ノエマ）に関しては、それは実的内在という意味での内容ではなく、志向的内在という意味での内容である。

『イデーン』第一巻第八六節に従って、機能的[10]あるいは構成的な問題とは、ノエシスがヒュレー的多様を生気づけて綜合することで、対象を告示し現出させる仕方に関わるとすれば、われわれがそこから始めた〔先ほどの〕記述は、〈構成〉についての明白な表現と見做すことができる。構成すること、それは或る意味に従って諸々の感覚内容を統握あるいは解釈することであり、対象を眼差しにもたらし、対象を眼差しのもとに、純粋な眼差しの可処分権の内に置くことなのである。構成的活動の分析はそれゆえ、一切の対象的な可視性の、対象的には不可視の諸条件の記述、対象的な現出すること一切の、対象的には現出しない諸条件の記述という様相を持つのであり、言い換えれば眼差しの舞台裏の探索という意味を持つ。〈構成〉は実在的な意味、つまり実在的に産出するという意味をまったく持たず、それは対象も意味も創造しない。一九〇三年一月二五日付けのW・E・ホッキング宛書簡の中で、フッサールは『論理学研究』に関してそのことを明確に述べていた。「作用において『対象が構成』される、という何度も繰り返し現れる表現は、対象を目の前にもたらすという作用の特性をつねに意味しています。本来の意味での『構成すること』が問題なのではありません」[11]。

構成という概念のこの規定(それは〈現象 le phénomène〉についての規定に関連するもので、つまり構成されるまさにそのものが〈現象〉であり、現出する)は、感性的ヒュレーと志向的モルフェーとの区別に基づいており、この二元性が維持されうる間は、つまり現象学的時間性の構成問題が保留されたままである限りは、この規定は有効である。実際、フッサールは『イデーン』第一巻で取りかかる〈ヒュレー‐モルフェー〉という相関関係についての研究中に、「感性的ヒュレーと志向的モルフェーとのこの注目すべき二元性と統一性は、現象学的領分の全体において支配的役割を演じる」と書き留めるが、「〈全体において〉というのはつまり、終始それを堅く守らねばならない構成された時間性というレベルの内部で、ということである」[12]とすぐに括弧に入れて付け加え、構成する時間性のレベルへ移行するや否や、この二元性と統一性はもはや通用しない、あるいは少なくとももはや同じ役割を演じないということを理解させるのである。われわれがまず初めに到達した、〈統握‐統握内容〉という図式に本質的に従う〈構成〉という概念は、それゆえ時間の構成、つまり真の最終的な現象学的絶対者の構成を記述するには適さない。このことは、そこでフッサール現象学に固有の=本来的な意味について決定することが可能で正当となる唯一のレベルとしての時間の構成分析に踏み込むことがなければ、われわれはこの〈構成〉という概念の十分な了解、十分に根元的 radicale な了解への権利を主張しえないだろう、ということを意味している。

Ⅱ

『内的時間意識の現象学講義』を開く前に、次の事を喚起することは無駄ではない。⑴フッサールはこの講義を生前に公刊させることで、その文面に信任状を授けたということ。テクストの校訂と、そこでE・シュタイン〔六〕、L・ラントグレーベ〔七〕、あるいはハイデガーが関与したそれぞれの持ち分に関するいかなる文献考証的議論も、この事実を考慮に入れないわけにはいかない。⑵時間性についてのその後の分析がいかなるものであれ、フッサールは一九〇五年に獲得された知見に準拠することをやめなかったということ。一九一三年の『イデーン』第一巻の或る注は、時間意識の謎に関して、「この点に関する筆者の長年無益だった努力は、本質的には一九〇五年に結論に辿り着いた。その諸成果はゲッティンゲン大学での講義で伝えられた」と注意を促している(13)。またさらに後の一九二九年の『形式論理学と超越論的論理学』は何度もその講義に訴えかけている(14)。なるほどフッサールは絶えずC草稿群〔八〕では批判的に『内的時間意識の現象学講義』に立ち返ってその諸成果を変更し修正したが、しかしこの手のどんな批判も、それが対立しているものの支配を維持している〔対立している相手の優位は動かない〕。時間性についての秘教的な学説へのいかなる訴えかけも、これら自明の事実を取り消すことはできないし、一九〇五年の『内的時間意識の現象学講義』を、それが引き起こす諸困難とアポリアと違って決定的なものと見做さないといういかなる理由もない。

分析の出発点、あるいはより正確には分析の導きの糸は、時間客観、つまりメロディーのように一定の持続期間にわたってその存在を展開する対象となるだろう。超越的な時間客観、知覚されるメロディーは、多様な体験において構成される対象であり、その体験もまた或る時間の内に、つまり意識の内在的時間の内に場を占めている。時間客観の知覚自身が時間性を所有しているということが明らかであれば、超越的な時間客観を構成する諸体験自身が内在的な時間客観であり、その諸体験の構成を記述することで、この諸体験において与えられる時間の構成、純粋意識の内在的時間の構成を同時に記述することになるだろう。しかし体験あるいは内在的な時間客観とは、統握、志向的体験であり、また同時に、志向的ではない体験、第一次的内容あるいはヒュレー的所与性でもある。それでは現象学的時間の構成の分析は、いかなる体験群に訴えるべきなのか。もっぱらヒュレー的所与性に訴えるべきであり、それは以下の理由によってである。

(1)フッサールは、意識の純粋時間性、純粋内在性の時間性を記述しようとする。ところで時間の統握体験は、現出する客観的時間の体験であり、また客観的、つまり超越的な時間の〈体験されて - あること〉は、体験自身の時間以上のものであり、それとは異なるもの、意識の実的内在性の時間以上のものであり、それとは異なるものである。純粋な感覚与件の時間性を、それゆえ客観的与件の時間性から区別しなければならない。後者の時間性は前者の時間性に基づいているのである。「現象学的与件――それは統握によって客観的なものを生身でありありとした所与として意識的なものとし、これが客観的に知覚されるものと呼ばれる――を感覚されるものと呼ぶならば、同様に同じ意味で、われわれは『感覚される』時間的なものと知覚される時間的なものとを区別すべきである。後者は客観的時間を意味する。しかし前者はそれ自身客観的時間（あるいは客観的時間における位置）ではない。それは現象学的与件であり、その経験的統覚によって客観的時間への関係が構成されるのである」(15)。

(2)このように感覚与件へ、ヒュレーへと後退することは、或る意味で「すべての体験は、印象によって意識される、つまり印象化される」(16)だけに、なおさら正当化される。ヒュレー的体験はその時、それを介してすべての体験一般が意識され反省へと差し出されうる体験の特殊な層を形成するが、それは意識が、現実的ないしは可能的なすべての領域がそこで分節され告示される原 - 領域であるのとまったく同様であり、そこには一つの類比以上のものがある。こうして時間性の現象学的起源をヒュレーの中に求めに行くことで、フッサールは、後に自分が『イデーン』第一巻で純粋なヒュレー学とノエシス的現象学の間に確立することになるヒエラルキー[17]を前もって転倒させ、われわれが明確にしたような構成概念を支える〈ヒュレー - モルフェー〉という図式を解消することをとりわけ目指している。感覚される時間と知覚される時間との区別〔をめぐる議論〕の欄外に、「あらゆる構成が〈統握内容 - 統握〉という図式を有している訳ではない」とフッサールは注記している[18]。それゆえわれわれには、時間性の構成の分析を辿ること以外に、構成という概念の十分な規定に到達する機会はない。

純粋なヒュレー的所与性として音を取り上げよう。まず初めに、眼差しは、音のその持続の中での同一性に向かうことができる。音は始まって終わるが、始まって終わるのは同じ音であり、この音の持続は同じ持続である。次に、眼差しは、その音が与えられる仕方、つまり同一の音の所与性様態の変容に関わることができる。その時、多様な所与性様態を通じての同一のものについての思念に、同一のものの所与性様態の変容についての思念がとって代わる。何が理解されるか。「音と音が満たす持続は、『諸様式〔諸様態〕』の連続性において、『恒常的流れ』において意識される。この流れの一つの点、一つの位相は『始まる音の意識』と呼ばれ、音の持続の最初の時間点は〈今〉という様式でそこで意識される[19]」。音とそれが満たす持続は、純粋な点的〈今〉という様式から始まって、諸様式の、諸位相の連続性において与えられ、諸現出様式の流れにおいて与えられる。この流れの諸位相の一つが一つの〈今〉であるならば、音はそれが持続して延長している間は、現在的なものとして与えられる。音が終わる時、音は意識において把持され、過ぎ去った音として、過去把持において一定の期間は意識され続ける。「音の持続の広がり全体、あるいはその広がりにおける『その』音は、その時いわば死んだもの、もはや自らを生き生きとは産出しないもの、〈今〉の産出点によって生気づけられておらず、絶えず変様して『空虚』へと落ち行く一形成物となる。その時広がり全体の変様は、意識が次から次へと新たな産出へ移行する時に、顕在的な期間中に持続の経過した断片が蒙る変様に類比的で、本質的にはそれと同一な変様である」[20]。この最初の分析はそれゆえ、内在的な時間客観が現出する仕方、つまり或る持続を満たすということがその存在に属する対象の現出する仕方を主題としている。だからこの分析が関わっているのは或る持続が現出する仕方であって、現出する持続そのものではない。純粋なヒュレー的所与性としての音は同じであるが、その現出様式における音は、〈現在〉、〈生き生きとした過去〉、〈消え去った過去〉のように絶えず異なる。このことは、その現出することの〈どのようにという様式〉における音の多様性が、現出する音と持続――その同一性はつねに前提されている――に対してヒュレーとして機能するということを意味している。音それ自身と「〔どのようにという〕様式における」（in der Weise wie）音との区別は、ヒュレーの新たな深みへと導く。顕在的に現前しているもの、あるいは過ぎ去ったものとして、われわれは「その様式における客観」を意識するのであるから、時間的な差異と内在的客観の時間が構成されるのは、それゆえこの原 - ヒュレーの只中でなのである。諸現出様式の流れは現象学的時間性を構成するものである。

この時間性の核心的構造の記述に取りかかる前に、以下のことを明確にしておこう。

(1)「その経過様態における客観」は、超越的対象の場合における射映[九]と同様に本来の意味での意識ではなく、それを介して意識がその対象へと関わるものであるということ。

(2)「その経過様態における客観」は、もし〈現出〉ということで或る対象の現出を表すとすれば、もはや現出ではないということ。フッサールが「経過現象」または「時間的方位づけの様態」と呼ぶのを好む「その経過様態における客観」（つまり原 - 構成的なヒュレー）は、構成されたヒュレーとまったく同じようには現出しない。経過現象が現出しないとしても、その現象は対象的な現出することへと、それのために備えるのであるが、〈備える〉という語は、ここでは準備するということと、我がものとするということを意味する。「現出論的流れ[21]」という名を受け取ることもある原 - ヒュレー的流れは、この意味において現象性それ自身である[22]。それゆえ時間的ヒュレーの解明という枠組みにおいてのみ、フッサール的な〈現象〉概念が場合によっては規定されうることになるだろう。

これら「時間的方位づけの諸様態」については、それらが不変の連続性に従って流れ去り、絶対的に唯一の流れとして秩序立てられ、恒常的な形式を所有する以上、不可分の統一性を形成している、ということをわれわれは少なくとも知っている。ついでに注記しておくと、このような理由によって、ニーチェ的永劫回帰を想起させないでもない時間の規定を不可解なこととして排除する権利がフッサールにはある。「諸位相の連続性が、同じ位相様態を二度含む、あるいは部分的な広がりの全体にわたる同じ位相様態さえも含むような連続性であるとは考えられない。各々の時点（と各々の時間の広がり）は互いに言わば『個体的に』異なり、いかなる時点も二度生ずることはありえないのと同様に、いかなる経過様態も二度生ずることはありえない(23)」。

記述の筋道を結び直そう。純粋なヒュレー的与件としての、内在的な時間客観としての音は、音の経過という性格（現在、過去）を規定する所与性様態の、つまり経過様態の連続的多様性へと分解されて分析された。言い換えれば、内在的な時間客観の統一性は、流れという形式に従う多様な諸位相において構成される。しかしこの連続的流れの位相の各々は「個体的に」（つまり個体性がすでに時間性を前提しているとするならば、抽象的に）考察されうる。位相の各々はその時まず第一に、一つの始まり、一つの源泉‐点を眼差しに差し出す。内在的な時間客観のどんな経過様態または経過位相も、それ自身一つの純粋な始まりを所有しており、過去把持的変様の法則にそれもまた従う純粋な現在的〈今〉によって、かつこの現在的〈今〉と共に開始される。このことは、連続性の各々の位相がそれ自身諸位相の連続性であり、また客観の持続の各々の点がこの持続そのものの中に包含されている以上、この諸位相の連続性は持続の各々の位相の中に包含されている、ということを意味している。フッサールはこの注目すべき構造を次のように描いている。「何よりもまず、内在的な時間客観の経過様態は、一つの始まり、言わば一つの源泉点を持つということをわれわれは強調する。それは内在的客観がそれにより存在し始める経過様態である。この経過様態は〈今〉として特徴づけられる。その時、諸々の経過様態の絶えざる進行の中にわれわれは次のような注目すべきことを見出す。以後の各々の経過位相は、それ自身一つの連続性であり、絶えず拡大する一つの連続性、様々な過去からなる一つの連続性である。客観の持続の経過様態の連続性と、その経過様態の連続性の中に明らかに包含されている持続の各々の点の経過様態の連続性とをわれわれは対照させている。持続する或る客観の経過の連続性は、その諸位相が客観の持続の様々な時点の経過様態の連続体である、一つの連続体である」[24]。時間を構成する起源をヒュレーの中に求めることで、構成されたヒュレーと構成されたモルフェーとの対立を原‐ヒュレーの只中で解消することをフッサールは必然的に目指し、原‐ヒュレーからモルフェーを導出しようと試みる。ところで上で記述された事態の中にある注目すべきこととは、この事態が〔今述べた〕フッサールのこの試みに答えているということなのである。というのも、内在的な客観の持続の――構成された持続の――経過様態の連続性が、この持続の各々の点の、つまりその持続自身の持つ構成する諸位相の各々の経過様態の連続性を内含しているならば、このことは、構成する諸位相は構成された諸位相の中に実的に包含されるために、そのヒュレーであるということを意味しているからである。原‐ヒュレーはそれゆえ持続を、すなわち「持続とは、持続する何ものかの形式である」[25]以上は、時間形式自身を構成するものである。もし経過現象が連続的でないならば、〔構成する諸位相の構成された諸位相の中への〕包含は可能ではないだろうし、実的でヒュレー的でもないだろう。ではこの連続性をどのようにして記述し、どのようにしてそれを説明し、それに論拠を与えるのか。「持続する客観の『産出』が始まる『源泉点』は原‐印象である。この意識は恒常的な変移の内で把握される。つまり生身のありありとした音の〈今〉（すなわち意識に関する、意識の『中での』）は既在へと絶えず変移し、つねに新たな音の〈今〉は、変様の中に移行した〈今〉と絶えず交代する。しかし音の〈今〉の意識、つまり原‐印象が過去把持へと移行するとき、この過去把持自身がまた一つの〈今〉、顕在的にそこに在るものとなる。過去把持自身が顕在的である（ただし顕在的な音ではない）間は、過去把持は過ぎ去った音の過去把持である。思念の光は〈今〉へと、つまり過去把持へと向かいうるが、しかしまたそれは過去把持的に意識されるもの、つまり過去の音へも向かいうる。しかし意識の各々の顕在的な〈今〉は変様の法則に従う。〈今〉は過去把持の過去把持に変移し、それが絶えず続く。したがってこうして過去把持の絶えざる連続体が生じ、それ以後の各々の点は、それ以前の各々の点に対する過去把持となる。しかも各々の過去把持はすでに連続体である。音は始まり、絶えず『それ』は続けられる。音の〈今〉は音の既在に変移し、印象的意識は絶えず流れて、つねに新たな過去把持的意識へと移り行く(26)」。時間性の核心的構造についてのこの記述は以下のことを示している。

(1)まず、経過現象の連続性は過去把持的変様の志向的性格によるということ。同じ原-印象は初めは生身のありありとしたものとして与えられ、次いで第一の過去把持において与えられるが、この過去把持もまた一つの印象であるがゆえに、今度は過去把持として〔別の過去把持において〕与えられる。その時この第二の過去把持は過去把持の過去把持である等々〔と続いて行く〕。こうして過去把持的志向性は流れの連続性を保証するのであり、それも言わば純粋な〈今〉の新しさのもとで、純粋な印象的〈今〉の根源的差異化のもとで保証するのである。

(2)次に、時間性は原-印象の多様な意識様態において自らを構成するということ。この様態、つまり「その〈どのようにという様式〉における客観」、その所与性の〈どのようにという様式〉における客観は、それが構成する内在的な時間客観――体験――の流れそのものに属している。さらに流れの諸位相は時間を、つまり体験自身の形式を構成する純粋なヒュレー的体験である。構成の当初の図式、構成された時間性の内部で現出するものすべてに確保されていた構成的図式は、それゆえもはや有効ではない。一方で、ヒュレーとモルフェーの二元論はもはや通用せず、一切がヒュレーの只中で生じ、他方で、「次から次へと」という仕方で経過する根源的なヒュレー的体験が、すべての体験一般（それゆえヒュレー的体験それ自身）と、それら体験の序列化の普遍的形式を構成するのであれば、構成は発生的に行われ、自己‐構成でなければならない。

(3)時間性の核心的構造についてのこの記述は、最後に、原‐印象の多様な意識様態において自らを構成する時間とは、こうした印象が経験される仕方、つまりそこで感覚することと感覚されるものが互いに内在的となる、感覚を感覚することが経験される仕方、自己自身を触発するものが自らを触発する仕方であるということを示している。「感覚することを、われわれは根源的時間意識と見做す。そこにおいて色や音という内在的統一性、願望、喜びなどという内在的統一性が構成される。〔……〕感覚は現前化する時間意識である」[27]。根源的時間意識が感覚であれば、この感覚 la sensation の分析だけが構成という概念の究極的規定を可能とすることになるだろう。

Ⅲ

時間の了解に向けて秩序立てられる感覚の分析の諸困難はただちに現れる。一方で、諸感覚は内世界的存在者でしかないように思われる〈身体 la chair〉に本質上結びついており[28]、他方で、感覚は、現象学的時間――それはすべての体験一般とそこで告示される世界との究極的形式である、つまり身体とその諸感覚のア・プリオリである――の起源にある。それゆえ諸感覚が生じうるためには、身体がすでに構成されていなければならないだろうが、その諸感覚は時間の起源にあるのだから、一切の構成一般の起源にある。もしフッサールが、カントと同様に時間を感覚のア・プリオリな形式として規定するならば、いかなる問題もなかっただろう。しかしフッサールが時間の起源を――前‐批判的な経験論と感覚論への回帰と解釈するのは性急なことであるかもしれない運動に従って――探究しに向かうのは、感覚することの中、つまり純粋な感覚自身の中なのである。フッサールが時折その輪郭を明確化していた刷新された超越論的感性論は、まったく前‐カント的ではなく、逆にカントの超越論的感性論こそ、構成された主体と世界とを前提し、その代わりにそれらの構成を決して問わない限りにおいて前‐フッサール的である。時間が感覚することであり、感覚が身体を含意しているとすれば、この身体の分析は、感覚と感覚すること一般の意味を、したがって時間の意味を規定するために必要である。

身体の構成に関する探究は、その総体的目的が自然と精神とを構成する諸体系の記述である、『イデーン』第二巻第二篇の大部分を占めている。自然は物質的自然と有心的自然とに区分され、後者は前者に基づくが、物質的自然ということでフッサールは、空間‐時間的な〈物体 corps〉の総体、物理的事物の総体を表している。延長する事物の構成的分析が言わば自ずと身体の分析に導く限りで、駆け足にではあれ、それを辿ることはおそらく無駄ではない。

「それではこの事物〔res〕の概念を形成するのは何であり、延長する実在性、実在性一般とは何を意味するのか。また延長する実体についても話題になる。この実体性とは何を意味するのかを、われわれはできるだけ一般的に問うてみよう[29]」。孤立した物質的事物の所与性についての現象学的分析に取りかかろう。可動性と可変性が物質的事物の本質に属しているということをわれわれはまず理解する。実際、われわれが絶対的に不動で変化しない孤立した事物の観念を措定するならば、われわれはそれをもはや「幻像」から区別できない。「幻像」は確かに直観に差し出されるが、物質的事物が「幻像」に対し超過して所有するものは、直観的所与性には到達しえない。「幻像」とは何か。その一例は立体視によってわれわれに与えられる。つまりしかじかの形、しかじかの色を所有する或る空間的な物体は確かに現出するが、いわゆる物質性に属するものすべて（重さ、弾性など）を欠いている。フッサールはそこで次のように言う。「われわれは以上から、〔性質により〕充実した空間物体（性質を持つ物体）は、その延長の性質的な充実によっては、いまだに十分に事物ではない、つまり物質的実在という通常の意味での事物ではないと見てとる[30]」。それゆえ事物の感性的図式、つまり「幻像」、ないしは物質性についての統握を欠いた空間的で感性的な純粋所与性と、物質性そのものとを区別すべきである。[31] そこで問題は、実体性〔実在性〕がどのように直観の対象となりうるかを記述し了解することである。そのために、上の分析の前提を取り払い、孤立した事物を考察することはもうやめよう。逆に事物をその周囲の状況に置き戻してみよう。「変化する照明のもとで、それゆえそれを照らす他のものと関連して、事物はつねに別のものに見えるが、そのように見えるのは恣意的にではなく、規定されている。ここには関数的な諸連関が明らかに存在しており、その連関が或る側面の図式的変様を、別の側面の図式的変様と関係づけている。事物の事物としての（単なる幻像のではなく）統握の意味には、このような図式、それも一定の変様系列において繰り広げられて、一定の仕方で或る時は変化し、或る時は変化しない図式が、同一の事物の告示として経験されるということが含意されている。しかしこの図式がそれに結びついた『実在的状況に依存する』ものとして繰り広げられる限りにおいて、われわれはこの図式をそのようなものとして経験する[32]」。厳密な意味での実在性は、諸状況からは独立に知覚されるものに存しているのではなく、逆に知覚されるものと諸状況との関係に、つまり最終的には因果性に存する、ということ以外にこの分析は何を意味するのか。照明が変わる時、感性的図式も変化するが、図式の変容のもとでも或る不変のものが残り続ける。例えばその強さに多かれ少なかれ差はあれ、輝くのは同じ赤である。こうして構成されるものとは、事物の特性としての客観的な色であり、それゆえまた多様な客観的特性の同一の支えとしての実在性ないしは実体性である。[33]「事物は、それに結びついている諸状況においてしかじかの仕方で振る舞いながら、恒常的に存在している。つまり実在性と、またはここでは同じことだが実体性と因果性とは、切り離しがたく相互に帰属し合っている。だから、実在的な諸特性も因果的な特性である。或る事物を認識することとはそれゆえ、それを押したり叩いたりして折り曲げるか割るかしたり、熱したり冷やしたりするとその事物がどのように振る舞うかを、つまりその事物がその因果性の連関においてどのように振る舞い、どのような状態になり、こうした状態を通してどのように同じものにとどまるかを、経験に即して知るということである」[34]。

たったいま描かれたものは、エゴの感性的直観の連続的で調和一致的な多様性における、つまり図式的統一性と状況への依存関係との多様性における、物質的事物の構成である。この実在性の直観に基づき、理念化と極限への移行とによって、次に物理科学の対象としての自然を構成できる。しかしこの最初の記述は二重の捨象を伴わない訳にはいかなかった。それはつまりエゴ自身の捨象と他者の捨象であって、それが最初の記述の哲学的射程を制限していたのである。相互主観性の問題、つまり客観性の問題は一時的に脇に置き、フッサールがエゴの「自己忘却」と呼ぶものに立ち戻ろう。自然と実在性との存在意味をその根元にまで入り込んで洞察することが問題である以上、その主観的身元保証を省くのは適当ではない。ところでエゴの現前は、まず第一にその身体の現前によって告示され、しかもそのことは感性的図式のレベルそのものにおいて起こる。「直観的に私の前に立ち現れるような感覚されるものとしての物質的事物の性質（Beschaffenheit）は、私の、経験する主体の性質に依存しており、私の身体と私の『正常な感性』とに関係していることは明らかである。身体はまず第一に、あらゆる知覚の手段であり、知覚器官であり、よって必然的に一切の知覚に伴っている」[35]。

われわれは、身体と事物との間の構成的な関係と相関性の研究を続けないで、これからは身体それ自身の構成の分析だけを辿ることにしよう。フッサールはその分析を次のように開始する。「そのために、身体を使って知覚され、空間的に経験される物体が、身体 - 物体〔Leibkörper 身体である物体〕それ自身である特殊な場合を、われわれはただちに選ぶことができる。というのも、身体 - 物体を事物的連関における他の事物と同じような一つの事物と端的に見做すことが許されない或る種の限界内においてであれ、身体 - 物体はまた確かに外部から知覚されるからである。こうしてなるほど触覚によって知覚されうるが、見られることのできない物体の諸部分が存在する。しかしわれわれはまず最初はそのような諸部分は考慮に入れず、触れることができると同時に見ることもできる物体の諸部分から出発することができる」[36]。視覚的現れを触覚的現れから区別する前に、この範例の選択は矛盾した前提を伴わない訳にはいかないということを指摘しなければならない。フッサールは独我論的な枠組みの内に故意にとどまっているということを喚起しよう。それにもかかわらず、たったいま記述された経験は、身体とそれに外的なものとの差異が与えられているということ、それゆえ、或る種の限界内においてであれ――しかしどのような限界なのか――身体が何らかの物体として知覚されうる或る空間が構成されているということを含意している。ところが、身体とすべての物体とを共通の物体性という分母で通分するこのような空間は、相互主観性を前提しているのである。

例えば私の手のように見ることができると同時に触れることもできるものの、視覚的所与と触覚的所与との間には、それではどのような差異が存在するのか。私が右手で左手に触れる時、私は触覚的現れ、触覚感覚を持つが、この感覚が対象化されて「左手」という物理的事物を構成する。しかしこの触れられた手もまた触れる手であり、左手を対象化する触覚は、左手の内に触覚的能力を目覚めさせ、この能力によって左手は「触れる主体」として現出し、自らに現出するのである。左手は感覚し、身体となる。「手がまさしくこの箇所で触れられた時、触れられた手の現出する客観的空間のどんな箇所にも『接触』感覚が帰属する。同様に、触れる手もまた今度は事物として現出するが、この手がそこで触れている（または他方の手によって触れられている）空間物体的箇所でその接触感覚を持つ。同様に、手がつねられ、押され、叩かれ、刺されなどしたり、別な物体によって手に触れられたり、手が別の物体に触れたりするならば、その手はその接触感覚、刺された感覚、痛みの感覚などを持つ。またこうしたことが身体の別の部分を使って生じるならば、身体の二つの部分の各々がもう一方の部分に対しては触れて作用する外的な事物となり、同時に二つの部分の各々が身体となるがゆえに、われわれは身体の二つの部分においてそのような二重感覚を持つ。こうして引き起こされたすべての感覚は局所化する、つまりそれらの感覚は現出する身体性（Leiblichkeit）の箇所によって区別され、現象的にその身体性に帰属する。身体はそれゆえ根源的には二重の仕方で構成される。すなわち一方で、身体は物理的事物、物質であり、そこにその実在的諸特性、つまり色合い、滑らかさ、硬さ、熱さや、そのような物質的諸特性が入り込む延長を持つ。他方で、手の甲の温かさ、足の冷たさ、指先の接触感覚を、私は身体の上に見出し、身体の『上』に、また身体の『内』に感覚するのである[37]」。

触覚的領圏と視覚的領圏の差異はただちに浮き彫りになる。つまり触覚は常に二重化されるが、目は自らを見ないし、見られるものは見るものにはならない。見られる身体は、身体が〈触れられる―触れるもの〉であるようには、〈見られる―見るもの〉ではない。先程の記述は、身体を局所化された感覚、つまり〈感覚態 Empfindnis[38]〉の支えとしている。問題はその時、「局所化の表面」、つまり支え自身がどのようにして構成されるのかということである。フッサールはそれについては何も言ってはいないが、次のような分析を提起できる。身体のそれ自身現出する表面のしかじかの場所に感覚が現出する時に、感覚は局所化される。例えば「私は手が冷たい」というように。この局所化の原理は、一つの表面上の諸々の場所の相対的差異化である。つまり「私は手が冷たい」は「私は足が冷たい」との差異によって了解される。しかしながら、もし「身体の全表面は触覚の表面として役立つ[39]」ならば、身体の現出する全表面上に展開して行き渡る一群の「超‐局所的」感覚が存在するのではないか。身体はそれ自身と絶えず接触しているのであり、現出する身体のすべての場所に広がるこの純粋な接触、自己による自己の純粋で直接的なこの感覚が、差異によって局所化されることはありえないだろう。指先やその他のところに冷たさを感じる以前に、私は自らをまったく端的に、絶えずつねに感覚する。しかもこの「私は自らを感覚する」は、「私は手が焼けるように熱く感じる」などに権利上つねに先行するだろう。それ自身以外の「対象」を持たず、局所化された諸感覚の支え、つまり局所化の表面を構成する、純粋な身体的諸感覚の層がそれゆえ存在するのである。

だがこの表面は諸限界によって限定されなければならない。その諸限界とはどのようなものか。それはどこから来るのか。この限界は、身体の〈物体化 l'incorporation〉が身体に課す限界と一つになるのか。局所化の表面としての身体の諸限界は、身体がつねにまたそれでもある物体の限界なのか。これらの問いに答えるために、独我論的主体はいかなる限りにおいて、またどのようにして、自らの身体を一つの物体として統握しうるのかということを検討してみよう。どんな空間的事物も或る角度から見て現出し、或る中心への、或る中心的な「〈ここ〉」への準拠を必然的に含意する或る方位づけにおいて私に与えられる。どんな空間的物体も、私の身体と一つになる方位づけの中心から見て、上あるいは下に、右側あるいは左側に、等々と私に現出する。「周囲世界のすべての事物は身体に対する方位づけを持っているが、それは、方位づけのすべての表現がそのような関係によって行われているのとまったく同様である。『遠い』とは私から、私の身体から遠いということであり、『右に』とは私の身体の右側、例えば右手を指す等々」(40)。私の右にあるものは、もし私が移動すれば私の左にあることになるかもしれない。こうして私の身体の自由な可動性のおかげで、私は同じ事物の多様で調和一致的な射映を持つことができ、またそれを十全に構成することができる。それに対して、私は私自身、つまり私の身体に近づいたりそれから遠ざかったりすることはできないし、私の身体である物体の或る諸部分は私にとって直接には永久に不可視である。フッサールはこから次のような結論を引き出す。「あらゆる知覚の手段として私に役立つこの同じ身体は、この身体自身の知覚には私の障害となり、著しく不完全に構成された一つの事物なのである」(41)。しかしながら、何らかの仕方で完全態と完全性が与えられていると想定する場合にのみ、身体の構成は未完成で不完全だと形容されうる。では完全態と完全性はどのようにして与えられるのだろうか。完全に構成された身体はどのようにして直観に差し出されることができるのだろうか。それにとっては、何であれ他の物体と同様に私の物体〔である限りの身体〕はことごとく可視的であって構成されうる、という〈他者 autrui の観点〉をここでフッサールは採っていると認めなければならないのか。そう認めることは、単に分析の独我論的枠組みを放棄するということだけではないだろう。もし他者が私の物体〔である限りの身体〕を完全に構成できるとしても、私自身と私の諸感覚へのどんな直接的な接近も他者には初めから禁じられているのだから、他者は私の〈身体そのもの〉を直観的に構成することもできないのである。では身体が不完全に構成されるのは、それが本質上まったき十全性においては構成不可能であるため、またはフッサールが時折言うようにそれは常に既に構成されているためであり、どんな構成一般にも還元不可能な或る根源的事実性に属しているためである、と考えなければならないのか。

物質的物体としての身体の独我論的構成についてのフッサールの分析は、この「著しく不完全〔であること〕」を気にかけず、「われわれがそれにもかかわらず身体を一つの実在的事物として統握するのは、われわれが身体を物質的自然の因果連関に組み込まれたものと見做すからである」[42]と主張しながら続けられる。この統握の根拠はどのようなものか。身体は自発的に自らを動かすが、この自由で能動的なキネステーゼ過程[十]と並んで、受動的な過程が存在する。例えば私が左手で右手を持ち上げる時、左手は能動的に、右手は受動的に動かされる。「この場合われわれは、身体運動の機械的過程の一経験と、蒙るという『心的』性格を有するこの過程の一所与性とを同時に持つ」[43]。それゆえ、身体が因果的連関の総体に組み込まれて物体として構成されうるのは、或る身体的運動が機械的なものとして統握されるからである。明らかにこの記述は、少なくとも以下の二つの理由で受け入れることができない。(1)機械的運動は受動的運動と同じことを意味しない。また、(2)私の身体が機械的体系に委ねられ、こうして物体として構成されうるためには、物質的で因果的な実在性の客観的時間‐空間に身体があらかじめ帰属していなければならないが、このことは身体が前もって物体として構成されていて、相互主観性もまたすでに構成されているということを含意している。

物体としての身体の構成においては相互主観性が――等質的空間という形で――絶えず前提されているか、または身体の物体性が暗黙の内につねに認められている、ということが分かる。〈触れられる―触れるもの〉の最初の記述もその例外ではない。実際、私が私の身体（Leib）を、身体にとって外的な（ausserleiblich）ものから区別することができない限りは、そこから身体が自らとは異なるものにさらされる身体の諸限界が構成されなかった限りは、要するに諸物体の相互主観的空間が与えられていない限りは、右や左について語ること、右手が左手に触れ、今度は左手が右手に触れると語ることにいかなる意味もない。フッサールのテクストすべてが示すように、身体の純粋に自我論的で固有の構成が存在しえないのは、他の身体との関係が私自身の身体の意味を構成するものだからである。[44] 相互主観性は、私の身体の物体性から出発して、他のエゴを付帯現前化〔十二〕する身体として或る物体を解釈する可能性に基づいている以上、身体的関係が物体的なものとしての身体の構成のア・プリオリであり、相互主観性のア・プリオリなのである。いまやわれわれは、感覚態の局所化の表面である限りの私の身体の諸限界の起源を規定することができる。つまり私の身体は他の身体からその諸限界を受け取る。それはつまり、純粋な身体的諸感覚もまた〔他の身体との関係により〕変質されているということ、あるいは自己の純粋な感覚としてのどんな感覚一般もまた根源的に他者＝他なるもの l'autre の純粋な感覚であるということなのである。

身体はそのものとしては、その物体性を考慮に入れなければ純粋な感覚態であり、純粋な感覚態は物質的な物体の一状態として了解されるべきではない。「触覚的感覚態は、手という物質的事物の状態ではない。そうではなくまさにそれは手そのものである」[45]。したがって感覚態の支えとしての身体は、何ら物質的なものではなく、何ら実在的なものでもない。「もし知覚される事物が存在しないと私が確信してしまって、錯覚に陥るならば、その事物と共に延長するものはすべてその延長において抹消される。しかし感覚態が消失することはない。ただ実在的なものだけが存在から消失するのである」[46]。この論証は、世界無化の残余として考えられる意識の絶対性という結論に達する『イデーン』第一巻第四九節の論証を非常に忠実に再現している。身体はそれゆえ権利上は正当にも絶対的存在に属しており、身体はそのものとしては何ら相対的なものではなく、何ら内世界的なものでもない。しかし感覚態の支えとしての私の身体が、他の身体にのみ由来しうる限界を要求するならば、身体としての身体の構成は、自ずと物体としての身体の構成でもある。身体はそれゆえ、絶対的であると共に相対的な、内世界的であると共に超越論的な、つまりそれらのどちらでもない一つの現象である。これについて補足的な証拠を提出しなければならないであろうか。フッサールが『イデーン』第一巻第四六節で「生身でありありと与えられるどんな事物的なものも、この生身のありありとした所与性にもかかわらず、存在しないこともありうる。〔しかし〕生身でありありと〔身体をもって〕与えられるいかなる体験も、存在しないということはありえない[47]」と書く時、彼は偶然性と必然性との、事物と体験との、世界と意識との分割から身体を免れさせている。この分割は存在論的差異のフッサール的形式だとすると、身体はこの差異から除外されると認めなければならない。

Ⅳ

『内的時間意識の現象学講義』の附論五で、フッサールは次のような問いを提起している。「知覚と知覚されるものが同時であると、いかなる権利で言うことができるか[48]」。その時彼は四つの異なる観点を検討している。

(1)自然的態度において、唯一の客観的時間の只中では、知覚されたものと知覚との同時性は存在しない。例えば私は宇宙的な時間の或る瞬間に或る恒星の輝きを知覚するが、その瞬間にはその光源はもはや存在していない。

(2)現象学的態度において、知覚の持続は知覚されるものの持続とは合致しない。知覚される対象は、私がそれについて持つ知覚以前にも以後にも存在するものとして与えられる。なるほど知覚される対象は可能的な連続的知覚の相関物であるが、しかしその時、知覚されるものの持続の開始点が、知覚の持続の開始点と合致するかどうかが問題である。厳密な意味で知覚が存在するのは、感覚的所与が統握され、ヒュレー的与件が対象として構成されるまさにその時だけである。「統握は感覚与件の『生気づけ』である。けれども統握は感覚与件と同時に始まるのか、あるいは感覚与件は、生気づける統握が開始しうる前に——それがたとえごくわずかの時間差であれ——構成されているべきではないか、さらに問わなければならない。後者が当たっていると思われる。統握が開始しようとする時には実際、感覚与件の一部はすでに経過しており、もはや過去把持的にしか維持されない」[49]。知覚は知覚される対象に対して遅れているのである。

(3)純粋な内在的領界においては、知覚とは諸体験がそこで与えられる反省のことであると理解するならば、反省はそれが反省するもののあらかじめの構成と過去把持とを前提している以上、知覚と知覚されるものの間の同時性はやはり存在しない。

(4)しかし過去把持は印象意識へと、原 - 印象へと差し向ける。この原 - 印象は「絶対に変様されないもの、後続する一切の意識と一切の存在とにとっての原 - 源泉」[50]であり、「印象がそこで意識される意識をもはや自らの背後に持たない第一次的意識」[51]であり、または「絶対的始まり〔……〕、原 - 源泉、それ以外の一切がそこから絶えず産出されるものである。〔……〕それ自身は産出されず、産出されたものとしてではなく、もしろ自発的発生によって生じる。それは原 - 発生である。原 - 印象は何かに由来しない(それはどんな胚も持たない)。それは原 - 創造である」[52]。現象学的絶対者のレベルであるこのレベルで、知覚されるものと知覚との同時性は存在するのか。「もし『内的意識』をも『知覚』と呼ぼうとするならば、実際ここには知覚と知覚されるものとの厳密な同時性がある」[53]。

それによって根源的感覚がそれ自らの感覚内容の感覚となるこの同時性は、それなしでは時間的延長が思考可能ではないであろう〈今〉と根源的個体性の現象学的概念を特徴づける。「ここで『個体的に』ということが意味しているものとは、感覚の根源的な時間形式、あるいはこうも言えるが根源的感覚の時間形式であり、ここではそのつどの〈今〉の点の、もっぱらこのそのつどの〈今〉の点の感覚の時間形式である。しかし厳密には、〈今〉の点自体は根源的感覚によって定義されねばならない」[54]。まさにちょうど経過したばかりの〈今〉の過去把持について語ることを可能にし、時間性の根本的構造を支える〈今〉の非分割、個体性、点性は、感覚することと感覚されるものとの同一性としての根源的感覚に基づいているのである。

自己の感覚が他者の感覚であり、〈今〉の純粋な自己同一性がア・プリオリに変質されている以上、時間性はどうなるのか。〈今〉の根源的変質は、知覚されるものと知覚との、感覚することと感覚されるものとの同時性を、一切の存在と一切の意識との源泉そのものにおいて不可能にする。しかも、附論五の分析が明瞭に示しているように、知覚が知覚されるものから分離可能であってそれとは異なる時、知覚は知覚されるものに対してつねに遅れているならば、またフッサールが言うこととは逆に、印象的意識が原‐印象と具体的に一つに結びついていないならば、根源的であるのはもはや印象ではなく過去把持である。

このことをどのように理解しなければならないのか。自己の感覚が他者の感覚であるということは、つまり原‐印象は他者から生じ、或る感覚において私に与えられているということである。他者の場合には初めから排除されている本原的能与をどんな準‐現前化も前提している以上、この感覚は他者の原‐印象の準‐現前化ではありえず、それゆえこの感覚はいつまでも到達不可能な、つまりいつまでも無意識的な原‐印象を変様している過去把持という意味を必然的に持つ。その時、フッサールが次のように不条理として拒絶していたことを認めることを余儀なくされる。「事後的に初めて意識的になるだろう『無意識的』内容について語ることはまさに不条理である。意識はその位相の各々において必然的に意識〔されて‐在ること〕である。過去把持的位相が、先行する位相を対象とすることなく意識しているのと同様に、原‐与件もまた対象的となることなく——それも『今』という特有の形で——すでに意識されている」[55]。感覚の、つまり〈今〉の根源的変質が、フッサールの諸分析の根本的明証を無効にする。

小休止しよう。私の身体は触覚において、他の身体からその諸限界を受け取る触覚的感覚野として、根源的に構成される。だから他の身体との関係が、私自身の身体の意味の要因である。しかし他の身体がどのように私に与えられるのか、あるいは他の身体を含意=前提している私の身体の特性とはどのようなものか、という問題は未解決のままである。〈性的なもの la sexualité〉は、私の身体を他の身体へと必然的に関連づけ、私の身体の固有性を取り上げる、私の身体の固有性である。性を有するのは身体であって物体（延長する事物）ではない以上、性的差異はその時、〈物体化〉の可能性の条件、つまり性的差異自身の還元の可能性の条件となる。したがって身体と物体の差異、身体的差異を前提することによってのみ性的差異の意味を把握することができるし、しかも或る身体と他の身体との関係を創設するものとは、私の物体的な身体と他の諸物体との分離を創設するまさにそのものなのである。

われわれがたったいま記述したことは、その総体における身体に、したがって一切の感覚と一切のヒュレー的与件一般に関わる。それゆえ、感覚は根源的時間意識である以上、時間性についての二重の規定をわれわれは持つ。

(a) 一切の物体化と性的差異の還元の以前に、身体のみを考察するならば、時間とは他者の感覚としての自己の感覚であり、つまり或る身体と他の身体との関係、他者との関係である。その時、根源的無意識と根源的過去把持を認めなければならない。

(b) 物体的身体を考察するならば（しかも結局フッサールは物体化を既定のこととつねに見做していた）、物体化は分離であるのだから、自己の感覚はもはや他者の感覚ではありえず、フッサール的な意味での原‐印象となる。しかしながら、物体性を考慮に入れず身体を考察することが可能であるのかどうか、どのようにしてそれが可能であるのか、身体がそれ自体で与えられうるのかどうか、どのようにしてそれが与えられうるのか、ということをさらに自問しなければならない。このことは、物体化と分離とを構成する当のもの——性的差異——が、それでも物体化と分離と二元性を生じさせることなく、固有の＝本来の身体的現象としてとどまり続けるような或る〈現象場面 situation phénoménale〉、或る〈ドラマ drame〉を探究すること、言い換えれば、私の固有で原初的な領界が、他の固有で原初的な領界との直観的統一を構成し、それと融合するような或る〈場面〉を探究することに帰着する。一九三三年、「普遍的目的論」と題された或るテクストにおいてフッサールは次のように書く。「性的欲望が、それを触発し刺激する目的へと一定の仕方で方向づけられている場合、その目的とは他者である。この規定された性的欲望は性交という様態の内にその充実形態を持つ。衝動それ自身の内に、他なるものとしての他者への、また他者の相関的衝動への関連づけが存在する。両者の衝動は、禁欲、嫌悪という様態——変容〔派生的〕様態——をとることもありうる。原‐様態においては、それはまさにことごとく他者に達し、他者の内の相関的な衝動志向性を通して自らの衝動志向性に到達した、『抑制なく』様相変化もされない衝動である。端的な原‐様態的充実のうちにわれわれは、各々の原初性に分離可能な二つの充実を持つのではなく、二つの充実の相互含蓄によって生み出される二つの原初性の統一を持つのである」(56)。二つの固有領界が混じり合うことは初めからけっしてありえないとしても、それら固有領界を統一することで、性交は身体をそのものとして与える。時間性の規定の内の第二の規定は第一の規定を前提しており、その第一の規定の方は、性交だけが現出させる、一切の物体化を免れた身体に基づいている以上、性交はその時、一切の時間性一般の起源において他者の純粋な身体的感覚として見出される。同じテクストにおいてフッサールはさらに次のように書いていた。「原初性とは一つの衝動体系である。われわれがそれを立ちとどまる初源的な流れることとして了解する時、この流れることの中には、他の〈私〉主体を場合によっては伴った、他の様々な流れに入り込もうとする一切の衝動がある。[……]どんな初源的現在をも立ちとどまる時間化として統一的に形成し、現在から現在へと具体的に押し進む——それで一切の内容が衝動の充実の内容となり、目的以前に目指されることになる——普遍的な衝動志向性を前提する権利または義務を、われわれは持っているのではないか」。

構成概念を探究すべきなのは、現象学的絶対者、つまり時間的ヒュレーという唯一のレベルにおいてでしかないということは明らかだったので、現象学的時間の分析を追跡することによって、われわれはまず第一に構成概念の究極的意味を規定しようとしていた。ところが、ヒュレーと一切の感覚一般が身体へ差し向けるならば(57)、身体が時間の起源にあり、時間を与え、フッサールが言うように不完全に構成されるか、常に既に構成されているならば、これらのことは、ヒュレーと根源的時間性の根元的な構成は存在しえないということ、それゆえ〈構成〉という概念は結局のところ現象学的に規定不可能であるということを意味している。現象学はその中心を記述しえないし、現象学のもっとも固有の＝本来的な意味は現象学の管轄から逃れ去る。〈構成〉という概念の未規定性は偶然的で取り返しのつくものではなく、必然的で取り返しのつかないものである。この未規定性は一つの根源的事実性〔身体の根源的事実性〕〔十二〕を、あるいは身体の構成的現象学の不可能性を証している。いまここでは〈身体化l'incarnation〉の分析に、さらには身体のまったく別の解釈に属するこの実状の解釈を企てることはせずに、ヒュレーの構成が〈力 la force〉の構成を含意しており、発生的で歴史的であれフッサール現象学における何ものも、諸力を、志向性の〈強度 l'intensité〉を記述することを可能にはしてくれないということを指摘するだけにしよう。

次に、またより根底的に、超越論的で構成的な現象学が、現象の現出することと現象性とをアレーテイアとして思惟するより根源的でギリシア的な現象学の手前にとどまるのはいかなる限りのことであるのかが問題となっていた。ところが、現象性の本質をヒュレー的な、現出論的な流れとして規定することで、フッサールは生身のありありとした＝身体化された所与としての身体の地平の中で現象を了解しているのであるし、「人間における身体的なものは何か動物的なものではなく、〔……〕身体的なものに伴った関連する了解の諸様態は、これまで形而上学がいまだに触れたことのない何ものかである」(58) 以上は、フッサールはギリシア的世界とそこで繰り広げられる形而上学とはおそらく異質な方向に踏み込んでいるのである。現象についてのいかなるギリシア的規定も、フッサールが主題化していないというのはそのとおりだが、それでも彼がそこに到達している規定より根源的ではありえないだろう。それは、フッサールが到達したこの規定が絶対的に根源的であるだろうからではなく、この規定がギリシア的ではないから、別な言い方をすれば、ギリシア的思惟にとって肉体と身体はけっして真理の場所ではなかったからである。それはつまり、現象学というギリシア的な名称は、現象学がそれを思惟すべくわれわれを導くものをもはや指し示しえないだろうということ、あるいは哲学において、また哲学にとってギリシア起源ではないものとの折衝を、現象学が自ずと要求するということではないか。

二　存在と生けるもの

われわれは誰なのか。われわれはいかなる本質を所持しており、その本質はどこから規定されるのか。われわれはなおも本質を有しているのか、それともあらゆる本質を消散させてしまうような仮の形象へと変化してしまっているのか。昔からずっと、あるいはほとんどつねにそう認められてきたように、われわれは理性的動物なのだろうか。しかしながら動物性や合理性、身体、霊魂、精神といったもので、われわれの存在は言い尽くされるのか。言い換えるなら、理性的動物としての人間の形而上学的解釈は、存在の真理への開放によって哲学の終焉を画定する人間的主観性の絶対化とともに、限界に突き当たったのではないか。それならば、われわれの本質が根源的に構成されるのは、存在そのものへと仕向けられることによってではないだろうか。われわれ自身に関するこの長い誤謬の歴史――それはまた存在論の歴史でもある――を解体する détruire ことなくしては、いったいいかにしてわれわれはその本質に到達できるのか、またいかにしてわれわれは、本来的にわれわれがそうあるべきものであることができるのか。

しかし解体とは、単に事象そのものに回帰するだけではなく、同時にまた、一つの伝統をその可能性に基づいて保持することでもある。したがって、人間の本質を主観性の地平において理解することをやめ、現存在として定義することが必要であるにしても、それと同時に、理性的動物の概念にもまた、多少の制限はあれ、正当性を認めるのでなければならない。人間の合理性とは人間の動物性からの識別的指標であり、人間の生命の種的特徴である以上、われわれの生命、つまりわれわれにおいて表出しているような生命が、ある実存論的な意味を受け取ることが可能かどうか、またそれはいかにしてなのかをあらかじめ検討しない限りは、われわれは現存在という名称を採用することも、その名称によって課される諸々の課題を引き受けることもできないだろう。

この問題を、それが発生した当初の枠組みに置き直してみよう。基礎的存在論が現存在の分析論という道筋を辿らねばならないことを確認し、そのための主導的方針を素描し、根幹となる諸概念を設定した後で、ハイデガーは基礎的存在論の独自性を、それと混同されかねないあらゆる学問に対峙させつつ主張している。『存在と時間』の第一〇節では、実存についての現象学を生の哲学から区別するため、また人間学や心理学の領野を含めた一般的生物学から区別するために、ハイデガーは次のように断言する。「生命は一つの固有な存在様式であるのだが、本質的に現存在においてのみ近づきうるのである。生命の存在論は欠如的解釈という方途を辿って遂行されるのであって、この生命の存在論は、単なる生命にすぎないようなものがありうるためには、いかなることでなければならないかを規定する。生命は純粋な事物存在（Vorhandensein）でもなければ現存在でもない[1]」。このテーゼは現存在の存在規定に充てられた第四一節で再び取り上げられる。ハイデガーはここで、気遣いが原始的な衝動には帰着されえず、逆にこれらの衝動の方が気遣いにその存在論的起源を持つことを示すのである。ハイデガーはさらに詳しく次のように説明している。「このことは、渇望や性癖がただ『生きている』だけの存在者をも存在論的に構成しているることを排除するわけではない」。そして「『生きている』ということの存在論的構成は、一つの独自な問題なのであって、現存在の存在論をもとにした還元的欠如化の方途によってしか展開されえないのである[2]」。同様の立場は最終的に、死の医学的特徴づけをいっさい退けるための第四九節において再び現れる。たとえハイデガーがここで、「もっとも広い意味での死とは生命の一つの現象である」こと、そして「生命は、世界内存在ということがそれに属している一つの存在様式として理解されなければならない」ことを認めているにせよ、それはすぐに続けて、「生命は、現存在に対して欠如的に位置づけられることによってのみ、存在論的に確定されうる」(3)と付け加えるためである。そしてこの現存在を、生物学や生理学はつねに、動物や植物と同列の純粋な生命と見做して主題化するのである。ハイデガーは確かに、生命が現存在において近づきうるという以上、現存在もやはり生きた存在者であることを認めており、さらにまた、「現存在の根源的存在様式によって共に規定されている」(4)生理学的な死を現存在が持つことができるという点で譲歩している。しかしそれでもなお、あらゆる生命の科学や生命の存在論に比して死の実存論的理解が優位であるという点は保たれているのである。

生命の存在に関するこれらの短い言及は、多くの困難を引き起こしている。これらの困難は現存在そのものに関係し、さらにはそれを超えて基礎的存在論全体に関わるものである。現存在がまず第一に生きた存在者であってしかるのちに実存が付け加わるというわけではないことは確かだとしても、他のあらゆる生きものと同様に、現存在もまた生まれ、繁殖し、死んでいくのである(5)。それならば、実存しない n'existe pas 生命の現象としての死が、脱自的・時間的実存という現存在の根源的存在様式によって共に規定されるということがどうして可能なのか。また反対に、実存の最高の可能性としての死が、それとは別の存在様式を持つ生命によって共に規定されるということが可能なのはいかにしてなのか。ひとことで言えば、現存在の中の生命、現存在の生命は、その実存と存在論的に相容れるものなのか。現存在とは存在論的に異質なものが、現存在において、現存在のおかげで公然と振舞えるのはいかにしてなのか、あるいは、いかにして実存は生命へと還元されうるのか。その場合、もしも生物や生命を把握するためには存在論的に異なる存在者からの欠如化を遂行しなければならないとするなら、存在者への接近がその存在者の存在によって指示されるような現象学的方法にはどのような意義が与えられるのか。こうした欠如化の道が遂行可能だと仮定して、生命に関するいかなる前-了解がその行程を導くのか。了解とはまさに現存在の構造であり、実存範疇であるとするなら、この生命についての前-了解の合法性や妥当性を、いったいどこから引き出せばよいのだろうか。より広範に見れば次のようにも言える。もしも普遍的な現象学的存在論がこれら二つの存在様式——これらの存在様式は一方が他方からの派生であるような二つの時間性からその可能性を引き出している——に分割されているとするならば、そして否定の意味が存在の意味に依存しているとするならば、「生命は事物存在でもなければ現存在でもない」と言うことが許されるのは、いかなる存在〔…である〕の意味の、そして否定の意味の地平においてなのか。生命や生物は、存在の明るみ éclaircie から永遠に逃れ、いかなる存在論にも逆らうような現象なのだろうか。つまり、脱自的時間によって構成されえず、時間的意味を持たず、本来的には了解不可能な「現象」なのだろうか。この問題は、いかに当惑させるようなものであるとしても、ハイデガー自身によって、提起されているとは言わないまでも、少なくとも口にはされている。『存在と時間』の第六八節bにおいて、情状性と気分の時間性を記述した後、ハイデガーは次のような奇妙な留保で締めくくっている。「単に生きているだけの存在者における諸感官の刺激や感応がどのようになされるか、一般に例えば動物の存在が何らかの『時間』によってどのように構成されているのか、また果たして【どこで】構成されているのかを存在論的に限界づけることは、あくまでも別個の問題なのである」[6][二]。

しかしながら、生命や生物の時間的構成の問題を別にしておくこと、つまり結局のところ二次的な問題にしておくことは可能なのだろうか。存在が時間をもとにして理解されるとすれば、動物性の存在論的分析は反対に決定的な重要性を持ちはしないだろうか。そうした動物性の分析は、存在を時間から切り離し、現存在としての人間の本質の規定に疑問を投げかけ、基礎的存在論の土台そのものを打ち壊す可能性を秘めているのではないか。実際、もしも動物の存在が時間から除外されるようなことになれば、存在それ自体もその時間的意味を独占しておくことはできなくなるであろう。そしてまた、もしもわれわれが動物との近親性を証し立てる肉体や身体のうちに身体化することでしか生きられないとすれば[7]、動物の存在論的脱‐時間化が意味するのは、われわれがそうであるような身体化した生物は実存論的に理解不能であり、われわれはおそらく現存在という名称を棄て去らねばならない、ということであろう。

動物性と生命についての解釈は、『形而上学の根本諸概念』という表題のもとに世界の概念を取り扱った一九二九―三〇年冬学期の講義において部分的に対象とされている。『存在と時間』でわれわれが日常的に交渉を持っている存在者の世界性を記述し、『根拠の本質について』で「世界」という語の歴史とそれに与えられてきたさまざまな神学的・哲学的意味を辿り直した後のこの講義において、ハイデガーが採用した「比較考察」の手法は、以下の三つのテーゼによって導かれている。「石は世界なしで存在する。動物は世界に貧しい。人間は世界形成的である」。もしもこれら三つのテーゼがそれぞれ石、動物、人間の本質に関する規定であるとすれば、第二のテーゼに取り組むために必要なのは動物性を世界とその貧困化から理解することではなく、世界貧困性を動物性から理解することであろう。そして動物性の本質を理解するとは、ハイデガーによれば、「生命一般の本質を理解すること」[8]なのである。

生物の現象学は第一に、われわれが果たして動物に接近可能なのかどうかという問題に答えることによって、その主題を確保しなければならない。こうした可能性がわれわれに開かれているためには、動物がそれ自身で、自分とは異なる他者に関係を持っていることが必要である。ところで、石がそれを支えている大地といかなる関係も保持することができず、世界なしで存在するのに対して、動物は、獲物を待ち伏せしたり巣を作ったりする際に、周囲に向けて本質的に開かれている。つまり動物はそれ自身で、ある接近可能な圏域を指し示しているのである。ところが動物は現存在ではなく、それゆえ根源的に共‐存在によって構成されてもいないのであって、われわれと動物とは、存在者への同じ関係を共有することはできない。もしも世界が存在者へのあらゆる関係の条件だとすれば、存在者が動物に対して開かれている以上、動物は世界を持っていることになる。しかしながら、この開性〔三〕は一つの排除であるため、動物は世界を持たないのである。世界を持つと同時に持たないこと、これこそが、欠如という意味において世界に貧しいということである。というのも、世界を持つことが可能な存在者のみが、それを欠如しうるからである。

　動物性を特徴づけるこの世界貧困性とは何だろうか。動物に向けて生命の存在論的分析を遂行する以外に、この世界貧困性を実定的に把握することはできるのか。また、この生物の解釈学は、すべての生きものは有機体であるという動物学の根本命題以外に出発点を求めることができるのか。その場合、有機体 **organisme** とはいったい何なのか。有機体とは、諸々の器官 **organes** を備えたものである。では器官とは何を意味するのか。この語はギリシア語で道具を表す〈オルガノン *ὄργανον*〉に由来している。それゆえ有機体とは、ヴィルヘルム・ルー〔四〕の定式に従えば、諸々の道具の複合体なのである。しかし、このように捉えられた有機体は機械と同じになってしまわないだろうか。また、器官は道具と異ならないものだろうか。機械が諸々の道具から成る純然たる機構ではないとはいっても、目が見るために役立ち、ハンマーが打つために役立つとするならば、この類似の背後により決定的な差異が覆い隠されているはずはない。われわれの多くが一つの同じハンマーを使用できるのに対して、いかなる生きものも、それ自身の目によってしか見ることはできない。「したがって器官とはそれを使用するものの中へと組み込まれた道具なのである」(9)。このような規定はしかしながら、器官があたかも道具のように理解されている——つまり誤解されている——ということを前提にしている。そうすると器官の本質はいったいどこに求められるのか。あるものが何かのために役立つとすれば、それは一般的な仕方で、他の何ものかに一つの可能性を提供しているのである。そのためには、有用であるものはそれ自体として一つの可能性を保持しておらねばならず、この可能性がそれの存在を構成しているのである。言い換えれば、器官と道具の差異を、より幅広くは器官と用具＝有用なものustensileの差異を明確化するには、それら両者が可能であるものから直接に、また両者の可能性の存在様式と存在論的区別から直接に、この差異を境界確定する必要がある。

ハンマーは打つために役立つのであるが、それがその務めを果たせるようになっているとき、つまり用意ができているfin-prêtときには、その製作は完了している。あるものに対する〈出来上がり＝用意ありl'être-fin-prêt-à〉(Fertigkeit für etwas)が、そのものとしての用具を構成する可能性を定義しているのである。しかしながらハンマーはけっして、目が見ることに有能であるcapable deのと同じように、打つことに有能であるのではない。あるものに対する〈有能であることl'être-capable-de〉(Fähigkeit zu etwas)が、そのものとしての器官、つまり有機体への帰属における器官を構成する可能性を定義している。それゆえに、見ることの有能性を所持しているのは有機体のほうであって、この有能性に後になって視覚器官が帰属するのである。そしてまた、有能性こそが器官を備えているのであって、器官に有能性が与えられているのではない。

有機体の諸々の有能性と、それらの有能性に割り当てられている諸器官との関係は、いかなる本性を持つのだろうか。いかなる有機体において、その関係を具体的に浮かび上がらせればよいのか。ハイデガーが記述するために選んだのは、高等動物の複雑な有機体ではなく、単細胞の下等な原形質動物の有機体である。器官を持たないかに見えるこうした動物こそが、器官の本質をわれわれによりはっきりと明かしてくれるのである。原形質小動物はいかなる定まった形態も示さず、自分に必要な諸器官をみずから形成し、後からそれらを消去しなければならない。「彼らの器官は一時的な器官（Augenblicksorgane）なのである」(10)。例えば滴虫においては、捕捉器官と移動器官は存続し持続するものの、栄養摂取に役立つ器官は順次入れ替わっていく。J・v・ユクスキュル〔五〕の観察によれば、「何かを口にするたび、その周囲に小胞が形成され、これがまず口になり、次いで胃になり、腸になり、最後に肛門になる」[11]。このように、栄養摂取への有能性はまさに栄養器官に先立っており、さらにはその出現と消滅とを統御しているのである。

分析のこの段階で、ハイデガーは一つの反論を持ち上げ、問題を提起している。有機体がその器官を生産すると認めることは、暗黙にそれらの器官が用具であると認めることにはならないだろうか。滴虫の事例では器官はその一時性のために用具であることを許されないというのはもっともだとしても、多くの動物が持続的な器官を持っている以上は、器官と用具とをそれらの持続期間に応じて区別することはできないであろう。ハイデガーはそこで次のように付け加える。「それでもやはり、器官と用具とが時間に対して根本的に異なった関係を持っていることは明らかであり、形而上学的には時間的性格が存在様式にとってまさに中心的である以上、この関係が両者の存在様式の本質的差異を基礎づけているのである」[12]。この短い言及が意味するのは、器官と用具はそれぞれに独自の時間化の様式を持たねばならず、この時間化の様式をもとに、基礎的存在論の主導的原理に従って、両者それぞれの存在様式が意味をなしうる、ということである。逆に言えば、器官の存在を用具の存在から区別すること、また有機体を世界から、生命を実存や事物存在から区別することが、可能になり、かつ正当なものになるのは、両者に特有の時間性が明らかにされたときのみである。それゆえ、生命の存在論的意味が最終的に決定されるのもまた、有機体と器官の時間に対する関係を規定することによってのみなのである。

生物の時間的構成に関する問いは開かれたままにしておき、器官の有機体への関係の解明に戻って、前述の反論を退けるとしよう。用具は出来上がり＝用意ができており、仕上げられたfini〔終わりに到った〕生産物であるのに対して、器官は生命の過程に従属しているため、こうした仕上げる作業とは無縁である。このことは、器官が有能性としての有機体に宛てがわれた状態にあることを意味している。次の事実からもこのことは証明される。つまり、擬足は移動するために、一つの部分を生産し、次いでそれを残りの原形質へと、自分と混ざり合うようにして吸収する。しかし、この原形質の突出は、他の微小有機体と接触した場合には、それによって吸収されてしまうことはない。器官はこのように、それを消滅させることができる唯一のものである有能性によって抑制される。器官は有能性に奉仕して抑制され、有能性に隷属するのである。しかし有能性は、それ自身において根源的に奉仕的性格を持っているのでなければ、いかにしてそのような隷属を可能ならしめることができるのか。目は見ることに役立つが、もしも見ることの有能性がそれ自身で有機体に奉仕しているのでなければ、目がそのように役立つことはできないだろう。見るのは目ではなく有機体である。器官を生み出すことで、有能性は自分自身に傾注し、みずからを働かせ、それが固有に有能であるところのものへ向かって進んで行くのである。

　器官のこうした隷属性とそれを基礎づける有能性を、やはり用具の有用性との対比において解明することは可能だろうか。用具はある使用法、つまり処方に従って使用可能であるが、この処方は、用具の製作を統括していたものから引き出されているため、その用具の〈…のために出来上がり＝用意ある存在〉によって与えられているのではない。「これとは違って、有能なものは何らかの処方に従うということはなく、それ自身において規則を携え、みずからを規制する。有能なものは一定の仕方で、自分の〈…への有能存在〉へと自分自身を衝き動かす。このようにして自己を衝き動かすことと、それが有能であるところのもの（sein Wozu）へ向けて衝き動かされていること、有能なものにとってこれらが可能であるのは、〈有能存在〉が一般に衝動的である場合のみである。衝動のあるところにのみ、有能性はある」[13]。したがって、器官の有能性――それの存在を構成する可能性の様式――が衝動的であるからこそ、器官は存在論的に用具から区別されるのである。ハンマーの打つことへの〈出来上がり＝用意ある存在〉にはいささかも衝動的なものはなく、目の見ることへの〈有能存在〉においてはすべてが衝動的である。

　もしも衝動においてわれわれが有能性の本質に到達したとするなら、つまり有機体への帰属における器官の本質に到達したとするなら、今後は有機体そのものの存在に接近することが可能になるはずである。〈…への有能存在〉

とは、有能性が有能であるところのものへ向けて、つまり自己自身へ向けて、みずからを衝き動かすことである。したがって、有能性はある自己への関係を内包しているのであり、この関係は、有機体を定義するために通常用いられる自己調節と自己保存の概念においてもやはり認めることができる。有能性に含まれるこの「自己」を、いったいどのように考えればよいのか。それはただ有能性に応じてのみであり、エンテレヒー〔六〕や生命力といったものに頼ることによってではない。有能性はそれが有能であるところのものへ向けてみずからを衝き動かすが、これは有能性が自分から引き離されて、他のもののうちで消耗して消え去るということではない。それどころか、この衝動的な運動においては、有能性そのものは自己固有化する s'approprier（sich zu eigen）ことをやめず、自己に固有なものとして être en appropriation à soi あり続ける。有能性の根本的特徴は固有性 propriété〔所有性、特性〕（Eigen-tumlichkeit）〔七〕である。固有性はここでは明らかに属性的・範疇的な意義を持っているのではない。そうではなく、実存にも、同様に事物存在にも還元しえないような——これらの分割は基礎的存在論全体を貫き渡り、それを支えているのだが——、一つの存在様態を指し示しているのである。衝動のこうした自己への固有化は反省なしに実現されるのであり、このためにハイデガーは、有能性あるいは有機体の自己性 ipséité について語ることを拒絶する。ハイデガーは次のように書いている。「われわれは『自己』および自己性という表現を、特種に人間的な固有性、すなわち人間の〈自己に固有なものとしてあること〉を特徴づけるための表現として保留しておく。このような理由でわれわれは次のように述べることができる。自己性を持つすべてのもの、つまり広い意味で人物〔人格、人称〕personne という性格を持つすべての存在者（すべての人物的なもの）は、すべて固有的である。しかし、すべての固有性が自己的性格や自我的性格を持つわけではない[14]」。

　この最後の主張は、またしてもわれわれの主題にとっての支配的問題に通じるものである。ハイデガーはいったい何を言おうとしているのか、あるいはむしろ、何を示そうとしているのか。ハイデガーが示しているのは、自己性が固有性の一つの特殊な様式であり、自己性がつねに固有性であるとしても、固有性は必ずしも自己性ではない、ということである。固有性はしたがって、それの特殊化の一つにすぎない自己性に先行するのである。一方、実存論的あるいは人間的な自己性――ここで両者を区別できるだろうか――とは、本質的に時間性である。[15] ここから、以下のさまざまな結論が導かれる。(1)有機体を構成する固有性はそれ自身では時間的ではない。時間性が脱自的時間性として理解されるのに対して、動物性の時間的構成などというものはない。動物に何らかの時間性を賦与することは、通俗的時間了解の地平にとどまることであり、あるいはまた、動物をわれわれの存在から解釈することである。そもそも、有限な根源的時間性が現存在の意味であるとすれば、実存しない生物、事物的ではない有機体を持つような生物が、いかにして時間的に存在できるのか。(2)ハイデガーは、有機体という呼称が特定の存在者を指すのではなく、一つの根本的な存在様式を名指すものであることを強調しており、この存在様式は実存論的分析論がその意味を確立する存在様式と同じように根本的である。したがって、器官を作り出す固有性の現象学的解明は、普遍的存在論と原理的に衝突する一つの困難を引き起こすことになる。存在様式である限り、固有性は普遍的存在論の中に位置しなければならないが、時間的意味を持たない限りにおいて、それは不可能である。つまり、その意味が時間性によって構成されるのではないような一つの「存在様式」があるのであり、これによって意味の時間性は適用範囲を制限され、再度疑いにかけられることになる。(3)固有性（Eigen-tumlichkeit）は、自己性と時間性に先行するのだから、時間化の様式である実存の固有性＝本来性（Eigentlichkeit）や非固有性＝非本来性（Uneigentlichkeit）にも先立っている。このことは第一に、実存と生命のヒエラルキーの逆転を意味している。現存在の時間性は生物の固有性を前提しており、われわれが肉体あるいは身体を持つことでしか生きられないとすれば、事実性の解釈学は、一つの肉体の思想、あるいは身体の思想へと、われわれを送り返すことになる。この点にはのちほど再び戻ることにしたい。またこのことは第二に、時間性というものが、有限であれ無限であれ、固有性のありうべき様態の一つにすぎないことを意味している。そして最後に、固有性が時間よりも「いっそう根源的」であり、固有性の存在や時間に対する関係が、存在と時間との関係の先ぶれとなっていることを意味しているのである。この点に関連して言えば、生物の現象学一般はおそらく基礎的存在論の計画の断念に際して控え目ながら決定的な役割を演じていたのであり、この観点からハイデガーの道程全体を検討することが必要であろう。

われわれはなおも有機体の十全な概念に到達するにはほど遠いところにいる。というのも、有能性が有能であるところのもの、有能性がそれのためにあるところのもの（Wozu）はまだ、闇の中に残されているからである。有能性は例えば、見るために有能である。しかしここで、視覚とはいったい何だろうか。ミミズはモグラを見る、ということが意味するのは、ミミズがモグラから逃げる、モグラを前にして振舞う、ということである。〈…への有能存在〉はこのように、一つの振舞い（Benehmen）のために有能なのである。振舞いを規定するためには、これまでに得られた事柄、つまり有能性と有機体の衝動的固有性から出発することが必要である。それが有能であるところのものへとみずからを衝き動かすことで、有能性はみずからを脱固有化して消え去ってしまうわけではない。したがって、この固有化の中には自己のもとへの引き留めがあり、必ずや振舞いに影響しているのである。動物は、それを取り巻くものの中で振舞う際に、みずからを自己の外へと追い立てているのではない。それどころか動物は、衝動によって、衝動の中へと取り込まれながらも、みずからを自分自身の内に引き留めているのである。「存在様式としての振舞いは一般に、動物の自己への取り込まれ（*Eingenommenheit*）を基礎として可能なのである。特種に動物的な〈自己のもとにあること〉——これは人物として行動する人間の自己性とは何の関わりもない——、つまり、あらゆる振舞いを可能にしている動物のこの〈自己の中へと取り込まれてあること〉を、われわれは〈とらわれ〉（*Benommenheit*）〔八〕として特徴づけることにする」[16]。世界内存在が現存在の根本的構成であるのと同じように、〈とらわれ〉は動物性の本質的構造なのであり、この〈とらわれ〉は、動物の振舞いや衝動的有能性に照らして解明されなければならない。

振舞いの中で、〈とらわれ〉はどのようにして露わになるのか。ハイデガーに倣って、昆虫学からの観察を借用することにしよう。ミツバチを、一度に摂取できないだけの分量の蜂蜜で満たした器の前に置く。ミツバチはそれを吸い始めるが、しばらくすると中断し、残りをそのままにして飛び去って行く。ここでは何が起こっているのか。ミツバチはあまりに多くの蜂蜜があること、それを一度には吸い上げられないことに気づき、そのために自分の衝動的行動を中断したのである。しかしながら、このような説明は受け入れがたい。実際に、以下のような実験が行われているのである。ミツバチが蜂蜜を吸っている間に、慎重にその腹部を切除した場合、ミツバチは蜂蜜を吸い続け、蜂蜜はその後ろから流出し続ける。この実験が証明しているのは、ミツバチが蜂蜜の量について——さらにはその腹部の消失についても——確認していたわけではなく、その衝動の中へ突き進み続けているということである。衝動の中へ、衝動によって取り込まれているため、ミツバチはみずからを蜂蜜に対置させて蜂蜜の現前性を確かめる可能性を有してはいないのである。それでは、腹部を取り除かれておらず、有機体として完全なままでいるときにも、ミツバチが摂取を中断するのはなぜだろうか。それは、ミツバチが満腹し、飽食状態が衝動を抑止するからである。しかし、飽食状態が必ずや食物に結びついているからといって、飽食状態が食物の量の確認と関係しているということにはけっしてならない。厳密な意味では、衝動は一つの対象に向かうのではなく、対象を持ってもいない。衝動は、けっしてそのものとしては知覚されることのない何ものかに関係する振舞いなのである。われわれの例では、衝動は蜂蜜によってとらわれており、衝動が抑止されるに到ったときに、ミツバチは巣へ向かって飛び立って行くのである。

ここに新しく現れた振舞いもまた、前のものと同じようにとらわれている。いかなる方法で、ミツバチは帰路を再び見出せるのか。ベーテによってなされた実験をもとにして、ラートルは一九〇五年の著書『動物の屈光性に関する研究』の中でそれに説明を与えている。草原に巣箱を設置する。ミツバチの群れをその場所になじませる。そこで巣箱を数メートルだけ後ろへ移動させる。するとミツバチは巣箱に帰るために、まず空になった以前の場所に向かい、周囲を手当たり次第に探した後で初めて、もとの群れへと集結するのである。なぜだろうか。もしもミツバチたちに辿るべき道筋を示すものが、巣箱の周囲に広がる匂いでもなく、巣箱の色でもなく、地面に置かれた指標ですらないとすれば、群れの縄張りは数キロメートルにわたるというのに、いったい何が彼らをこの方向に引き寄せるのか。いかにしてミツバチはその棲み家へ辿りつくのか。それは、太陽に合わせてみずからを調整することによってである。ミツバチは飛び立つときに、ある特定の角度で太陽を背にしている。往復のあいだ時間の経過がごくわずかであると仮定すれば、太陽の位置はほとんど変化していないため、太陽に向かって同じ角度になるように身を置けば、ミツバチは自分の巣に戻ることができるのである。別の実験が、この解釈を裏づけている。蜜を集める場所に辿りついたミツバチを捕まえて、太陽が位置を変えるまで箱に閉じ込めておいてから放してやると、このミツバチは、太陽が巣を飛び立ったときと同一の角度に来るようにして飛び去って行くのである。

　この振舞いにおいて、いったい何が起こっているのか。またこの振舞いから、〈とらわれ〉についてわれわれは何を学べるのか。ミツバチは方向を定めるために、何らかの方法で状況を分析しているのではない。なぜなら、衝動に取り込まれているミツバチは、衝動の構造的一要素としての太陽に身を委ねているからである。ミツバチは太陽を、太陽として把握してはいない。動物の〈とらわれ〉とはこのように存在者を存在者として把握することの不可能性を意味するのであり、この不可能性が動物の衝動の中への、衝動による、取り込まれの可能性の条件なのである。〈とらわれ〉が動物性の本質であると主張することは、動物がそのものとしての存在者の開顕性 manifestation の内にみずから進んで身を置いているのではない、と主張することと同じである。衝動から衝動へと衝き動かされることで、動物は本質的に存在の開示 révélation から逃れ去っており、それゆえ、「動物はいわば、自己と環境の間で宙吊りにされており、このどちらも存在者として経験されることはない」[17]。ひとことで言えば、衝動は〈…として〉を含まない〔了解しない〕のである。

それでも動物は、それが前にして振舞うところのものに接近することができる。〈とらわれ〉へのこの特殊な開性を、いかにして記述すればよいのか。また、動物がそれに向けて開かれているところのもの、それでもなお動物に対してはその存在において現前することができないであろうものを、いかにして記述すればよいのか。ミツバチを巣箱の方向へと取り込んでいる衝動は、栄養摂取の衝動に服している。つまりすべての衝動はそれ自身他の衝動に向けて、あるいは他の衝動によって駆り立てられているのであり、こうした衝動から衝動へと向かう衝動が、動物を超えることのできない衝動の円環（Ring）の中に押しとどめているのである。諸々の衝動によって円環包囲されながらも、動物は他のものに向けて開かれている。それはどのようにしてなのか。遠ざける、という様式に従ってである。衝動的振舞いはつねに、疎隔化＝除去 écartement（Beseitigung）という性格を持っている。これに関する範例はある種の昆虫の性的振舞いに見ることができる。交尾の後で、雌は雄をむさぼり喰う。つまり雄は雌にとって、ただ生きているだけの同類ではなく、性的なパートナー、あるいは獲物であり、つねに互いに排斥し合うのである。「振舞いは疎隔化＝除去的である、すなわち、〈…に関係している〉ということではあるが、けっして、それも本質的にけっして、存在者としての存在者がみずからを開顕することができないような仕方で関係するのである」[18]。動物が他のものに開かれているのはある排斥的な様式を通してのみであり、それによって動物は自分に固有の衝動へと取り込まれることができるのである。

〈とらわれ〉を特徴づける開性を規定した後で、いまや動物が衝動的振舞いにおいて関係しているものの本質を確定することが可能になる。たとえ動物がその環境を開顕的な環境世界として参照しているのではないとしても、動物は環境に、機械的に結びつけられているわけでもない。〈…に有能である〉限りにおいて、動物は他のものに向けて、それが衝動的有能性の中で一つの役割を演じられるように、みずからを開いている。ミツバチは太陽に向けて開かれているが、それは標識としての太陽、衝動を活性化し、抑止解除するものとしての太陽に向けて開かれているのである。しかし、なぜ衝動は抑止解除されねばならないのか。衝動それ自体を、それが生み出す振舞いを除外して考察してみよう。衝動はある「内的伸張（Gespanntheit）[19]」を保持している。つまり、押しとどめられた緊張、累積された充当、収縮、振舞いに転じるべく解除されることを求めている抑止を、保持しているのである。このことが意味するのは、衝動は抑止を解除する要因に向けてア・プリオリに開かれておらねばならないということである。この抑止解除の要因は、衝動に対してけっして開顕的に現れることがない。というのも、それによって振舞いは、したがって動物は、みずからを「自己」に固有化することを許されるからである。動物は自分の諸々の衝動によって円環包囲されており、そのため必然的に、抑止解除の円環に向けて開かれている。この「自己－円環包囲は自己閉包ではなく、まさに一つの周辺環境を開く描線（ein *öffnendes Ziehen* eines Umrings）なのであり、その中で抑止解除のしかじかの要因は抑止解除することが可能になるのである[20]」。

われわれはいまや、何人かの生理学者が「生体」を定義するために用いている被刺激性の可能性の条件がいかなるものかを確定できる。また、「単に生きているだけの存在者における諸感官の刺激や感応がどのようになされるか[21]」という問いにも答えることができる。刺激や反射は、抑止解除があるところにしかない。したがって、生物はまず最初にそれに関係しうるものに対して開かれておらねばならない。「被刺激可能なものが刺激を与えうるものに対して持つ先行的関係がすでに衝動という性格を持ち、衝動的対峙（*Entgegen*）という性格を持つからこそ初めて、刺激を発動させるというようなことも一般的に可能になるのである[22]」。われわれは同様に、異なる動物種が同じ刺激に対して反応しないことがあるのがなぜなのかも理解することができる。それらの動物種は同じ抑止解除の円環によって構成されてはいないからであり、その理由は何といっても、それらがともに同じ環境に生きてはいないからである。感覚的刺激は、例えばその強度がどれほどであっても、効果を持たないことがある。トカゲは草むらのごくわずかな葉ずれの音も聞きつけるが、至近距離で発射された銃声になると、遠くにいる鳥でさえその反響で飛び去るというのに、それを開くことができないのである(23)。

先へ進む前に、これまでのところを要約しておこう。生物と有機体の現象学は、器官と用具との比較から出発し、有機体を器官を構成する有能性として明確化することによって進展した。そして、有機体の存在様式としての振舞いと、衝動的振舞いの可能性の条件としての〈とらわれ〉を浮き彫りにすることで、この現象学は完成をみたのである。有機体はしたがって、道具の複合体でもなく、衝動や反射を束ねたものでもない。有機体は、「〈とらわれ〉という統一性の中での振舞いへの有能性(24)」なのである。それは身体には還元されず、環境との結びつきはそれに固有の本質に属している。有機体の有機的構造は形態学的事実ではなく、可能な諸々の抑止解除がなす円環との関係において把握されねばならない。このため、「動物の環境との結びつきは身体の統一性とほとんど同じくらいに緊密である」と主張するF・J・J・ボイテンディーク〔九〕に対して、ハイデガーは当然次のように反論することになる。「動物の身体の統一性は、動物的身体の統一性として、〈とらわれ〉の統一性の内に基礎づけられている。つまり、抑止解除の円環による自己‐包囲の統一性の内に基礎づけられているのであり、この円環の内部において、動物にとって環境が広がっているということが可能になる。〈とらわれ〉は、有機体の根本的本質なのである(25)」。

今後は、この最後の命題によって、主導的テーゼの第二番目〔動物は世界に貧しい〕を置き換える必要があるのではないだろうか。動物の〈とらわれ〉は、その世界貧困性よりも本質的なのではないか。これまでに得られたことに照らして、動物性の当初の規定を再び見直すとしよう。世界が存在者への接近可能性を意味するならば、動物は他のものに向けて開かれている以上、世界を持っていることになる。しかし、世界が存在者としての存在者への接近可能性を意味しているなら、動物はとらわれているため、世界を持たないことになる。それならば、みずからの衝動を抑止解除するものに対して開かれているとはいえ、その開性から〈…として〉が排除されているような動物の世界貧困性について語ることは、この語をもっとも広い意味に受け取ったとしても、なおも可能なのだろうか。動物を世界に貧しいと評価することは、暗黙に動物をわれわれ自身の変容として理解することであり、動物をそれ自身においてあるようには理解していないことになるのではないか。動物が世界に貧しいというテーゼは、それが現象学的に真正でないという理由で廃棄されねばならないのではないか。もしもそうならば、動物そのものから直接取り出された本質としての〈とらわれ〉が、われわれの動物への関係の表現としての世界貧困性を基礎づけていると結論しなければならないことになるだろう。しかしながら、この結論は性急すぎるのではないだろうか。世界の概念が十分に練り上げられていなかったうえ、ハイデガーが自分自身のテーゼに差し向けたこうした反論も、存在者の開顕性の外部への撤収が〈とらわれ〉の全体を構成していること、さらには有機体の本質が完全には構築されていなかったことを前提にしているのである。ところが、そのものとしての存在者の開顕性の外部へと動物が放逐されていることは〈とらわれ〉の一契機にすぎず、またこれまでの有機体の分析は不完全にしかなされていない。したがって、有機体の特徴づけが余すところなくなされることによってのみ、動物性の根源的原理が〈とらわれ〉にあるのか、それとも世界貧困性にあるのかを、決定することが可能になるはずである。

ここまでの有機体の現象学はいかなる欠陥を備えていたのだろうか。それに欠けていたのは生命過程に関する規定である。というのも、すべての生きものは有機体であり、有機体は生まれ、成長し、繁殖し、老化し、そして死んでゆくからである。ハイデガーはなぜ、有機体に固有の変転性 mobilité に触れようとはしなかったのか。世界を主題化するため補助的に動物性を主題化するという枠組みの中で、衝動的運動の記述に取りかかることは即座に必要というわけではないのだから、他の諸々の動機がそれを不可能にしていたのである。実際、「死がもっとも内的な仕方でそれに結びつけられている」[26]という生命の変転性を、死を一切の脱自的理解から引き離すことなく把握することが、いかにして可能だろうか。死の実存論的解釈学が生命に関するあらゆる生物学に先行するとひとたび明言した後では[27]、欠如的方法のみが実行可能であるように思われる。しかし、生命に帰属するものとしての死に到達するために還元的欠如化の方法に頼るとは否定を用いることであるが、この否定の意味は――否定の意味は否定が浮かび上がるままにしておくべく定められているものから導出されることはできないだろう――、一方ではそこまでに得られたものでなければならず、他方では存在論的に生命そのものと両立しうるものでなければならない。ところが、否定とは無の上に基礎づけられており、無とは不安において、つまり死への存在において開示されるものである。したがって否定はつねに実存論的な意義を有するのであり、脱自的地平を離れて、実存しない生命の現象としての死に接近することは、絶対に不可能であろう。反対に、死を生命との統一性において考えることは、現存在および現存在と一体である普遍的存在論の疑問視を要求する。それというのも、固有性が自己性よりも優位だとすれば、実存に対する生命の従属関係が逆転するだけになおさらである。また、生命を死との関連において理解することが、生命を有機体から理解することと同程度に本質的である以上[28]、死が生命への内在において把握されない限り、生命は把握不可能にとどまるであろう。「生命の最高の『行為』[29]」としての死が解明されないならば、生命の変転性は記述不可能なまま残り、有機体の概念は不十分なまま、動物性が〈とらわれ〉にあるのか世界貧困性にあるのかという問いも解消不能なまま残り続ける。生物についてのあらゆる解釈も、やはり同時に問題をはらんだものになる。言葉を換えると、「生命は事物的存在でもなく現存在でもない」という命題が現象学的であり、その主題に関して真正に与えられた事柄に基づいているとするならば、この命題における否定は厳密には理解不可能なのである。

　さらに補足すると、ハイデガーは次のように主張している。「生物一般の変転性、生命の変転性の本質構造はそもそも、運動の慣例的表象によっては理解されてはならない[30]」。したがってアリストテレス自然学や近代物理学に由来する運動の表象によっては理解されてはならないのである。しかし、生命の変転性は、実存に特殊的な変転性としての歴史に由来するのでもない。それでは、生命の運動と、とらわれた諸衝動の運動としての生命を、どのように考えればよいのだろうか。「生きた自然に、ひとはいまだかつて真剣に取り組んだことはない[31]」と言うハイデガーは、「衝動とは衝き動かすものとして本質的に…への途上にある（unterwegs zu...）[32]」と書きとめることで、おそらく一つの示唆を与えている。生命の変転性はつまり、道程という秩序に属しているのである。この簡単な概観はしかし、多くの困難で満たされている。現存在も同じように「つねに途上にある〔道の上にある〕[33]」とすれば、衝動と実存の関係はいかなるものだろうか。実存そのもの、思索そのものが道であるとすれば、途上‐存在を衝動の運動として、また生命の変転性として考えることは可能だろうか。衝動を道から考えるべきなのか、それとも道を衝動から考えるべきなのか。あるいはまた、思索を道と衝動から考えるべきなのか、それとも、思索、道、衝動のすべてを固有性から考えるべきなのか。

ハイデガーの行程全体を覆っているこれらの問いを検討するためには、問いが最初に現れた場所、つまり実存論的分析論とそれが生命のために用意した地位を参照せねばならない。われわれを動物に結びつける肉体的・身体的近親性と、生物たちが形成する謎めいた「共同体」のために、われわれは現存在という肩書きを放棄せざるをえないのだろうか。最後にそれを規定するためにわれわれはこの問題の場所に立ち戻ることになるが、その前に次の点に留意しておくことが適切であろう。つまり、動物性に与えられた説明は有機体と生命一般の本質に光を当てるものにほかならず[34]、この本質の根本的特徴はハイデガーによればつねに存在への外部性によって構成されていたのである。一九四七年に、ハイデガーは例えばこう書いている。「生物たちは、みずからのそのものとしての存在に基づいて存在の真理の中に身を置くことなく、そのように身を置きつつみずからの存在の本質を保持することもなく、みずからがそうあるがままに存在している[35]」。有機体の固有性が時間的意味を持たないというだけでなく、生命もまた、時間性がそれの先立つ名前 pré-nom にすぎないという存在の明るみの中に、それ自体で身を置くことはないのである。〔十〕

われわれはいまや、生物の解釈が普遍的な現象学的存在論に対して持つ重要性を測り知ることができる。これは領域的で二次的な問題ではない。もしも現存在が生物でなく、器官なしで考えられるものであるならば、存在と時間への生命の還元不可能性は、さほど重要なことではない。ところが、いっさいの隠喩を廃したとしても、現存在ではない存在者の存在が事物存在〔手前存在〕（Vorhandensein）と呼ばれうるためには――たとえハイデガーがこの必然性をけっして考慮しなかったにせよ――現存在は手を持っていなければならないのである。また、器官と用具を区別することがいかに不可欠であったとしても、この後者の存在は用具存在〔手許存在〕（Zuhandensein）としてつねに手の存在を前提とするであろう。しかし、実存の脱自的構成がそれの肉体化あるいは身体化と存在論的に相容れない以上は、現存在の解釈学の内では、手の存在を理解することを許容するものは何もないのである。(36)

だからといってそれでは、われわれがそれであるところの存在者は、その内に身体化されている生命に対応できるようにするために、現存在という名称を棄て去らねばならないことになるのだろうか。そうした転換の必然性は、われわれがそうではないところの事物存在者や用具存在者によってしか導出されないというのに、本当に確実なものなのだろうか。簡単に言えば、生命が身体を備えているがゆえに現存在としてのわれわれの存在の呼称が動揺するとすれば、そのためにはわれわれが生きているというだけでは事足りず、実存しない生命が現存在にとって実存よりも「いっそう本質的」であることを、現存在それ自身が証し立てる témoigne ことがまず必要である。そして、もしも現存在がそれを証し立てることが可能だとするなら、それは現存在が固有の仕方で自分自身に向けて現出する場所、つまり不安においてでなければ、いったいどこであろうか。

実存論的解釈学において根幹となる方法的機能を担う不安の分析を、ここで詳細に辿り直す必要はないだろう。

『存在と時間』第四〇節の末尾で、不安による開示の特権性を正当化した後で、ハイデガーは一つの奇妙な注記を付け加えているが、その仕方もまたさらにいっそう奇妙である。「しばしば不安は『生理学的に』条件づけられている」とハイデガーは述べる。確かにここでは記述的特徴が問題にされているにしても、この部分だけ抜き出してみると、もとのコンテクストに鑑みて驚きを禁じえない。ひと通りの観察を書きとめた後、ハイデガーは次のように付け加える。「こうした現事実はその現事実性においては一つの存在論的問題であって、それは、この現事実の存在的な原因や経過する形式に関してばかりではないのである。不安が生理学的に喚起されるのが可能になるのも、ただ、現存在がおのれの存在の根本において不安がるゆえなのである」[37]。こうした不安の病因論がなぜここで、ハイデガーも強調するように、存在論的な問題を生じさせるのか。もしも不安が器質的な原因を持つとすれば、それは自由による情動さえもが諸々の条件に従属するということであり[38]、生命が現存在の固有な存在に帰属するということである。しかし、現存在の不安にかられた自由が条件つきの自由であるとか、〈とらわれ〉である生命が存在了解である現存在の根底に根を下ろしているといったことが、存在論的に大きな矛盾を引き起こさずに可能なのだろうか。その場合、こうした矛盾の源泉を、不安によって開示される存在者の存在それ自体でなければ、いったいどこに求めればよいのか。われわれが先に見たように、被刺激可能なものが、衝動そして衝動的対峙という様式で、刺激を与えるものに対して前もって開かれているのでなければ、刺激が生理学的に喚起されることはありえない。それならば、現存在の不安は生理学的に条件づけられているのだから、現存在がその実存の根源的真理においてみずからをみずからに対して開示するというようなことは[39]、もしも現存在がまず第一に衝動的な生きた存在者――この意味は脱自的でも範疇的でもない――でなければけっして不可能であろう。反対に、いかなる強烈な衝動も、もしも初めから不安と結託しているのでなければ、不安を喚起することけっしてはないだろう。そして不安とは、本質的に死への存在である。衝動がそのように不安と結託しているとすれば、それは衝動的生命の原理に奉仕する死への衝動でなくて何だろうか。したがって不安は生と死の衝動的交錯に起源を持つのであり、有機体の解明が躓いたのはまさにこの点なのである。そして身体化された生命は、実存の真理に先行する以上、実存よりも「いっそう本質的」なのである。衝動によってこのような解決が与えられたことで、われわれはみずからを現存在として、また時間性として理解することをやめ、その代わりに生きた衝動的身体として、また固有性として考えねばならない。

しかし、実存を放棄することによっておのずと、われわれの動物との身体的近親性を思考する可能性が与えられるのであろうか。「みずからを現存在として理解することをやめる」とは何を意味するのか。それはまさしく、もはや存在論的差異を実行しないようにするということにほかならない。存在論的差異を初めて定式化する際に、ハイデガーは次のように言明している。「差異はそこにある＝現存在する *La différence est là*。すなわち、この差異は現‐存在（Dasein）の存在様式であり、実存に属している。実存とは、いわば『この差異を遂行することにおいて存在する』ということである。この差異を設けうる魂だけが、動物の魂を超え出て人間の魂となる適性を持つのである。存在と存在者の差異は、時間性の時熟において時熟する」。[40] これが意味するのは、存在論的差異を遂行することによって――この遂行が現存在の実存のすべてである――、現存在がみずからを動物から分け隔てる深淵を創設するということでなければいったい何だろうか。あるいは逆に、存在論的差異を脇に追いやることによってのみ、われわれの動物性、つまり動物との身体的近親性が思考可能になるということでなければ何だろうか。時間性だけが独占的に現存在の存在の意味を、あるいはそれ以前に主観性の存在の意味を構成するのである以上、これはまた、生命は存在も時間もなしに身体化されるということであり、ハイデガーの定式を再び借りるなら「動物性は何らかの『時間』によっては構成されない」ということではないだろうか。以上の諸命題が意味するのは、第一に生物の変転性が通俗的時間概念の地平でも脱自的時間概念の地平でも把握不可能だということであり、第二に、身体化された生命を思考するためには新たな時間概念を構築するか――それにしてもいまだけっしてこの名称のもとに捉えられたことのないものをどうして時間と呼び続けるのか――、時間がそれのありうべき一様式にすぎないという固有性へと遡らなければならないということである。

したがって、もしも人間の身体性や生命を正当に評価しなければならないとすれば、人間の本質をもはや現存在としては規定しないようにすることが必要である。とはいえ、現存在が一度でもそれ自身においてこの必然性を証し立てない限りは、つまり存在了解をいわば自発的に放棄しない限りは、この必然性は最終的に確立されたものとしても、その可能性において確証されたものとしても受け取られることはできない。そのようなことが可能になる場所は、やはり不安においてでなければいったいどこだろうか。しかるに、不安が了解し、開示するものとは何か。「不安は世界としての世界を開示する」[41]。しかし、もしも了解と陳述の分析において区別され連接された〈…として〉の二つの意義、つまり解釈学的意義と命題的意義が世界の開示を前提としているなら、ここでのこの陳述は了解可能なものだろうか。あらゆる了解のア・プリオリである世界としての世界は、実存論的了解の尺度においては了解不可能であり、そしてまた、〈…として〉が存在の真理そのものを指すとするならば[42]、不安にさらされた現存在は実存に従わない衝動的生命を生じさせることでみずからの存在から罷免され、存在に関係することをやめるのである。それゆえに、〈…として〉とは無縁な身体化された衝動的生命は、ハイデガーがかつて書いたように、けっして「現‐存在の別の反響（Widerklang）」ではなく、「自己の撤収の内での、存在者へ向けた存在者の初期的な開け[43]」でもないであろう。

ハイデガーが肉体あるいは身体の現象を「もっとも困難な問題[44]」と見做した理由はおそらく以上のようなものである。実際、われわれが身体化されて存在している以上、肉体はわれわれの存在に属すあらゆるものと同様に実存に根ざしていなくてはならないが、肉体が生きている限り、それは不可能であることになるだろう。肉体、つまり生ける身体は、存在を経ることによってしか存在できないものの只中においてあたかも存在の外部であるかのように与えられるのであり、それによって存在の思索は、少なくともその初期の形態においては、限界に曝される。人間の本質の脱自的規定は人間の生きた動物性の全面的排除を要求するが、人間の存在がこれほど深く脱身体化されることは形而上学の歴史においていまだかつてなかったことである。存在の問いを提出し、この問いにおいてわれわれの存在を理解するためには、理性的動物としての人間の伝統的定義が〈とらわれ〉に対して譲歩してきた部分を縮減することが必要であったのかもしれないが、存在の現出には肉体、そして身体の消滅という現象学的代価が伴っていたことに変わりはない。

三　現象学の対象

要するに、精神の全発達において、重要なのはおそらく身体なのである。――ニーチェ(1)

「私の全生涯の仕事は、経験の対象とその所与性様態との相関関係のア・プリオリを仕上げることに占められていた」と、フッサールは亡くなる二年前に打ち明けていた。(2) 普遍的ア・プリオリの発見、つまりは志向性の発見に他ならないが、これは、あらゆる存在者は、その意味がどうであれ、一連の主観的体験の指標であること、あらゆる存在者は、どの領域を起源とするのであれ、意識の対象であること、さらに、対象性は現象性そのものであること、こうしたことを意味している。よって、志向的分析は、諸対象に応じて秩序づけられるのだが、その分析のみが、所与性様態へと立ち戻ることによって諸対象の多様性を明らかにすることができる。この処方が意味するのは、対象が、まさに対象の所与性を織り成しているノエシス―ノエマ構造によるいかなる解明にも先立って与えられること、および、絶対的に構成する意識の学、つまり現象学は、それにもかかわらず、構成された相対的な対象から出発すること、である。

それゆえ、対象は、『デカルト的省察』の表現によれば、志向的生の綜合を探究するにあたって欠かせない導きの糸である。したがって現象学は、意識のあらゆる可能的な対象を構成する体系である。構成そのものと同様に、この体系は層を成している。形相的に限定され規定された領域の諸対象に関わる諸々の質料的存在論は、対象一般を取り扱う形相的存在論に従属する。しかしながら、超越的対象が唯一可能な導きの糸というわけではない。というのも、超越的対象を眼前に示してくれる内在的諸作用も同様に、独特の絶対的な仕方でおのれを自己構成する内的時間意識の対象として、この役割を引き受けることができるからである。形相的存在論は、超越論的自我論 égologie を前提している。

フッサールがそれに認めたような広い意味で、対象が導きの糸であるなら、導きの糸は、つねに一つの例、つまり一つの見本ないしモデルである。とすれば、例となる対象を選ぶことは、偶然にではなく、対象がその入口を開く志向性の意味＝方向[二]そのものによって、促されるのでなければならない。それでは、構成的反省にとって特権的な導きの糸は何か。内在的時間対象か、あるいは超越的対象か。エゴの時間的自己構成にあてられた探究は究極的な性格を有しているとはいえ、純粋な体験は志向的記述の糸とはなりえまい。というのも、現象学を主導する超越の起源という問題は、諸作用だけがそこまでもたらすことのできる志向性の起源という根本問題とは別問題だからである。『現象学の理念』という一九〇七年の講義以来、フッサールは、おのれに対して絶対的に閉じている意識が、いかにして自分自身から出発して、対象として意識とは対峙することになる何ものかを措定できるのかを理解しようと勉めてきた。言い換えれば、超越という難問を解くことを目指した構成的分析は、必然的に、超越的対象によって導かれるのである。

しかし、この対象は、実在的なのか理念的なのか。志向性の構造に達するためには、物理的な事物の構成を追うべきか、あるいは厳密な本質の構成を追うべきか。答えは容易であろう。一八八七年の『数の概念について』という学位論文から、一九三六年の『幾何学の起源』に到るまで、数学的対象は、現象学的省察の変わることのないテーマであった。そして、一九二九年、フッサールは、一八九一年の『算術の哲学』は「初次の、また高次の〈集合および高次の序数のような）『範疇的対象性』を、『構成する』志向的能動性から理解できるようにすることを試みた最初の研究(3)」である、と書いているが、これによって彼は、暗黙のうちに、形相的対象の構成があらゆる構成一般のパラダイムである、と認めているのではないか。

しかしながら、数を構成的分析の最初のモチーフとしてみても、理念的対象を、意識研究が要請し、またそのために必要な導きの糸にするには不十分であった。実際、心理学主義が乗り越えられない限り――これは『論理学研究』で果たされることになる――、理念性の真正なる意味は引き出すことができず、数は、ある意味では一つの実在性として理解されたまま、ということになる。それゆえ、構成的分析の最初の対象は理念的対象ではない。それでは、『論理学研究』がその構成を描出した対象の性質はいかなるものか。それは、漠然とした対象ではなく、箱やインク壺や書物や建物(4)、要するに、実在的で日常的な事物である。さらに、感性的直観や「外的」直観を参照しながら、これと類比的な仕方で、直観の概念を範疇的領域にまで広げることで、理念的対象の構成は、実在的な対象の構成に従うことになる。この対象が、理念的対象の基礎代わりになる。これが、したがって、『イデーン』第一巻第一五〇節のタイトルを取り上げ直せば、事物領域であり、これが現象学的探究にとって超越論的な導きの糸として役立つのである〔三〕。これは恣意的なものではまったくない。というのは、空間時間的・質料的事物性は、あらゆる世界経験の根本層を成すからである。

実在的な対象が、志向的綜合を規整する主要な構造であるとしても、現象学にとって、それでもやはり、理念的対象が対象の理想であることには変わりはない。こうした栄誉は、なぜ、どこから、この対象にやってきたのか。実在的な対象と理念的対象とのそれぞれに関する構成分析だけが、実在的な対象に対する理念的な対象の優位性の現象学的な理由を解明することができる。この二タイプの対象の構成上の差異は、『経験と判断』のとある一章で、長々と記述されている。ここでは、われわれの問題と直接関係する重要なところだけ、押さえておこう。ある対象を把握するためには、それがあらかじめ与えられていることが前提となる、と念を押した上で、フッサールは、第一の差異を次のように記している。受容性の対象は、受動的にあらかじめ与えられており――それは、私がそれに向き直る前からそこにある――、悟性の対象は、述定的な自発性においてあらかじめ与えられている。この先‐能与〔あらかじめ与えられていること〕の様態の差異は、対象の本質そのものにおける差異を意味している。あらゆる感性的対象にとって、「把握‐されることは、その本質とは無関係である」、一方、知性的対象は「本質的に、自発的な産出的営為において、それゆえ、〈私*Je*〉の現前においてのみ構成されうる」(5)。理念的対象は、意識にとってのその現出に、一挙に還元される対象、純粋に現象的な対象、すぐれて現象‐学的対象である、という他に、何を言うべきだろうか。

この二クラスの対象の二番目の差異は、より深く、その時間性のうちにある。実在的な対象が客観的時間のうちに、言わば日付をもって位置づけられるのに対して、非実在的な対象は「あらゆる時間において同一で」(6)、超‐時間的である。そして、この超‐時間性あるいは汎時間性は、時間性の一様式である。したがって、一方で「真理の理念性こそが、真理の客観性をなす」(7)ならば、他方で、あらゆる即自的真理に、あらゆる理性の真理に、汎時間的つまり永遠であることが属しているのならば、理念的対象は、絶対的に真でありうる唯一の対象である。理念的対象は、本質的に真理へと差し向けられ、あらゆる偶然的な事実性を取り除かれた、本来の意味での認識の対象であり、もっとも純粋に客観的な対象であり、要するに、本質学としての現象‐学の対象である。

そうすると、もし、導きの糸ということで、それを分析することによってあらゆる存在者の存在を明らかにできる模範的存在者を考えるとしたら、現象学が、客観性の意味探究に際して、その客観性が絶対的な理念的対象ではなく、実在的な対象に範を取る方を選ぶのは、奇妙なことではないだろうか。この選択は、志向性そのものによって必然的に規定されたものであるが、真の導きとなる対象は実在的でも理念的でもないこと、志向性の存在に達するためには、さらには、フッサール現象学の歴史的意義を理解するためには、このどちらの対象から出発しても十分ではない、ということをほのめかしている。それゆえ、一時的にであれ、実在的でありかつ理念的であるゆえに実在的でも理念的でもない対象、すなわち精神化された対象、あるいは「精神性を吹き込まれた investi d'esprit」対象を指針とすることで志向性に到ることにしたい。

こうした対象は、『イデーン』第二巻のあるパラグラフのテーマとなっている。直接のコンテクストを復元してみよう。フッサールはそこで、他者 autrui の所与性様態を記述している。もし他の人格の身体が私に私の環境のあらゆる諸対象同様に与えられているのならば、このことは、他のエゴが、一つの事物に結びつけられるのと同じようにその身体に結びつけられているということを意味していない。実際、私は一つの身体と一つの精神を見るのではなくて、一人の他の人間を見るのである。他者の身体を知覚することは、他者そのひとを知覚することである。一つの身体は、私の身体と似たものとして私に現出する。このように似ているおかげで、現前する身体は、原理的に、私がじかには近づけない他の心的生を示すものとして統握される。こうして隣人は、付帯現前化 apprésentation の交錯した一つの現前化 présentation の対象となる。それゆえ、フッサールは、第五六節hを始めるに際して、「われわれが一人の個人そのひとを把握するとき、われわれに示される全面的に直観的な統一は［……］、『表現』と『表現されたもの』との統一であり、それはあらゆる了解的な統一の本質に属するものである」[8]と主張できたのである。それゆえ、他者は、精神性を吹き込まれた対象ないし了解の統一に関する最初の事例である。フッサールがここで召喚しているのはどのような了解概念だろうか。これは明らかに、ディルタイ〔四〕が定義した概念であって、ディルタイは、「われわれには感覚的な仕方で外的に与えられる諸記号から出発して一つの内面性を認識するような過程」[9]を、了解と名づけているのである。了解すること、それは内面性と外面性との関係を、一方を他方におけるかつ他方による表現として統握することである。他我の身体的な charnel 運動は、その精神的な spirituel 生を表現しており、私は、私が、身体と精神の統一を、身体と志向性の主体との統一を、直観的に把握することで、身体的な運動から出発して精神的な生を措定するならば、他我を了解するのである。

しかしながら、他者は、精神性を吹き込まれた唯一の対象ではなく、こうした対象の本質に達するための唯一の対象でもないので、別の例を挙げるのが適切であろう。フッサールが取り上げている第二の例は、書物である。私が本を読むとき、私は、頁上の刻印を見、広がったものを見る。それにもかかわらず、私が読むとき目がけているものはこれだろうか。明らかに違う。一つの物を知覚しながら、私は印刷された文章の意味へと向かっているのであり、私はその文章を了解し、その了解を体験するのである。この場面をどう分析したらよいだろうか。私は、読んでいるとき、一冊の本と意味という並列する二つの対象に関わっているのではない。というのも、一冊の本という意識を持つということは、外的な仕方で結びつけられた二つの対象を目指すことではなく、物体的なものと精神的なものとが一つになってやってくる唯一無二の対象を目指すことだからである。なるほど、同一の書物は、異なる二つの態度の対象となりうる。私は、空間的現実存在や活字のサイズなどだけを考えることで、物質的なものに注意を払うこともできるし、テクストとその理念的内容を私の関心の中心にすることもできるのである。けれども、私がそれに一つの意味を与えるのは、私が前にしている書物である。つまり、書物こそ、一つの志向によって生気づけられているのである。「紙の頁を持ち、装幀されるなどした書物は、一つの事物である。別の事物つまり意味がこの事物に結びついているのではないが、見方によっては、意味はこれを『生気づける』ことによってその全物質を貫いているのである」、とフッサールは書いている。さらに、精神性を吹き込まれたあらゆる対象にとって当てはまる次のようなことを書き加えている。「感覚的な現れを生気づけている精神的な意味は、或る意味で、その現れと融合しているのであって、並置によって単に結びつけられているのではない(10)」。

かくて、精神性を吹き込まれた諸対象は、本質的に、感覚的なものと知性的なものとの、実在的なものと理念的なものとの融合によって性格づけられる。この融合は何を意味しているのか。いかなる現象を参照すればいいのだろうか。どこからこの概念は出てきたのだろうか。フッサールは、この概念を、直接にはC・シュトゥンプ〔第一論文訳注十三参照〕に負っている。『音響心理学』の中でシュトゥンプは、音楽の和音は、未分化の統一として知覚されるのか、それとも同時的な多様性として知覚されるのか、という問題に答えており、そのときに、融合fusionという記述的観念を導入しているのである。これは、「二つの内容の関係――これに従って、二つの内容が、一つの単なる総和としてではなく一つの全体として形成される――、特に二つの感覚内容の関係[11]」として理解されるものである。融合は、C・シュトゥンプにとっては、あらゆる範疇的作用からその個体性と自立性とを保護する感覚的所与性の統一の様態である。しかし、フッサールが『算術の哲学』において、多様性の瞬間的統握を説明する際に参照しているそれは、同じものを指しているのだろうか。例えば、目を空に向けるとき、私は一目でたくさんの星があると判断することができるのはいかにしてか、を理解することが問題なのだ。このような多様性の表象は、多様性の真の表象ではない。というのも、私はまず、各々の星を統握し、次いで高次の独自の作用において、星々が形成する全体を統握するのではないからである。それゆえフッサールは、「感覚的多様の直観においては、それに基づいてこの多様性性格を認識できるところの直接に把握可能な指標がある[12]」と想定する。この指標は多様性の各々の要素にも、さらには要素間のそれぞれの関係にも属しえない以上、「全体の多様性を包括する諸関係の複合は、すべてがであれ順々にであれ、一定の統一性の内で融合する。この統一性は、多様性の全体的な現れに対して、すぐに気がつく特殊性格を、いわば二次的な感覚的性質を授ける[13]」。経験は、この「準‐質的な契機」、「形態的契機」の存在を立証する。われわれは、整列した兵士たち、山積みになったリンゴ、並木、鳥の一群、雁の群れを知覚する。「整列した」とか「山積みになった」とか「並」などなどは、単に複数を意味しているのではなく、「多様性の総括的な統一的直観に特有の、ある種の複合[14]」を意味しているのである。それゆえ、形態的契機は、そこにおいて、感覚内容の特有性やその諸関係の特有性が、一つの準‐質のうちに融合する統一である。そしてフッサールは、「この融合は、まさに、シュトゥンプが同時的感覚の質のうちに見出したものと類比的である」(15)と明言する。というのも、一つの全体のうちで融合する諸要素は、その融合によっては変様しないからである。しかしながら、この類比は差異を隠蔽してはならない。なにしろ、フッサールは、『算術の哲学』から『経験と判断』に到るまで、融合現象の領域を感覚的・同時的内容を超えて拡張することをやめないであろうから。彼は例えば、知覚された対象がその統一をそれに負っている連続的融合を示すことによって、継起的内容にまでその領域を拡げることになろうし、本原的直観を純粋意味と生身のありありとした充実との融合として定義することによって、その領域を志向的内容にまで拡げることになるし、ついには、そこに受動的綜合の形式を見ることによって、受容性のあらゆる領野にまで拡張することになろう(16)。融合は、そのつど、まずは「統一の現れ」を産出し、次に、分析へと消え去るのである。したがって、融合は〈われわれより先なるもの *πρότερον πρὸς ἡμᾶς*〉に他ならない(17)。

感覚的現れと知性的意味の融合によってその統一が構成される精神性を吹き込まれた対象に戻ろう。この規定は、了解に属しているすべてのものに対して有効である。つまり、他者や書物、理念的対象や芸術作品、使用対象や制度など、要するに、日常的生の周囲世界のすべての対象にそれは関わっている。しかし、すでに見たように、こうした対象はそれぞれ、一つの単なる事物としても統握されうる。これが意味しているのは、むしろ、理念的な意味は、実在性と結びつくこともあれば、何の関係も持たないときもある、ということである。このことから、意味は、感覚的なものを生気づけ、それと融合するときには、それ自身一つの実在性となる、と結論すべきだろうか。まったくそうではない。このことを示すには、事例を変えれば十分だ。文学作品を例に取ろう。詩の音とリズムは、意味の理念的統一に帰属しながら同時に、感覚性に関連している。それゆえ、音とリズムは、存在定立の対象とはならない。というのも、精神的な意味は感覚的なものを含み持ち、感覚的なものに一つの「内的生」(18)を授け、また精神的な意味はその理念性を失うことなく、感覚的なものと融合するからである。しかし、反証例はないだろうか。私がスプーンを手に取るとき、スプーンの実在的な形の知覚は、その意味の了解に必要なのではないか。そしてその意味は、知覚された対象に、外から加えられるのではないか。いや、そうではない。というのも、使用対象としてのスプーンを見るということは、その形をその意味の地平において統握することであり、その意味が、自分の融合している感覚的な形〔感覚形式〕を要求することを把握することだからである。したがって、私は、態度変更をしないでは、実在的な形〔式〕をそのものとして考えることも、存在措定を果たすこともできないだろう。スプーンは、存在論的に明確な価値論的述語を与えられるような存続する〔事物存在的な〕物理的事物ではなく、感覚的なものが知性的なものと融合する一つの対象なのである。

それゆえ、精神性を吹き込まれた対象は、「実在する身体ではない感覚的な身体[19]」を有する。この身体は、ノエマ一般のように、実在的でも想像的でもない。この対象の記述は、精神に固有の感覚性、精神的感覚性のようなもの、感覚的なものを秘めた精神性を、現出させる。その記述は、精神の身体を、つまりは志向性と意味の身体を、顕わにするのである。これは単に、感覚性〔感性〕のア・プリオリな形式——これは理念的である——ではなく、いわば感覚性そのものであり、直観に範疇的理念性を与えてから、フッサールはここで、理念性に直観的な感覚性を与えるのである。この二重の身振りは、『純粋理性批判』およびカントの思惟の再解釈をまさに迫るものである。この点は後述する。

先の分析は、フッサールから見るときわめて不十分なままであって、むしろ、根本的な難問を引き起こすものとなる。数学的理念性まで含めた日常的世界の対象はすべて[20]、その統一性が融合によって構成されるところの精神性を吹き込まれた対象である。まさにこのあらかじめ与えられた周囲世界の只中から、理論的態度が生じてくる。この態度はその相関者として、質料的実在性の領域たる限りでの自然を有している。ところで、われわれがまず関わるべき唯一の対象が融合された統一性であり、その融合が一つの〈われわれより先なるもの〉であるとすれば、単なる事物としての書物あるいは純粋に理念的なものとしての意味を考える可能性を、どこから引き出せばよいのだろうか。いかにして、統一性においてわれわれに与えられているものを、現象学的に切り離すことができるだろうか。意味と感覚的なものとの分裂はどこから来るのか。融合された対象を分析＝分解するための操作的概念の源泉はどんなものなのか。さらに、もし「エゴの概念と周囲世界の概念とが相互に切り離しがたく結びついている[21]」としたら、感覚的なものから引き離すことによって純粋状態に置かれた意味を把握しないで、超越論的エゴと内世界的エゴとを区別することはどうすれば可能か。精神性を吹き込まれた対象を記述することによって引き起こされる問題は、それゆえ、還元の動機の問題であり、志向的分析論の発動動機の問題である。この難点を、フッサール現象学の「形而上学的諸前提」という口座に記帳することはできない。というのも、そのような「諸前提」に訴えたからといって、けっして事象そのものにおける基礎がなくなるわけではないからである。したがって問題は、繰り返されたり再活性化される可能性のある何らかの現象的な状況下で、意味と感覚的なものとの分裂——これは、引き続いて同じタイプのあらゆる対象に拡がりうる——を明かすことがその本質に属する、精神性を吹き込まれた対象があるかどうか、である。言い換えると、他のすべての対象によって前提され、それらに共通の存在へと導いていくような精神性を吹き込まれた対象はあるのだろうか。というわけで、精神性を吹き込まれた対象の構成が提起する根本的な問題は、現象学の現象的な起源という問題、現象学の導きの糸という問題である。

「客観的精神」の形態に固有の理念的な感覚性を明らかにしてから、フッサールは、最初の例、つまり他者に立ち戻る。他の人間を見ること、これは魂と物体〔身体〕corps の実在的な合成を知覚することではない。他の人格を構成的に統握することは、実際、単に現出している身体に向けられたものではなく、その人格と融合するために身体を貫くのである。他我を経験し、さらに、人間たる限りでの私自身を経験することは、この身体化が属しているエゴを目指すことである。私は、身体に仮綴じされた精神を把握するのではなく、その身体という媒体における精神を把握するのである。よって、われわれはまず、融合された統一であり、そして、もし「身体は、身体たる限りで、隅々にわたるまで、魂に満たされた身体である」[22]なら、逆に魂そのものは、隅々まで身体化されているのである。したがって、いかにして、また何に基づいて、魂と身体、意味と感覚的なもの、超越論的エゴと人間的エゴとを区別することができるだろうか。

この問いに答えるためには、身体が、何らの対象でもなく、「あらゆる他の客観〔対象〕の可能性の条件」であること、「あらゆる客観性の基礎」であること、あるいは『デカルト的省察』の表現に従えば、「即自的な最初の客観」であることに注意を促すのが適当である[23]。生気づけられた身体は、それゆえ、精神性を吹き込まれた唯一の対象であり、その分裂が、他のあらゆる分裂を引き起こすのである。ところで、この身体はまた、一つの物体でもあり、この二つの現象は、根元的に分離されると同時に根元的に結びつけられる。分離されるというのは、延長する事物としての物体は、キネステーゼ〔第一論文訳注十参照〕を支えるもの、意欲の器官あるいは方向づけの中心としての私の身体ではないからである。また、結びつけられるというのは、私の身体は、他の身体との対化の外ではけっして与えられず、このためつねに、相互主観的自然の只中にある物体中の物体であるからである。身体が物体化されるとき、意味が感覚的なものから抽象され、この分離が精神性を吹き込まれた対象すべてへと拡がっていく。このことは、まさに私がそれである人間に関わっている。私のエゴを、そのエゴがその身体と周囲世界とで構成している統一性から解放することによって、物体化は、超越論的エゴへの通路を開く。またこのことは、日常的な他の諸対象に関わっている。身体を魂と物体〔身体〕へと分裂させることによって、意味は理念的になる。というのも、分裂は意味を、ある意味で、同様に一つの実在性であるものから自由にするからである。かくて精神すなわち志向性の主体は[24]、身体にとって、もはやおのれに対して外的な存在でしかなく、純粋主観性と意味の理念性は、身体の物体への関係の契機でしかないし、形相的還元と現象学的還元は、或る身体と他の身体との関係の結果でしかないのである。

いまや、われわれは、その分裂が、他の対象すべてに分裂を命ずる、精神性を吹き込まれた対象に到達したのである。こうして生気づけられた身体、生き生きした身体は、志向的分析論の真の導きの糸である。そして、実在的な対象と理念的な対象とが交互にこの機能を果たすことができるのは、所与性様態という観点からして、『論理学研究』以来、範例的役割を負わされている対象の理念性および実在性が、身体の分裂からしか近づけないからである。それゆえ、構成は、つねに再構成である。フッサールは、他者に関して、意味の層の客観化は身体的層の客観化に重なり合う、「したがって、客観の統一が構成され、その統一は統一として見れば（分離を前提するいかなる関係もなく）、多かれ少なかれ高い水準の客観の段階を含み、後からしか差異化されない諸段階を含むのである」[25]と、ためらいながらもはっきりとこう言うとき、そのことを認めているのである。

ひとたび導きの糸、つまり、客観性が透けて見える対象、現象性を証言する現象、が決まれば、志向性そのものの解明が可能になる。もし身体が二重化された感覚の支えであるならば[26]、感覚の存在は志向性の存在へと導くことになるだろう。フッサールは普通、体験の非志向的な構成要素として、意味と解釈者とを与える統握に従う質料として、感覚を定義する。しかし、このような志向性に対する消極的で不十分な定義では、志向性そのものを考えなければならない場合には、支えにはなるまい。それゆえ、まずは積極的な仕方で感覚を性格づけ、それから、現象学の原理に達するのでなければならない。〔『論理学研究』の〕「第五研究」第一五節bの終わりのところ、感情的な領域における作用と感覚にあてられたパラグラフで、フッサールは、付け加えるように短い注を置いている。そこには次のように書かれている。「この考え方は明らかに次のことを導く。つまり、あらゆる強度の差異は、まず第一に、かつ本来的には基づける感覚に帰属させられねばならず、二次的にのみ、作用の具体的な全体性格が、作用の感覚の基礎の、強度の差異によって共‐決定される限りで、もっぱら具体的な作用に、帰属させられるということである。作用志向は、［……］それ自体においては、強度を欠いているかもしれない。しかし、ここでは、より綿密な分析が必要であろう」[27]。感覚は、それゆえ、強度的である。感覚の存在、それは身体化した強度、つまり衝動 pulsion である。身体は衝動的であり、志向性は衝動性として理解されねばならない。

しかしながら、志向の感覚に対する優位をひっくり返して、志向性を志向的でないものから考えようとするのは矛盾、それどころか不合理ではないのか。志向性の衝動的な規定は、どこからその正当性を得られるだろうか。志向が固有の強度を持ちうることを、フッサールが排除していないことに、まず注意しなければならない。フッサールは条件法で語っているのであり、将来の分析に先送りしているのである。したがって、志向 intentio と、強度 intensio とを、共通の根へと戻すことを禁じるものは何もない。ついで、まさに、感覚の純粋所与の只中においてこそ、内在的時間性が構成されるのだということを付け加えておかねばならない。ところで、この水準において、つまりこの真であり究極的な絶対者の水準において、感覚的ヒュレーの志向的モルフェーへの従属は、ヒュレーのために逆転される。というのも、原‐印象は、「後続する一切の意識と一切の存在との原‐源泉」[28]だからである。最後に、フッサール自身が、志向性を衝動的なものとして考えていたことを特に思い起こしておかねばならない。一九三三年の「普遍的目的論」において、その固有領界を衝動的体系および立ちとどまる流れと名づけた後で、フッサールはこう問うている。「どんな初源的現在をも立ちとどまる時間化として統一的に形成し、現在から現在へと具体的に押し進む――それで一切の内容が衝動の充実の内容となり、目的以前に目指されることになる――普遍的な衝動志向性を前提する権利または義務を、われわれは持っているのではないか」[29]。かくて、志向性は、まさしく衝動という構造をしており、超越論的現象学を完成させる目的論は、エゴ・他者・世界が因って来たる衝動性を明らかにするのである。

難点が一つ残っている。われわれが今確立したものはすべて、私の身体が、他の身体との本質的な関係のおかげで、自らを物体化しているということを要請する。しかし、他の身体への関係は私自身の身体の意味の一要素である、と主張することを可能にするものは何か。私の身体を他の身体と結びつけるものは何か。あらゆる身体的衝動が性的なものかどうか、という問題は除くとしても、性的衝動のうちには、フッサールの記すところによれば「他なるものとしての他者への、また他者の相関的衝動への関連づけ[30]」がある。性的なもの sexualité はそれゆえ、私自身の身体をつねに他の身体と結びつけるものである。だから、性的差異は、いかにして、なぜ、私の身体が他者の身体と連合しつつ自らを物体化するかを理解させてくれる。しかしながら、われわれは、身体と物体とのそれぞれに到るのでなければ、この物体化を記述することも両者を区別することもできないだろう。ところで、もし物体が知覚のうちに現出するとすれば、身体そのものの所与性様態はどのようなものだろうか。性的差異は身体的性格であると同時に物体化の基礎でもあるのだから、問題は次のようなかたちを取らなければならない。すなわち、他者と私自身の物体の分離を構成する性的差異が、身体的性格である限り物体化であることはなく、物体化の基礎としては宙づりにされるような現象場面はあるだろうか。あるいは、私の衝動的身体が他者の衝動的身体と統一され融合するような場面はあるだろうか。性的衝動がその充実形態を、他の衝動志向性によって或る衝動志向性が貫かれることとして、つまり融合として規定された性交のうちに見出すことを確認してから、フッサールは衝動的充実の原‐様態を次のように分析している。「端的な原‐様相的充実のうちに、われわれは、各々の原初性に分離可能な二つの充実を持つのではなく、二つの充実の相互含蓄によって生み出される二つの原初性の統一を持つのである[31]」。性交は、ここで物体的な意味をまったく持っていないのでなければならないのだが、これは、まさにこの例外的な現象場面であり、この場面において、原理的には根元的に異なる固有領界に由来する二つの志向性が、ただ一つの充実のみを持つことによって一つになるのである。還元によるのと同様、あらゆる物体化の外にあるものとして衝動的身体を明らかにするのだから、性交は、起こらない可能性のある事実的な出来事ではなく、衝動の性的性格 sexualité によって、衝動志向性そのものによって、恒常的に開かれている純粋な可能性であって、これがなかったら、超越論的であれ形相的であれ、他のいかなる還元も成し遂げることができなくなってしまうのである。

　最後にもう一度、『イデーン』第二巻第五六節hに立ち戻ろう。他者の統握は、身体の統握が、それにとって意味統握の土台を構成することになるような統握であることを述べてから、フッサールはさらに続けて、融合という同じ現象が「身体」という語とその語を生気づける意味との間に起こることに注意を払う[32]。それゆえ、言語は、精神性を吹き込まれた対象であり、この規定は、いずれ『形式論理学と超越論的論理学』において、取り上げ直されることになる。フッサールはそこで、言語の理念性を文化的世界の対象の理念性として性格づけるだけでなく、「言説の統一性に思念の統一性が合致し、言説の形式と分節に思念の形式と分節が合致する」ということを明言した。さらにこう加える。思念は、「語の傍らに、外的な仕方であるのではない。語りながら、われわれは、語と融合しいわば語を生気づけるある内的な思念を絶えず遂行しているのである。この生気づけの結果、語と言説全体がいわば思念を語と言説自体の内に身体化し、身体化した思念を語と言説そのもののうちに意味として担うということになる」[33]。すると、言語は、精神性を吹き込まれた他の対象と同じ問題を引き起こすのだろうか。どのような現象学的明証から、フッサールは「その感覚的な、いわば身体的な面と、その非感覚的な『精神的な』面との間の、よく知られた差異」[34]に応じて表現を分析できるのだろうか。融合が〈われわれより先なるもの〉だとすれば、どうしてこの二面は分離して与えられるのだろうか。身体の物体化は、言語の分裂の起源にあるものなのか。この最後の問いに答えるには、「言語的身体」[35]という言い回しが、メタファーなのか事象そのものに由来する名称なのかをあらかじめ検討しておく必要がある。検討は現象学的でなければならず、所与性様態に基づいていなければならない。フッサールには、「言語の身体」、さらに一般的には「精神の身体」について語る権利がある。というのも、どんな場合でも、問題となるのは現象であり、それにわれわれが近づくためには、われわれはどうしても身体化した主体でなければならなかったのであり、それにわれわれが近づくためには、どうしても志向性が本性的に衝動的でなければならなかったのである。私の身体にのみかつそれによってのみ与えられるもの、それは、当然ながら、本質的な親和性を明らかにする能与的審級から名づけられることができる。「言語的身体」という用語は特異な現象を指し示すもので、メタファーではなく、言語の分裂は、身体が物体化し、意味 sens と感覚的なもの le sensible との分離が生じた時にこそ、生み出される。こうした理由から、言語の現象学は、ほとんどの場合、魂と物体〔身体〕との「形而上学的」区別に基づいて規定されることになるのであろう。

あらためてまた一つの難点が残ることになる。われわれの解釈は、二面が混じり合った一つの言語を想定しているのではないか、という点である。実際、もし言語の身体的面と精神的面との間の分裂が、物体化の結果だとしたら、物体化を宙づりにすること、つまり身体的還元は、音と意味とが、さらには書体 graphisme が、根源的に融合されているような言語の可能性を開くのでなければならない。身体的主観性を明らかにすることのできるこの言語とは、どのようなものか。理念的感覚性を掘り起こしたとき、フッサールはすでに見たように、詩の例に訴えたのであった。ところで、詩的言語とは、最初から、音と意味とリズムとが融合された言語であり、その意味がひとえに客観的であるわけではなく、したがって、身体化された主観性に見合った唯一の言語である。身体の詩は超越論的ロゴスであり、衝動的流れの絶対的主観性に対しては、ただその理論的な名前が欠けているだけなのかもしれない[36]。

われわれの当初の構想を再確認しよう。われわれが求めていたのは、志向性そのものに迫るために志向的分析を主導する対象を見定めることであり、フッサールの思想全体の意味を明確にすることであった。超越論的現象学が、身体と衝動性の軌道のうちに含まれる以上、いまや、われわれはこの後者の仕事を果たし、超越論的現象学の歴史的状況を性格づけることができるだろうか。

先に示したように、感覚性の理念化と直観の範疇的領域への拡張は、『純粋理性批判』の再検討を要求する。これを明確にすべき時である。フッサールが「超越論的演繹論」の第一版を、「根源的源泉にまで下降する直接の基礎づけの呼び水」[37]と見做しているのは、そこで、相関的ア・プリオリがその真の解決となるはずの客観性の基盤の問題と遭遇しているからである。それでは、超越論的哲学という点では共通しているのに、フッサールとカントでは、どこに違いがあるのだろうか。カントの演繹は、判断を導きの糸としており、フッサールの構成は、対象を導きの糸としている。何がこのような置き換えをさせたのだろうか。範疇的直観の発見である。これは、すべての範疇が基礎づけられた対象であるということを意味しており、そのため、この対象は、客観性を客観性として規定することができないであろう。言い換えると、超越論的演繹は判断に合わせて決められている。というのも、超越論的統覚は構成された意識だからである。したがって、導きの糸を判断から目指される対象へと変えることで、構成する意識に遡ることが可能になる。そしてもし、現象学にとって、即自的な最初の客観が身体であるならば、範疇の超越論的演繹は、フッサールが客観性の構成にあてたテクストのうちで、「身体の超越論的演繹」[38]と名づけたものに、その場を譲らなければならない。範疇の超越論的演繹は、身体の超越論的演繹によって基礎づけられるが、それは、構成された主観性が、構成する主観性によって基礎づけられるのと同様である。そして、たとえ、この身体の演繹の実行が、その演繹の生じてくる、管轄上の超越論的枠組みをはみ出るとしても、その実行はつねに、従属的な資格でであれ、『純粋理性批判』の再解釈を含むことになるのである。

「あらゆる近代哲学の密かな願望」[39]である超越論的現象学は、構成された論理的主体から構成する衝動的主体への推移を確保することによって、主観性の絶対化を成し遂げる。それでもやはりフッサールが、ついに志向的分析が露呈するに到ったこの身体を、それ自体としてはけっして問わなかったということに変わりはない。なぜ、身体の現象学がないのか、なぜフッサールは、それが根源的所与性を性格づけるゆえにあらゆる現象に伴うことができるのでなければならないこの現象を、主題化しなかったのか。身体的衝動性も衝動的身体も、間接的にしか記述の対象にならなかった。フッサールは、いわば、それらを見ることができなかったからである。フッサールが、主観性から身体へと到達するのは、統一性・同一性・綜合一般の地平において、つまりその内部では諸々の衝動の還元不能な差異が原理的に現出しえない地平において、である。要するに、身体がまさに超越論的現象学を導く対象であるがために、フッサールはそれをそのものとして考えることも出発点とすることも、けっしてできなかったのである。

それゆえ、身体の解釈は、視線の方向転換を必要とする。われわれはそれを定義できるだろうか。意識の正反対の側での身体の出現は、少なくとも、それが主観的には思惟不可能であることを意味している。とすれば、開かれている唯一の道は、ニーチェの道、つまり、断固として、身体を出発点とし導きの糸とする道である。しかしこの転倒は、主観性を絶対化していくその果てにおいてのみ起こりうるものであり、現象学そのものにとっても、取るに足らないものなどではない。まず、そこから帰結するのは、身体概念の深い変更である。身体は、もはや、キネステーゼの支えではなく、力ないし衝動のヒエラルキー化された複数性である。次に帰結するのは、エゴの特権の廃棄である。エゴはもはや、存在することと認識することの必当然的な基礎ではなく、身体の結果であり、パースペクティヴの錯覚である。最後に帰結するのは、意味はもはや力と切り離せない、ということである。構成的分析は、力への意志の形態論に、系譜学に、姿を変えるのである。

身体という導きの糸に沿って理解されると、現象学はこうして、自分で自分の歴史的な光景を明らかにする。カントの思惟の前提を解明することによって、構成的分析は、ニーチェ的転倒を準備する。しかし、この場面の歴史性をどう考えるか。構成された主観性に本質的に依存する純粋理性の歴史にも、その衝動的基礎を志向的に考えることがいまだできない普遍的目的論にも属することなく、現象学は、最終的には、身体そのものの歴史にしか属しえないのである。身体そのものが歴史的でなかったら、このことは可能だろうか。これまでそのように解釈されたことはあっただろうか。然り、まさにニーチェは、一八八五年に、次のように書いたのである。「『魂』が魅惑的で神秘的な思想であって、哲学者たちが、しぶしぶしか魂から離れることができないのは、当然であったとしたら——いまや、哲学者たちがその代わりに受け取ることを覚えたものはおそらく、よりいっそう魅惑的で神秘的なものだ。人間の身体は、そこで有機的生成のあらゆる過去が、最も遠いものも最も近いものも、そこに再び生きたり具体化したりし、その生成を通して、その生成を越えて、またその彼方に、聞き取ることのできない巨大な流れが流れているように思われる。人間の身体は、古い『魂』よりもずっと驚くべき思想なのである」[40]。

四　差異の身体

「一本の道が根源的時間から存在の意味へと通じているのであろうか。時間それ自体が存在の地平として顕になるのだろうか」と、ハイデガーは実存論的分析論の終わりで問うていた[1]。これらの二つの問い――『存在と時間』は、それらの問いにおいて中断される――は、「時間と存在」という篇を示すはずであった。この篇の始まろうとするところで、基礎的存在論は、暫定的に、次いで決定的に停止したのである。普遍的な現象学的存在論のこの断絶と未完とにもかかわらず、われわれはこれらの問いを理解することができるだろうか。これらの問いを担っており、またそれらが委ねられ、引き渡されている思考運動を記述することができるだろうか。

根源的時間から存在の意味へと到ることが可能であるためには、根源的時間は、存在の意味を了解することの可能性の条件であり、存在自体がそれへと投じられているところのものでなければならない。要するに、時間は存在の地平でなくてはならない。しかし、事態がまさにそのようになっているかどうかという問いを立てることは、存在を超えて問い尋ねるということであり、〈存在の彼方に *ἐπέκεινα τῆς οὐσίας*〉というプラトン的主題と再び関係を結ぶことである。さらに、存在を了解することは、存在が有している、存在者との差異を了解することであるのだから、存在を超過して存在了解を開くものへと到ることは、存在論的差異の起源へと遡ることである。存在の彼方へと赴くこと、それはしたがって、現存在の予備的分析論の全体を通じて活用されていながら、依然としてそこではそれ自体としては基礎づけられないままにとどまっている存在論的差異を基礎づけることなのである。それゆえ「時間と存在」という篇は、存在をその地平へと超越しつつ、存在論的差異を確証することを目的とするはずであった(2)。

このプログラムは、もとのままの形では、けっして実行されることはなかった。そしてハイデガーはそれを放棄したのである。これはハイデガーが、プログラムの可能性に打撃を与えるような、乗り越えがたい諸困難に突き当たったということを意味するのであろうか。存在を了解する存在者であるがゆえに存在論的差異であるような現存在が、存在の中に出現してそれを了解する仕方を記述しつつ、存在論的差異を導出することは不可能なのだろうか。そしてなぜそうなのか。換言すれば、実存〔存在〕から実存者〔存在者〕へと到ることで存在論的認識それ自体を可能にする運動を記述することはできるのだろうか。これらすべての問いは、基礎的存在論によって託され、委ね渡されたものであるが、それらはレヴィナスによって一九四七年に出版され、まさに『実存から実存者へ』と題された書物の背景にある。したがって、われわれはこれらの問いのいくつかに対して、〔レヴィナスが提示した〕他の問いの手続に従うことによって答えよう。

レヴィナスはつねにプラトンの血筋を要求していた。彼は一九八七年に表明する。「私の教えは、結局のところ、非常に古典的なものにとどまっています。それはプラトンに倣って、善を基礎づけるのは意識ではなく、善が意識を召喚するのだ、ということを繰り返し説いているのです(3)」。この要求は、哲学的探究および哲学的冒険といったものを会計明細の要領でとりまとめにやって来るのではない。反対に、「善を存在の彼方に位置づけるプラトンの定式は、それらを導くもっとも一般的で、もっとも空虚な手引なのである」。この直前の文章は『実存から実存者へ』の緒言から引いて来たものであるが、『実存から実存者へ』は、おそらく『存在するとは別の仕方であるいは存在の彼方へ』がその完全な実現を示している哲学的歩みの、最初の局面なのである。したがって、レヴィナスの思想が経験した著しい変革がいかなるものであれ、われわれには『実存から実存者へ』を、その必然性が自己に対する誠実さを変革の中で保ち続け、確保するのに十分なほど毅然として深遠であった、一つの企図の第一段階と見做す権利がある。

善を存在の彼方に位置づけるプラトンの定式はもちろん解釈が難しい。われわれはそれに直接的に関わることはしない。というのも、さしあたりは、レヴィナスがこの定式に与える意味のみが重要であるからである。レヴィナスはこの同じ緒言の中で書いている。「プラトンの定式は、一人の実存者を善へと導く運動が、それによって実存者が高次の実存へと高まる超越ではなく、存在とそれを記述するも諸々の範疇からの逃走路、すなわち外越 *excendance*〔一〕であるということを意味している」。〈存在の彼方に〉に関するこの解釈は、若干の考察を喚起する。(1)実存者〔という語〕によって、ここでレヴィナスは、われわれがそれであるところの存在者、つまり現存在 Dasein を対象としている。しかし同様に、実存と実存者〔という語〕は、われわれがまもなく見るであろうように、存在 Sein と存在者 Seiendes、つまり、存在および存在者一般を翻訳している。したがってレヴィナスにとって、実存者という同じ語が、ハイデガーが倦むことなくその存在諸様式を区別した、諸々の存在者を指し示しているのである。あらゆる存在論的構造を諸々の範疇と同一視することが、この両義性を証示しており、この両義性については説明を要する。[4] (2)もし存在の彼方へと導く運動が、高次の実存への超越ではなく、存在からの逃走路であるとしたら、それは現存在の超越が、ハイデガーが主張したのと違って、〈存在の彼方に〉の真理でも、善 *ἀγαθόν*、すなわち可能性それ自体の源泉でもない[5]ということを一方で含意し、他方では、本来的実存〔存在〕と非本来的実存〔存在〕の区別が、優れたものと劣ったものの区別として、したがって存在そのものに内的なヒエラルキーの只中で理解されていることを含意している。(3)同者の内部での運動、同者の運動および可動性、つまり偽りの逃走路にすぎないこの超越に、レヴィナスは、別様に根元的な運動を対置する。この運動は、存在および存在の真理からの逃走路たる真正の逃走路であり、けっして同者に戻ることのない運動、回帰の希望のない脱出、一九三五年の研究論文の表題が語っている通り〈逃走 évasion〉なのであり、この研究論文においては、外越という新語とともに、存在からの逃走路という主題が現れていたのである。「〈創造者〉への飛躍が示していたのは」、存在からの逃走路であり、「存在、存在がもたらす悲劇的絶望、存在が正当化する諸々の犯罪、そうしたものを容認するすべての文明は野蛮の名にふさわしい(6)」という事実は、存在からの逃走路をぜひとも必要としていたのである。

逃走があらねばならず、実存者が自己の救済と幸福のために存在を善に向かって超過せねばならないのは、実存者がまず第一に「存在の中に立っている」からであり、存在の中に定位 *position* したからである。この定位がすでになされているのでなければ、善に向かってのいかなる外越も可能ではないだろうし、だからこそレヴィナスは、存在を評価し、「存在しないよりも存在する方がよい」と主張することができるのである。超過が存在から出発して善へと到る以上、外越を理解するためには、まず最初にその開始点 terminus a quo を、そこから実存者が出ていくよう定められている、この実存の中での実存者の定位——定位は、〔『実存から実存者へ』の〕緒言がともかくも明確にしているように、それへと「本書が限定されている」ような主題なのだが——を決めなければならない。主題のこうした限定は『実存から実存者へ』に対して、レヴィナスの後の著作のすべてに関わってくる前提条件としての身分を授ける。それというのも、ある実存者が実存と契約を結ぶ運動は、その実存者が実存から逃走する運動に先行しているからであり、また、実存の内での実存者の定位を記述することは、存在が善の前に出頭するよう召喚されるときに持つ意味を確定しつつ、外越の跳躍の足場を記述することだからである。

『実存から実存者へ』は、実存するものすなわち実存者と、実存するという出来事そのものすなわち実存との間の差異を喚起することから始まる。『存在と時間』の冒頭でハイデガーによって提起され、申し立てられたこの差異は、ただちにレヴィナスによって動詞と実詞ないし実詞化された分詞との差異として理解される。文法用語による存在論的差異の解釈は、ハイデガーの思索の忘れがたい偉大さが、存在の動詞的意味を覚醒させ、また再活性化させるところに存していると考えているレヴィナスの思考の不変の前提である。

　しかしながら、哲学史が十分に証し立てているように、存在と存在者の間の、動詞と実詞の間の差異は、維持するのが難しい。なぜなら、それを通じて存在者が存在するところの存在から、あらゆる存在者の卓越した原因であるところの或る存在者へと、知らず知らずに思考が移行してしまうからである。どこからこうした混同が出来するのであろうか。「存在と『存在者』を分離する困難さと、一方を他方の中で考えてしまう傾向は、もちろん何ら偶然的なものではない。それらは瞬間、つまり時間のアトムをあらゆる出来事の彼方に位置づける習慣に起因している」。これはいったいどういうことであろうか。存在と存在者は分離されることなく区別されなければならない。すなわち〈存在〉は〈存在者の存在〉なのであり、われわれが、存在者について、それが在るということを肯定する際、それは「『存在者』がすでに存在と契約を結んだ」のであり、存在者は「主語が属詞に対して行使する支配そのもの」を存在に及ぼしている、ということを含意している。しかしこの独特な支配は「現象学的分析においては分解不可能な瞬間において」行われる。したがってすべてはこの瞬間の理解にかかっている。瞬間はまったくの現在的状態として考えられ、存在は存在者によって徐々に消し去られる、ということであるか、あるいは瞬間は出来事であって、動詞は存在論的差異を明らかにしつつ実詞から区別される、ということであるかのどちらかである。というのも、レヴィナスは、「存在に対する『存在者』のこの密着は、単に瞬間の中で与えられるだけのことなのだろうか。それは瞬間 instant の立ち止まり *stance* そのものによって成就されるのではないのか。瞬間は、『存在者』、つまり存在を支配する実詞が、純粋な行為の中で、存在するという純粋な動詞の中で、存在一般の中で、それによって定位される出来事そのものではないのか。瞬間は存在一般の『分極化』ではないのか。これらのことを問うことができる」と書いているからである。しかし、瞬間という出来事は、どのように浮き彫りになるのだろうか。「始まり、起源、誕生は、まさに或る弁証法を示し、その弁証法において瞬間の只中のこの出来事は感じ取られうるようになる」。事実、ある存在者が存在から出現する際には――そして、この水準では否定できない優位性を持つ存在そのものから生ずるのでなければ、どこから存在者は出現することができるというのだろうか――なるほど、存在者に〔それが出現するための〕ある原因を与えなければならないのだが、とりわけ「その存在者の内で実存を迎え入れるものを解明しなければならない」(7)とレヴィナスは、存在 *être* の代わりに実存 *existence* という用語を用いつつ言う。ところで存在者による存在のこの迎え入れは、存在者がその存在に対して及ぼす行為でなければ、そして主語たるそれ *il* の、その属詞たる〈…である *est*〉に対する支配でなければ、何を意味しうるだろうか。したがって瞬間に対して、出来事というそれが有しているドラマティックな性格が与えられるのは、まさにこの弁証法を研究することによってなのであり、そのことは、「存在一般」を規定することなしにはなされえないであろう。「存在一般」が、ある存在者の存在となるのは、存在が存在者の属詞へと転倒されるような瞬間の出来事であるこの「逆転」(8)に由来している。したがって、レヴィナスの企図は、〈実存の中での実存者の定位を分析するために存在一般に到達すること〉と明確化される。

このプログラムは、基礎的存在論から生まれたものであるが、この基礎的存在論は「おそらくただ一つの主題、すなわち存在は存在了解と不可分である、という主題しか主張しなかった」(9)。ところで存在了解はハイデガーによって実存として、そして世界内存在として考えられている。しかし実存と世界内存在は分離されるべきではないだろうか。というのも、われわれが世界の激変、さらには――あらゆる神話を排除するとしても――世界の終焉について語るとき、われわれは、世界が整然としたものであることをやめ、世界に対するわれわれの関係が中断される瞬間を指し示しているからである。この準‐還元の残余は、純粋自我でも不可能性の可能性としての死でもなく、裸の実存、つまり、ひとが存在するという事実、存在があるという事実なのである。したがって世界内存在は実存の同義語ではない。世界内存在の消滅は、実存に影響を与えないからである。「世界の終焉という状況において、われわれを存在に結びつける最初の関係が確立される」。この関係は二つの実詞を結びつけるのではなく、或る実詞を動詞に、或る実存者を実存に結びつけるのである。世界の終焉は、〈存在する〉という事実を明らかにし、実存者がそうした事実に関与することによって、つまり実存を引き受けることによって実存するということを明らかにする。それは、世界とのあらゆる交渉に先立つ引き受けであり、世界内存在に先立つ「誕生という出来事」――それは「諸々の瞬間が等価であり、互いに相殺されてしまう経済的生の観点から見れば、絶えず起こっている」(10)――なのだ。

実存すること、それはしたがって実存に密着することである。しかし実存者と実存を区別することができるためには、実存に対する実存者の密着が裂け目として現れなくてはならないのではないか。換言すれば、実存に対する実存者のこうした密着を、われわれが、生まれ出る状態で in statu nascendi 取り押さえることができる場はどこにあるのだろうか。疲労や怠惰がその場であるが、それらは第一には、反省作用に差し出された諸々の意識内容ではなく、実存に対する実存者の諸々の態度なのである。真の疲労は自動詞的であり、対象〔目的語〕を持っていない。なぜなら真の疲労は自己に倦むことだからである。倦むこと、それは存在するのに倦むことであり、疲れさせる者は実存そのものである。したがって疲労は、実存することという絶え間なき責務を、拒否というあり方において証し立てるものなのだ。「倦怠における実存は、実存することへの関与を、深刻なものの一切を、解約不可能な契約の苛酷さのすべてを思い出させるかのようなものである」(11)。疲労していることが、実存することを拒否しつつ実存すること、実存を放棄し、その重荷を降ろしつつ実存することであれば、倦怠は、実存者が実存を引き受ける運動とともに、実存と実存者の間の裂け目を——その裂け目は、同時に、実存者が実存と結ぶ契約をも証し立てる——透け見えさせるものである。ついでながら、レヴィナスがその用法を正当化していない契約という語の意味が、ここでどれだけ不安定で、曖昧で、それどころか矛盾してさえいるかということを強調しておこう。それというのも、契約当事者の一方、つまり実存者は契約から生ずるのだが、他方、つまり実存は、契約に署名したり、契約を承知させることができるような性質のものではないからである。存在は何の盟約も結ばないのだ。結局のところ、二つまたはそれ以上の意志によって自由にそして相互に同意された義務としてのあらゆる契約が原理的に不可能である場合に、実存の中での実存者の定位と存在論的差異とがもっぱら問題である以上あらゆる法的関連づけが排除されている場合に、契約——しかも解約不可能な契約——について語ることは正当なのだろうか。それについて疑いをさしはさむことはできるし、この疑いは重要性を欠いてはいない。というのも、実存に対する実存者の関係を、存在に対する存在者の関係を契約と名づけることは結局、なぜ無よりもむしろ存在があるのかという問いを、私は存在する権利を持つのかという問いに従属させることだからである[12]。この従属は、レヴィナスの全著作、あるいはほぼ全著作が明らかにしようと努めていることなのである。

怠惰は実存に対する実存者の態度でもある。怠惰は実存することを怠けることなのである。これはどういうことであろうか。「怠惰は、あたかも実存が始まり commencement に一挙に到達せず、抑制しながらそれを前もって生きるかのように、始まりに関係する[13]」。怠惰は実存することをためらうこと、自制という様式における実存の始まりなのである。それでは実存することを始めるとはどういうことだろうか。始まりの瞬間には「すでに何か失うものがある。というのも何ものかが——それがこの瞬間それ自体にすぎないとしても——すでに所有されているのだから[14]」とレヴィナスは言うが、そうした瞬間のみが実存の始まりの本質を示すことができるのである。始まりの瞬間は、自己自身と或る所有関係を保つ。始まりの瞬間は〈在り〉かつ〈持つ〉のであって、自己を引き受けつつも自己の所有物なのである。そして怠惰が意味を持つのは、実存という重荷への関係においてである。実存は重荷である、とハイデガーは何度も言うが[15]、現存在の分析論は、実存が存在と所有に二分化することを説明することはできない。したがって怠惰と疲労は、ずれを通じて、実存者と実存の間の契約関係を明らかにする。しかしながら、疲労が「取っ組み合って dans un corps à corps」実存を拒否するのに対して、怠惰は「取っ組み合い le corps à corps」そのものを「拒否する」[16]のである。しかし、実存に対する実存者の関係を〈取っ組み合い〉として示すこと、それは実存者が実存において具体化しつつ en y prenant corps、実存の中で定位するということを示唆していないだろうか。

もし存在と存在者の未分化状態が、瞬間のドラマティックな性格の抹消に由来するとしたら、存在の一般経済の中で一つの現象の意味を捉えるためには、瞬間を、その出来事に関して吟味するのが望ましい。「瞬間を丹念に調べること、いまだ知られていない次元の中で開かれる瞬間の弁証法を探し求めること、それがわれわれが採用する方法の本質的原理である[17]」。この方法は、フッサールとハイデガーから受け継がれたものであるが、――しかし遺産は〔レヴィナスによって〕我が物とされた、つまり改変されたのである――それは、実詞を動詞として、あるいは状態を出来事として扱うことに存している。異なる振幅を持った多くの逸脱を繰り返すにもかかわらず、この方法に対してレヴィナスは忠実であり続けるのであるが、この方法の理解なくしては、おのれが為すことをほとんどつねに記述するレヴィナスの思想は、理解されないままにとどまるおそれがおおいにある。したがって、疲労の出来事の瞬間の中に再び身を置きつつ、疲労の分析を続行することにしよう。

疲労は麻痺として、つまり「自分がつかんでいるものを少しずつ放し、まだつかんでいるまさにその瞬間に放す手のように、自らが愛着し続けているものに対して、存在が絶えず、そしてますます食い違っていくこと[18]」として現れる。疲労は純然たる荷重軽減ではなく、疲労が手放すものをつかみつつなされる、自己の自己に対する位置の移動、つまり「自己に対する自我の脱臼のようなもの」[19]なのである。しかし疲労は、疲労から「躍り出て、そして疲労に舞い戻る」[20]努力の只中でのみ存在する。それでは飛躍と疲労との間のドラマティックな関係――その緊張が努力を構成する――とはいかなるものなのであろうか。努力は自己の彼方への飛躍であり、疲労はそれを遅らせる。さらに言えば、「自己自身および現在に対して先行することにおいて、先取りしつつ現在を灼く飛躍の脱自態の中で、疲労は自己および現在に対する遅れを示している」[21]。努力、すなわち自己に先行しつつ自己に遅れること、それが飛躍と疲労を連結する。疲労は飛躍を条件づけるが、飛躍はそれによって前方に投げ出され、結局疲労へと投げ返される。したがって努力は、疲労を知らない単なる飛躍へと還元されず、その時間的意味を未来という脱自態において見出すのではなく、「現在に対する遅れの中での現在の努力」[22]なのである。したがって、未来から湧出する脱自的時間性は、根源的遅れという時間性に従属するのであり、レヴィナスはその時間性の潜勢力のすべてを後に展開することになる。それゆえ、疲労を考慮に入れることによって、実存論的分析論は補完されるのではなく、覆されることになるのである。

しかしながら、われわれは瞬間に対する努力の関係を記述することなくしては、努力の完全な時間的構造に到達することはできないだろう。努力すること、それは持続の中で努力することである。あらゆる努力は徐々に持続に関与するということなのである。持続は連続的ではなく、各々の現在が現れては消える、音楽的持続ではない。努力の持続はベルクソンやフッサールが分析した持続ではない。それは努力の持続が本質的にぎくしゃくとしたものだからである。「努力の持続は徹頭徹尾、停止によって成り立っている」。したがって、努力の瞬間は、つねに過ぎ去りかつ消え去ってしまうがゆえにけっして現在的ではない、メロディーの瞬間ではないし、未来を先取りする飛躍の瞬間でもなく、避けがたい現在といったものなのだ。努力は「不可避の現在としての瞬間と格闘している」。努力は瞬間の立ち止まりを成就し、「実存の名もなき流れの只中に、停止と定位がある」[23]。

努力の瞬間をこのように規定することで——この語を用いつつ、レヴィナスは固有の可能性への飛躍のダイナミズムを説明することに専心してもいるのだが——行為や活動といった諸概念を、存在の一般経済の中に位置づけることによって導出することが可能になる。行為すること、それはある物質と闘争することではなく——もし努力が瞬間を成就するならば——ある現在を引き受けることである。この現在は、内時間的な一つの〈今〉、一つの実詞ではなく、機能[24]、つまりそれによって或るものが自己を起点として生まれる、実存の出来事なのである。それは、自己から出発し、自己へと帰る出来事であり、同一性の因子である。というのも、行為することは実存を引き受けることであり、必然的に実存に起因するこの引き受けは、ある実存者が現れて実存を支配下に置くがゆえに、実存に戻るからである。

　行為と相関的に、努力はつねに疲労に面しての努力であり、疲労は実存することの疲労であり、「実存者によってもたらされる、実存することの遅れ」である。ところで、この遅れは、努力が引き受ける現在をまさに構成している。行為すること、それは自己に対して遅れつつ、ある現在を引き受けることであり、この遅れなくしては実存者の実存に対する関係は現れることができないであろう。自己への遅れの中にある現在としての疲労は、それゆえ、イポスターズ hypostase[二]、つまり動詞から実詞への変質、実存から実存者への変質を記述する可能性を開き、同時に、存在論的差異を導出する可能性を開くのである。それゆえレヴィナスはこの分析から結論を引き出す。「現在が、そのように現在の引き受けによって構成されているならば、そして、疲労のずれが距離を作り出し、そこに現在という出来事が挿入されることになるとするならば、要するに、この出来事が、ある実存者——実存者にとっては存在するということは存在を引き受けることを意味する——の出現に相当するならば、実存者の実存は本質的に行為である[25]」。したがって、無為であるときでさえ、実存者はつねに活動中である〔現実態である〕。こうした根源的活動性との関係においてのみ、活動と無活動という世俗的対立は意味を持つわけだが、そうした根源的活動性は何を意味しているのだろうか。〈大地〉を原‐不動的地面 le sol archi-immobile、つまり絶対的ここ——そこに私の身体が身を置き、それと相対的に運動と静止がありうるような——と名づけるフッサールに呼応して、レヴィナスはこの根本活動性を「地面に自己を定位する行為そのもの」として、静止〔休息〕——それが「単なる否定ではなく、保持の緊張そのもの、つまりここの成就である」[26]限りで——として理解する。したがって静止〔休息〕という出来事は存在における存在者の出現そのもの、つまりイポスターズなのであり、『実存から実存者へ』は、この局所化の結果を、自己を定位し休息〔静止〕するここの結果を、明確にすることのみを試みている。

しかしながら、このように行為を現在の引き受けとして解釈することは、ある問題を引き起こす。努力によって瞬間を引き受けつつ、われわれは、純粋な出来事にして純粋な動詞でもある実存へと、われわれが行為する場である世界へと踏み入るとはいえ、われわれが関わっているのは、諸々の事物、諸々の実詞なのである。換言すれば、行為の存在論的機能は、行為が世界の中で有している機能と同一ではありえないであろう。

世界の諸対象は諸々の志向対象である。このことから何を理解するべきであろうか。レヴィナスが言うには、志向概念は、フッサールにおけるように「中性化され、脱身体化された＝具体性を欠いた意味において」ではなく、「欲望を生気づける〈欲望の棘〉を含意した日常的意味において」[27]捉えられるべきなのである。フッサールの志向性を脱身体化し、具体性を欠いたものにすることに関しては、全面的に留保をつけるとして、世界におけるわれわれの存在を特徴づけるこの志向を記述しよう。例えば私がある食物を欲望するとき、私は私が欲望しているものを正確に知っており、私が欲望するものに完全に没頭している。この志向は、対象の思念であるばかりでなく、その対象を意のままにしているのである。というのも、もし世界がわれわれに与えられているものであるならば、それは、われわれが世界を受け取ったということを、つまり世界の諸対象は、それらが切望される以前においてさえ、世界においてわれわれへと差し向けられ、われわれの諸志向に提供され、所有されているということを、意味しているからである。世界においては、欲望はある意味で、つねにその終わりにある。したがって、食べることは「欲望とその充足との間の完璧な一致」を、「欲望の志向の完全な実現[28]」を経験することなのである。日々のパンは、ハイデガーが考えているのとは違って、手の届くところにある用具＝有用なものであったり[29]、他の事物へと回付し、結局は存在することの気遣いへと、存在の気遣いへと回付する〈…のための或る物〉であったりするのではなく、志向の遂行〈消費〉である。われわれは生きるために食べるのではない。食べること、それはまったく単純に生きることであり、志向は、目的を持っているからこそ、世界内存在を規定するのである。志向あるいは意識は、つねに「真摯で」ある。それは志向ないし意識が「ある閉じた環を描き、意識はそれ以上のあらゆる合目的性を消去しつつ、その環の中に滞留する[30]」からである。世界、つまりこの環は、用具＝有用なものの複合体ではなく、諸々の糧の総体なのである――「世界におけるわれわれの実存を特徴づけるのは諸々の糧である[31]」。世界内存在は、気遣いではなく享受であり、われわれが真摯さの光なくして実存の動詞的意味を暗に理解することができるのは、世界内に存在することに「先立って」なのである。したがって、日常的な世界内存在は、頽落や非本来性であるどころか、「無名の存在から自己を引き離す[32]」ことを可能にするのだ。

　世界内に存在することは、こうした〈引き離し〉である。なぜなら、自我がそれを介して所与を所有するところの志向が、所与を隔たりを置きつつ保つからである。実存者は「自我にぴったり密着する」実存によって「魅惑」されているのに、志向に供されている世界は「世界に対する自由を自我に委ね渡す」。実存は、われわれがつねに持て余しており、つねに気に掛けなければならない荷物であるのに、与えられているもの〈所与〉は「一時預かり」となることができる。諸事物へと差し出されながらも、自我はそれらから身を引くことができるのであって、自我は世界の中で「内側と外側を持っている[33]」。それを通じて内側が外側に関係するもの、それが、意味あるいは明るさ luminosité である。光によって対象は「外側から到来しながらも、外側に先行する地平の中ですでにわれわれに属している」[34]のだから、光は世界を構成するものである。志向でもあり、光でもある、世界の中に存在することは知であり、知は諸々の事物と出来事に拘泥することなく、おのれの〈我関せず〉という態度を保持しながら、自由にそれらに関係する仕方である。したがって〈エポケー〉は、もはや世界外部的な純粋自我への接近手段ではなく、世界内部的な自我の存在様式なのである。こうしてわれわれは、いかにして世界内存在が「存在の只中にありながら、存在から自らを解き放つ可能性」[35]であるかを理解し、いかにして意識としてのイポスターズが、志向、光そして知としての意識が、動詞的な意味での実存の外への逃走であり、「無名の存在への抵抗」[36]であるかを理解するのである。

しかし、なぜ無名の存在に抵抗するのであろうか。われわれは、われわれがその運動を辿っている著作の「中心的概念」[37]である、動詞的意味における実存を記述することなくしてこの問いに答えることはできまい。しかしながら、こうした実存が世界内存在と混同されない限りにおいて、われわれが世界から脱出し、世界の内存在性から脱存することができるということを、まずもって示さなければならない。本来の意味の異国趣味として理解された芸術がこの可能性である。というのも、芸術は諸事物を利用の秩序から逃れさせるからであり、知覚がわれわれに内世界的対象を与えるとすれば、芸術は「知覚を離れて感覚を復権させるのであり」、そして「志向は対象にまで達するのではなく、感覚そのものの中でさまよう」[38]のである。感覚は対象から逸脱させるものであって、統握に供された素材となるのではなく、「エレメントの非人称性へと」戻っていく[39]。諸対象は、輝くような理性的諸形式を持っており、そのような諸形式が外面性を内面性へと転換するわけであるが、芸術、とりわけレヴィナスが参照する現代芸術は、そうした諸形式を変形させつつ、内面性と相関的ではない外面性の中へと諸対象を運んでいき、「存在の質料性」[40]「対象、名前ではないような何かが存在するという事実そのものの絶対性」[41]を発見する。こうして芸術の異国趣味は、形式を与えられた世界の中に、それに先立つ「形をなさないうごめき」[42]を明らかにするのである。

もし芸術が、実存するという事実の絶対性を明らかにするとしても、芸術はその事実の記述ではなく、その事実の概念を分析することを可能にするわけではない。これを実行するために、すべてが無化されているという事態を仮定することから始めよう。あらゆる実存者の、あらゆる実詞の、無への回帰は、一つの出来事である。しかし無それ自体についてはどうなっているのだろうか。それは究極の実詞、最終的な状態といったものなのか。反対に、無は卓越した契機であって、そこでは諸々の出来事としての諸状態に接近することに存している方法が活用されるべきではないだろうか。無が出来事として扱われるとき、何が起こっているのだろうか。〈何かが起こっている〉ということにほかならない。ところで、この「何かが起こっている」は実詞を指示しておらず、その不確定性は主語の不確定性ではなく、「動詞の非人称形式における三人称の代名詞のようなものを指すのである。それは、よく知られていない活動の主といったものではけっしてなく、いわば、為す者を持たず、無名であるような、この活動そのものの性格なのだ。非人称的で無名ではあるが抑えがたい、存在のかかる『焼尽』**consumation**、無それ自体の奥底でざわめいているこの『焼尽』を、われわれは〈イリヤ〉〔…がある〕[三]という言葉で定着させる。〈イリヤ〉は、人称形式をとることを拒否する点で、『存在一般』である」[43]。

したがって〈イリヤ〉は、実存者なき実存を、諸々の動詞の中の動詞の純粋な動詞性を指し示す。三つの理由に動機づけられて、レヴィナスは、この表現を選択したと言える。この表現を選択したのは、まず第一に、〈イリヤ〉が〈存在すること〉を意味する語法であるならば、この言い回しは、この〔〈存在すること〉という〕動詞そのものを繰り返すことなく、それを表現しているからである。第二に、フランス語では、〈イリヤ〉は前置詞 **préposition** の意味を持つことができるからである。ところで、問題となっているのは実存における実存者の定位 **position** を記述することであるがゆえに、実存は本来、定位に先行する **pré-positionnelle** ものでなくてはならない。第三の理由がもっとも重要であるが、この表現を選択したのは、〈イリヤ〉として存在を理解することで、レヴィナスはその非人称性、無名性、中性的性格を浮き彫りにするからである。〈イリヤ〉という言葉で固定されることによって、存在は存在者に対するあらゆる関係の外で、存在一般として考えられている。こうした命名は、明らかに、レヴィナスがけっして撤回することがないであろうある解釈を構成している。この命名は、レヴィナスのその後の著作の全般にわたって、定期的に想起されており、一九七四年には、『存在するとは別の仕方であるいは存在することの彼方へ』の最初の数行がそれを再び参照するよう促している。したがって存在を〈イリヤ〉として規定することは、不変の存在論的前提事項であり、それを起点として、存在は善に、存在論は倫理に従属させられているのである。

〈イリヤ〉を経験することはできるのだろうか。「もし経験という語が、光を絶対的に排除した状況に適用不可能ではないならば、われわれは夜を〈イリヤ〉の経験そのものと言うことができるだろう」[44]。この夜は、真昼間にも大いに生起しうるのだが、その夜においては、もはや何ものも輪郭や形式を持たず、諸々の名はあらゆる指呼能力を失ってしまっている。何ものももはや与えられていないが、しかし普遍的不在は不可避的に現前している。「何ものもわれわれに応答しない。しかしこの沈黙、沈黙の声は聞かれ、そしてパスカルが語っている『この無限の空間の沈黙』のごとくおびえさせる」[45]。さらに夜は、自我自身を埋没させ、呑み込んでしまう。すでにラフォルグ〔四〕は無意識について語りつつ「雰囲気は存在を暗くする」と言っている[46]。〈イリヤ〉に達すること、それは、もはや或る存在者の属詞ではない存在に、いかなる実存者ももはやその主人ではないような実存に、達することである。夜に曝されること、それは自ずから自己を捨て――〈イリヤ〉は「自己の内にあること〔即自的であること〕」ではなく「自己を欠いていること」である[47]――、「消滅しえないものへと、ひとがそれに関して何のイニシアティヴも握ることなく、無名で、否応なく関与する存在の事実そのものへと」立ち戻らされていることである[48]。われわれを存在へと引き渡すことで、夜はわれわれから〈私は…〉と語る可能性を奪う。ひとは、もはや存在者の傍らで存在を失ってしまう者の身元を名乗る代名詞ではなく、存在に捕らわれることで存在に関与し、あらゆる身元〔同一性〕を失っている者の代名詞なのである。したがって実存論的分析論の主要な分割の一つが壊されているのである。

ひとはどのようにして〈イリヤ〉の夜に関与するのであろうか。関与 participation は、ここではプラトン的意味〔分有〕ではなく、レヴィ＝ブリュールが与えた語義〔融即〕において理解されるべきである。レヴィ＝ブリュールによって記述された融即においては、融即するものとそれが融即する当のものとの間の境界が消えてしまい、「一つの項は他の項である」[49]。実存者が実存に融即する際には、実存者は動詞であり、それによってその実詞性のすべてを失っている。この融即は恐怖を呼び起こす。なぜなら融即は主体からその主体性を「奪う」からである。〈イリヤ〉への融即、つまり恐怖は「主体の主体性を、存在者としてのその特殊性を覆す」[50]。したがって、不安 angoisse が、無の開示、存在の開示であるのとまったく同じように、恐怖は〈イリヤ〉の開示なのである。しかしこのアナロジーは機能的なものにすぎない。そして、ハイデガーにとって恐怖は不安に似ている[51]ということを想起してしまうと、レヴィナスの思想を取り逃がしてしまう。恐怖は不安に先立つものなのである。それは、恐怖が自己の不在によって把握されるならば、不安は真の自己を明らかにするからである。恐怖は自己を欠いた実存者を戦慄させ、不安は自己に直面した実存者を鷲摑みにする。恐怖は自己の剝奪、精神病同然の状態であり、不安は個体化原理である。恐怖は、不安によってその真理性が証拠立てられる自己を前提してはおらず、不安によってそのまったき本来性において実現される存在論的差異以前のものなのである。したがって存在の恐怖は、存在を前にしての不安に先立っており、この先行性は結局のところ、現存在の分析論に対するイポスターズの分析の先行性を意味している。この点からすれば、恐怖を不安から区別するものを理解するということは、存在論的差異の導出という企図の展望の中で、レヴィナスの存在論がハイデガーの基礎的存在論に関して行う転換の重大さを見定めることなのである。

しかしレヴィナスは、存在というものの恐怖 l'horreur de *l'être* と、存在することの恐怖 l'horreur *d'*être を、無差別に語っている。[52] これは本当に同じ事柄なのだろうか。それらを区別するのが望ましいのではないだろうか。存在というものの恐怖は、あらゆる存在者から切り離された存在を前にしての恐怖を意味し、存在することの恐怖は、一つの存在者であることの恐怖を意味する。生の恐怖は、生きることの恐怖と混同されず、われわれはこのような比較対照をする権利がある。それというのも、「生は、実存と実存者の関係の原型として現れる」[53]からである。それでは、これら二つの恐怖の同一視は、どこに由来するのだろうか。

もし恐怖が〈イリヤ〉を顕にするならば、存在というものの恐怖と存在することの恐怖は、存在というものの悪と存在することの悪と相関的でなければならず、これはレヴィナスが『実存から実存者へ』の序論以来、対立させているものである。実際レヴィナスは、実存に対する実存者の関係に言及しつつ、この関係は「ある出来事を構成し、そのリアリティと、ある意味で驚くべきものであるその性格は、その出来事を成就する不安感において告知される」と書いており、そして「存在というものの悪、つまり観念論的哲学の〈質料の悪〉は、存在することの悪となる」とすぐさま付け加えている。[54]〈質料の悪〉という概念は、ここでは厳密な意味では観念論的というよりはプロティノス的なものであるから、この概念に対しては能う限り慎重な態度をとることにするとしても、存在というものの悪が、存在することの悪と同一視されているがゆえに、存在というものの恐怖の方も、存在することの恐怖と混じり合うことが可能なのである。そしてレヴィナスは、つねに〔『実存から実存者へ』の〕序論において、彼の企図の全体を次のように規定する際に、そのことを確認している。「われわれは、悪は欠如であるという考えを問いに付すことを試みようと思う。存在は、その限定や無とは別の悪性を備えているのではないだろうか。存在は、その積極性そのものにおいて、何らかの生来的な悪を持っているのではないだろうか。存在を前にしての不安――存在というものの恐怖 horreur ――は、死を前にしての不安と同じくらい本源的なものではないのか。存在することのおそれpeurは、存在というものに対するおそれと同じくらい本源的なものではないのか。それは、より本源的だとさえ言えるのではないだろうか。というのも、存在というものに対するおそれは、存在することのおそれによって説明できるであろうから[55]。したがって、存在というものの恐怖を存在することの恐怖へと連接することや、不安に対する存在することの恐怖の優位は、存在は本質的に悪辣で邪悪なものであるというテーゼに依っている。

しかしながら、レヴィナスの全著作が依拠している、存在についてのこの解釈は、けっして根拠のあるものではない。なるほど、レヴィナスは、存在論を倫理学へと超過していくことに専心している。しかし「存在は悪である」とか、あるいは「悪、それは存在の秩序そのものである[56]」とかいった事柄が証明されることがない限り、また善への外越を倫理的に必然的たらしめる、存在の邪悪な意味が存在論的に確証されない限り、かかる外越は誤った脱出であり、失敗した逃走にすぎなくなってしまうおそれがある。そのような証明といったものは可能なのであろうか。これほど不確かなことはないのである。もし「存在者はある」と言表することで、私が、属詞たる存在に対する、主語たる存在者の支配を認めるならば、「存在は悪である」と言表することで、私は悪に対する存在の支配を認めることになる。主語の位置に置かれるならば、存在はつねに悪とは他なるものであり、「存在は悪である」と言うことは、「悪は存在である」と言うことと等価ではないのである。存在は悪であると仮定することは、存在に対する悪の従属を前提とすることである。なるほど存在に対する悪の従属は、いまだ善ではない。しかし、それはすでに、〈まったく悪である〉というわけではもはやないのである。悪の存在は存在することの悪ではないのであって、例えばシェリングがそうしたように、悪は存在の中に基礎づけられているということを認めることは、存在が悪のみしか基礎づけないとか、悪が存在の基礎であるといったことを認めることではないのである。存在一般、つまり〈イリヤ〉の生来的邪悪さは、証明不可能なものであって、「存在は悪である」という命題は、自己自身の命を奪い、自己自身を無効にしてしまう。その上、「存在とは悪である」という命題を思弁的命題と見做すことは不可能である[57]。というのも、そうするならば、ヘーゲルの存在論をもってハイデガーの存在論に代えることになるだろうから。

先の諸々の反論は、〈イリヤ〉としての存在の規定ではなく、存在の中性的性格を非人間的なものであるとする性格づけを揺るがすものである[58]。存在の中性的性格は、人間性の暴力的中性化といったものではない。そして、もし「存在を受け入れること」が意味を持ちうるならば、それは「野蛮」という行為ではないのである。それでは、恐怖なくして〈イリヤ〉に達することは可能であろうか。レヴィナスは、詩のみが〈イリヤ〉を現れさせることができると言い、これを行うために、シェークスピアあるいはポーに縋る。彼らの「生きながらにして埋められる恐怖」だとか、なおも無の只中にいることの恐怖だとかいったものは、根本的な情動を構成するのである[59]。ボヌフォワ〔五〕に託して、まったく別の仕方で〈イリヤ〉を現出させる労を執ってもらうとしよう。ボヌフォワは書いている。「存在論は夢想にすぎず、『主柱』はしばしば有毒でさえある一塊の靄にすぎず、人格はラテン人が不在しか覆い隠していないということをすでに知っていたこの仮面にほかならなかったということを今日われわれが確知しているこの人間社会――それが、何らかの災厄によって、一握りの生き残りたちに切り詰められ、彼らは毎秒、危機の発生によって苛酷に徴用されている、といった事態を想像してみましょう。こうした窮乏と火急の折には、生存者たちはある活動を決定し、互いに任務を分かち合うでしょう。しかし、あらためて異論なきものとして出てくる生の体験の自明性の中で、それについて考えもしないで下される決定のうち最初のものは、存在がある *il y a de l'être* ということではないでしょうか。彼らは、自己に対する関係――何ものもそれに根拠を与えていないとしても――が起源なのであり、それは充足しているということを、崩壊する岩の下にいながらも疑うことができないからです。そして彼らを取り巻く地平 horizon は、廃墟と化し、始終夢をはぐくむには適していないけれども、それはまず第一に在るでしょう。何ものかが存在しうるということが忘却されていたように、在るでしょう。その結果、このような現前の中で、ひとはすぐさま次のようなことを認めるでしょう。すなわち在るもの *ce qui est* とは、われわれの単純な欲求に応え、われわれの企図に差し出され、交換を可能にするものなのだ、と。そして在るものは、そうしたものであったのでなくてはおのれの場所を言語の中に見出すことはできません。要するに、われわれが認めるのは、ある場所のもろもろの側面であり、仕事の道具であり、おそらく明日の祝祭に最低限必要なもの――ひとはそのときパンと葡萄酒のことを口にするでしょう。存在、それは切迫がまずもって産み出す長子なのです」[60]。

ボヌフォワによって思い描かれた状況は、レヴィナスが想像していた状況とほとんど同じである。いずれの場合も問題となっているのは、世界の終焉という状況であり、レヴィナスもボヌフォワも同じように、その状況を、限定された意味での日常的、経済的性格を持ったものと解釈している。その上また、存在論を夢想へと追放することで、ニヒリズムに理があるとするボヌフォワは、存在があるということを存在するものから、存在を存在者から区別する。存在者は、現前として規定された存在の地平においてのみ、それと認められうるのだから。要するにボヌフォワは、存在論的差異を無視してはいないのである。そのことによって〔レヴィナスとボヌフォワの〕二つの記述の対照は、より鮮烈に浮き彫りになるばかりである。ボヌフォワによれば、存在があるということは、自明性の明るみのもとでなされた暗黙の決定によって与えられる。したがって、白昼の〈イリヤ〉というものが可能なのだ。そして、〈イリヤ〉の暴露は必ずしも恐怖に否応なく従属しているというわけではなくて、反対にそうした暴露が恐怖を終わらせるのだということが示されているのみならず、さらに、〈イリヤ〉それ自体、つまり存在は本質的に「身の毛もよだつ」[61]ものだというわけではないということが示されている。

イポスターズの分析と存在論的差異の導出へと、より直接的に立ち戻ることにしよう。実存から逃れることの不可能性は、不眠の経験の中で明らかである。「ひとはもはや警戒すべきものなど何もないときに、眠らずに目覚めているべきいかなる理由もないにもかかわらず目覚めている」[62]。目的〔対象〕はないけれども、まさにそれゆえに、不眠の覚醒状態は、けっして緊張を緩めることのない存在の営みにわれわれを釘づけにするのである。したがって、覚醒と不眠は、まずもって〈イリヤ〉の覚醒と不眠である。しかしながら、覚醒状態を存在に帰することは、存在に意識といったものを与えるということに帰着するのではない。「というのも、覚醒状態が意識を定義するのかどうかということを、意識はむしろ覚醒状態から自己を引き離す可能性なのではないかということを、自問しなければならないからだ」[63]。別の言い方をすれば、覚醒状態が私のものであるのは、存在への融即を通じてのみなのである。「夜においては私の覚醒状態はない。不眠においては、目覚めているのは夜そのものである。それÇaが目覚めている」[64]。したがって不眠は、それが起こる際、私に起こるのではないような出来事であり、一人の主体を襲うのではなく、主体の主体性を襲うような出来事なのである。なるほど、「それが目覚めている」といったような意味志向を直観で充実させることは困難である。しかしそれは、直観する能力を持った自我に〈それが目覚めている〉という事態が先立っているがゆえに、真正の現象が問題ではないからなのである。レヴィナスは、自らの方法をフッサールの方法との関係において位置づけることで、次のように明言する。「記述がここで用いているもろもろの表現は、その整合性を記述がまさに越えようと努めるような表現である。記述は諸々の登場人物を演出するが、〈イリヤ〉はそうした登場人物が雲散霧消することなのである。そこにおいて思考が直観の彼方へと誘われるような、ある方法の手掛り」[65]。しかしながら、直観の彼方へのこの誘いは、無限に繰り延べられる直観としてのカント的意味での〈理念〉への誘いではない。というのも、レヴィナスが舞台を記述する〈描写する〉のは、その舞台裏を暗示するためだからである。そのような方法は、記述的現象学に依拠しながらも、その厳格な枠組みをはみ出す。しかし、時間、他者、あるいは身体に関するフッサールの諸分析は、すでにそのようなものではなかったか。そして、現象学は、転回を重ねながら、そのあらゆる逸脱が、結局のところ、ある観点では、現象学に属することとなるという事実によって特徴づけられるのではないだろうか。

主体を欠きつつも、不眠は根本的なものである。したがって問題は、主体がいかにして出来するかである。目覚めながら、意識は、〈イリヤ〉の覚醒状態に融即する。しかし、意識はそれに融即するだけであって、つねに眠りにつく可能性を保持している。「意識は眠る能力である(66)」。しかしながら、意識を無意識によって定義することは逆説的ではないだろうか。すべては意識と無意識の諸連関が理解されるその仕方にかかっている。無意識の発見は「大きな知的衝撃(67)」であったが、無意識は、意識の絶対的反対物ではない。意識は無意識と交渉を持っているのである。というのも、努力の義務を負いながらも、意識は無意識の中で倦みかつ失神せずにはいられないからである。「その志向性そのものにおいて、意識は、秘められた深みの中の出口として、ジュール・ロマンの詩人ヴォルジュが、『内部から逃げ出す』能力と呼んだ、かの能力として自らを描き出す(68)」。したがって、意識が無意識的なものへと退却することと意識が無意識的なものの外へと出現することとは、分離されるべきではない。それは「思考の活動性そのものの中で、底意がざわめいている」からであるばかりでなく、とりわけ、努力の現在が「自己自身への遅れの中で自己を取り戻し、あるいはその単純な動作の中で、退却を、反動を成し遂げるからである(69)」。したがってレヴィナスは、「まさにその明るさそのものにおける失神(70)」としての意識に対して、フロイトが無意識的なものにのみ保留しておいた時間性を与える。意識が無意識の一つの機能なのではなくて、無意識が意識の能力なのである。

意識に関するこうした〔レヴィナスの〕解釈は、デカルトの解釈とまったく両立可能なものであるが、それは、ハイデガーの批判に対抗して、意識に現象学的真理を取り戻させる。というのも、コギトは〈私は思惟する物である **sum res cogitans**〉ということを意味するからである。ところで、「物という語は、ここでは見事なまでに的確である。デカルトのコギトのもっとも深遠な教えは、まさに思惟を実体として、つまり自己を措定する〔定位する〕或るものとして発見することに存している。思惟は一つの出発点を有しているのである。単に局所化についての意識が問題になっているのではなく、意識の局所化が問題なのであって、この局所化の方は、意識や知に吸収されてしまうことはない」とレヴィナスは注釈する。[71] したがって意識はここである〔ここを存在する〕のであって、かかる〈ここ〉は客観的空間を前提とせず、反対に、〈ここ〉が客観的空間の可能性を秘めているのである。しかし、意識がまた眠る能力でもあるならば、眠りと場所の間には本質連関といったものがあるのだろうか。そのような連関を現象学的に証明するためには、眠りから出発して場所へと到達することが必要である。眠ること、それはあらゆる活動を停止することである。しかしながら、眠るためにはまず第一に横たわらねばならないのだから、こうした停止は、ある条件を持っている。そして「横たわることは、まさに実存を、場所へと、位置 position へと限定することである」。私が眠るために横たわる場所は、幾何学的な、取るに足らないものであるのでも、用具=有用なものとしてのベッドという場所であるのでもなく、「土台といったもの、条件といったもの」[72]、つまり、存在体制、存在様式といったものでもある。それゆえ、意識は定位=位置を起点として生ずるのである。意識の定位も、ましてや無意識の定位も存在しない。それは意識が定位であり、無意識はそれに属しているからである。「意識の局所化は主観的ではなく、それは主体の主体化である」[73]。主体は、自己を定位することによって、あるいは土台の上で休息することによって、実体として構成される。そして、主体が存在の中に身を落ち着けるのは、〈定位である〉ことによってなのである。したがって、脱自態はもはや、実存者が実存を引き受ける出来事ではない。実体――というより実詞性 substantivité というべきであろうが――を復権させることによって、レヴィナスは、われわれが見たように、諸々の実存範疇を諸範疇と同一視し、基礎的存在論の主たる分割とは他なるものを再び問題視する権利を自らに与える。

主体の基盤、土台のここは、実存論的なそことは本質的に異なる。現存在 Dasein, l'être-là の〈そこ〉*là* は、世界を含意しており、時間化の一様式であるのに対して、「定位のここは、一切の了解、一切の地平、一切の時間に先立っている」[74]。こうした前-時間的な定位をさらに特徴づけるに先立って、地平を重要な基本要素としている現象学の放棄を表明し、存在者 l'existant の空間性を脱自的時間性に還元することの不可能性[75]を、ハイデガーがそれを認めるはるか以前に明示的にしているこの主張の重要性を強調しておくべきである。それはそれとして、土台は土台という地位をどこから得てくるのだろうか。土台に定位する身体からである。〈ここ〉を土台として考えることとは、身体をもって「意識の到来そのもの」とすることである。身体は定位された物、つまり実詞ではなく、定位そのもの、一つの出来事である。身体は「無名な存在の中への、局所化の事実そのものの侵入のことである[76]」。そもそも局所化あるいは空間化するものであるがゆえに、身体は「人間が実存に関わり合い、自己を定位する仕方である」。したがって、「出来事から存在への変容[77]」、動詞から実詞への変容が実現するのは、身体においてであり、また身体によってなのである。身体は、定位という出来事であり、「哲学史においては、動詞によって表現される行為が、実詞によって指示される一つの存在になる出来事を指していた用語[78]」であるイポスターズであり、要するに、生まれ出る状態にある in statu nascendi 存在論的差異のことである。定位、つまり身体は、差異の身体なのである。

しかし、身体の定位が時間に対して有している先行性は何を意味するのだろうか。定位は「現在としての瞬間という出来事そのもの[79]」である。それはどういうことであろうか。普通、時間は諸々の瞬間の無限の連なりといったものとして考えられている。しかし、瞬間が〈以前〉と〈以降〉にしたがって時間秩序の中に含まれるとしても、瞬間はもっぱら瞬間自身を起点として存在することも可能である。「瞬間にとってのこの存在様式、それは現在であるということである」。現在的瞬間は、最初のものであるがゆえに過去を欠いており、消え行くものであるがゆえに未来も欠いている。それは自己から生じて、自己にのみ関わっているのである。現在的瞬間は、時間の恒久的流れを断ち切り、この句切れ césure が「存在一般があるのみならず、一つの存在が、一つの主体があるような[80]」状況を存在の中に生じさせる。したがって、現在的瞬間が定位という、イポスターズという出来事であるのは、それが自己自身の起源であり、自己自身の終わりだからなのである。

現在的瞬間に関するこうした記述は、もはや現在的瞬間を時間地平の中に含めておらず、そうした時間地平においてはあたかも時間に対する存在の関係が自明なものであるかのようである。時間に従属した瞬間は取るに足らない。現在的瞬間が重要なのだ。ところで、現在が重要であり、現在が卓越した瞬間であるのは、現在が、それに先行するかあるいは後続する、諸々の同等な瞬間に結びつけられるに先立って、一人の実存者が実存を征服する行為であるからなのである。瞬間という出来事は、他の諸瞬間にではなく、存在に関係する。現在的瞬間は、それ自身において見られるならば、つまりその不連続性と、時間の外にあるその固有なドラマ、という点において見られるならば、「存在との一つの関係、存在へのイニシエーションといったもの[81]」である。

存在への関係、現在的瞬間は、つねに始まりであり、誕生である。ところで、もし始めることが、どこからも出発しないで自己へと到来することであるならば、産前の瞬間は存在せず、始まりのパラドックスは、「その出発点が跳ね返りのように到達点に含まれているような[82]」現在的瞬間それ自体を規定する。したがって、後退しつつ自己に到達する現在的瞬間は、区切られ、内部でずれを与えられているようなものなのだ。

瞬間によって生ずる存在への関係は絶対的であり、持続はこの関係に影響を与えることができない。それというのも、存在者が存在から湧出する現在の第一の特徴は、存在者が消え行くことによって決定されるからである。それでは、瞬間において成就される、実存者と実存の関係の絶対性をいかに記述すればよいのであろうか。この関係が絶対的であるのは、何ものもこの関係の「決定態[83]」を破壊することはできないからである。現在は存在を放り出すことはできない。存在の引き受けは現在を構成しているからである。現在が存在の積み込みであるのは、現在を、それが時間に対して有している関係を考慮に入れず、それ自体として考えた場合である。しかし、現在は、純粋な始まりでありながら、自己によって追いつかれる「取り戻される」、自己に対する遅れなのだから、存在が現在において引き受けられているということは、現在の自己への回帰を含意している。したがって、現在を構成する、現在の自己依拠は、同一化を意味しているのである。すなわち「現在のそれ自身への回帰は、すでにして自己に釘付けにされ、すでにして自己によって二重化された〈私〉の確立である」[84]。起源という出来事としての現在は、元来所有されている実体へと、〈私〉へと転ずるのである。したがって〈私〉は、現在における実存の引き受けが最終的に実行される様式である。だからこそ「『私』は存在するのだが、一つの対象とは同一視されえないものであり続ける」[85]。

このような、現在的瞬間の自己依拠は、その出来事としての定位にどのように基づいているのだろうか。現在的瞬間は停止であり、自己から生ずることで時間の流れを中断し、現在的瞬間が成就する存在への関係は決定的である。そして、現在は純粋持続と対照的である。なぜなら、現在を構成する、存在との「接触」は、ある瞬間から別の瞬間への移行において生ずるのではないからである。「瞬間において本質的なものは、その立ち止まりである」[86]。この停止は何を意味するのだろうか。と言うよりもむしろ、この立ち止まりという出来事とはどのようなものであろうか。「現在の『停止』は、そこにおいて現在が自己に追いつき、自己を引き受ける、定位の努力そのものである」[87]。世界へと向けられた努力が、定位の努力を前提とする以上、定位の努力は、世界へと向けられた努力と混同されるべきではない。もし世界が努力に対して抵抗するとしても、「主体の定位において踏み固められた場所は、単に努力に対する抵抗としてではなく、努力の土台として、努力の条件として、努力を支えているのである」[88]。主体は定位に先行してはいない。定位は、努力——定位は同時に努力の条件である——に抵抗しつつ、定位が起こるまさにその場所に出現するのである。したがって定位は超越なき行為といったものであり、「自己を超越することなきこの努力は、現在あるいは『私』を構成する」[89]。それというのも、この努力は、あらゆる努力を可能にする努力であり、あらゆる努力は、自己に対して遅れつつ自己によって追いつかれるものとしての瞬間を、要するに自己依拠としての瞬間を、引き受けるからである。それゆえ、実存者は、自己の外にある脱自的な存在ではなく、おのれの出発基盤へと折り返された実体なのである。そう考えると、超越は、身体がその出来事である、「定位の非‐超越性」[90]に基礎づけられているということになる。

実体および実詞として考えられるとき、主体性は、〈イリヤ〉と動詞を、自己の権力の内に掌握している。主体〔主語〕としての実存者は、属詞としての実存の主人である。だからといって、主体〔主語〕としての実存者は、自由だということになるのだろうか。世界の中で自我は自由である。なぜなら、諸々の志向対象に対して距離をおくことで、自我はつねにそれから自分を切り離すことができるからである。志向的意識の自由とは、「非‐関与」、「決定態の拒否」[91]である。しかしながら、問題となっているのは、条件つきの自由である。というのも自由は「私の実存そのものの決定態から、私が永久に私自身と共にあるという事実から、私を引き離すことはない」[92]からである。〈イリヤ〉から解放されながらも、実存者は自己に束縛されている。実存者は、決定的にただ一人であり、あらゆる複数性を存在論的に拒む。自我は自己の虜であり、「自我が自己であらぬことの不可能性は、自我の根本的悲劇を際立たせる」[93]。それならば、時間は、現在的瞬間によって成就される、存在への関係に基礎づけられたこの孤独を破り、そして、新たに「存在の悲劇」[94]と同一視された「存在することの悲劇」から解き放つべく運命づけられているのではないか。しかし、そこにおいては何も決定的ではないような時間が、他人に対する関係なのであろうか。

この問題は、レヴィナスの企図の全般的構成において、要となる役割を演じている。というのも、もし他人が時間の構成にとって不可欠であるならば、倫理に訴えることは、一つの存在論的要請だからである。そうなると、倫理は、存在論的動機から、存在論と結ばれ、存在論の支配を拡大し、存在論に従属したままにとどまることになる。だからこそ、存在を善に向かって超過することが問題となる際に、存在論的に倫理に一任するだけでは不十分であり、なにより先に、存在の彼方への移行の必然性を倫理的に正当化する必要があるのである。換言すれば、善は外越の到達点 terminus ad quem なのだ。なぜなら存在は悪なのだから。

　存在は悪であるというテーゼは、レヴィナスの全思想に遍在する根本原理であるが、このテーゼは、時間がイポスターズの孤独を破るべく運命づけられるまさにそのときに再び現れる。したがってレヴィナスは書いている。「孤独はそれ自体によってではなく、決定態というその存在論的意義によって呪われている。他人に到達するということは、それ自体では正当化されない。他人に到達するということは、私の心配を払いのけることではない。それは、存在論的には、自我の諸範疇そのもののもっとも根元的な破壊という出来事なのである。というのも、それは、自我にとっては、自己の内とは他の場所にいるということであり、赦されているということであり、決定的な実存ではあらぬということだからである」[95]。〈孤独は存在の出来事であり、存在とのかかる決定的接触ゆえに孤独は悪である〉と述べること、〈他人は私の存在の決定態を破壊するものである以上、他人に直面していることは、存在することを赦されていることである〉と述べること、これは〈自我は単に存在するだけで過ちを犯しており、存在は悪である〉と述べることではないだろうか。したがって、時間が他人に対する関係として考えられるし、また考えられなければならないのは、存在を悪と同一視することから出発することによってのみなのである。

　これを遂行するために、その諸状態の多様性を貫いて同一的なものにとどまる自我へと立ち戻ることから始めよう。この同一性は何を意味しているのだろうか。この同一性は、おのれの諸々の偶有性によって変様される、実体の同一性ではない。というのも、そうであるとしたら、それは実体的同一性の無限遡行をもたらすであろうから。自我の同一性は、内面性を変質させることのない外面性に対する、内面性の関係としての、知の同一性である。〈私〉は自己自身と同一的である。なぜなら、〈私〉を触発するものの変化は、〈私〉の〈我関せずという態度〉を傷つけることがなく、〈私〉の存在に関わりを持たないから、つまり〈私〉が意識であるからである。それゆえ、主体は実体である。なぜなら主体は、けっして他者となることなく自己を定位する〔措定する〕がゆえに、おのれの偶有性の変化に巻き込まれることがないから、つまり主体は自由であるからである。「『私』の自由、それは『私』の実体性である」[96]。

しかしながら、〈私〉の同一性は、定位および現在によって成就される同一化という出来事から切り離して考えられるべきではない。ところで、もし実体的主体が自由であるとしても、それは、現在という自己依拠においては、自己の虜である。したがって主体は、それが存在へのイニシエーションを受けるその時には、自由であって自由ではなく、引き受けであって、また引き受けられた荷でもあるのだ。しかし、こうした荷は、荷を降ろすことが可能であるという見通しの中でのみ、荷たりうるのである。したがって、現在は、思い描かれ予感された自由、自由の希望でもあるのでなければならない。「自由の思考ないし希望は、現在において実存への関与を特徴づける絶望を明らかにする」[97]。

しかし、希望をはぐくむということは、未来を開くということなのだろうか。この問いに答えるためには、希望の瞬間に固有なドラマを、それが時間を目指すその仕方を明確にすることによって記述するのが望ましい。希望は幸福な未来を期待することではないし――期待されているものは確実でありうるが、希望されているものはそうではありえない――現在の苦しみの代償としての未来に関係しているのでもない。というのは、もしそうであるならば、諸々の瞬間の同等性と経済的時間――それは主体の外部にあり、そこではどんな小さな労苦も報われなければならない〔報償に値する〕――が前提とされていることになるだろうから。希望は、もはやそれが許されていないときに意味を持つ。アブラハムがあらゆる予測に反して希望を持っていたということを述べつつ、聖パウロは、信仰だけではなく、希望するという行為をも明確にしている[98]。「償えないこと」は、希望の「本来の雰囲気」であり、「希望の瞬間において償えないもの、それは希望の現在そのものであり」[99]、要するに、存在に対する関係なのである。

希望すること、それは現在のために希望することであり、償えないものの償いを希望することである。そして、償えないものとは、存在することの悪なのであるから、「希望の真の目標は、メシアあるいは救済である」[100]。

もし希望することが、現在的瞬間において、存在することの悪を贖うことを希望することであり、この瞬間はその贖いの出来事であるならば、現在的瞬間に固有な救済の要請がその答えを見出すのは、別の瞬間、来るべき瞬間において、つまり時間においてのみである。したがって、未来は死への誘いではなく、「現在の復活」[101]なのである。このことをどのように理解するべきなのだろうか。瞬間によって成就される、存在との関係が決定的なものである以上、現在的瞬間においてそれを解放することとして希望された、来るべき瞬間は、実存者をその存在との関係の決定的性格から解放し、瞬間を現在として構成する存在との絆〔結び目〕を解かなくてはならない。「『次の瞬間』と呼ばれているものは、瞬間へと固定された実存の取り消し不可能な関与を取り消すこと、つまり『私』の復活である」[102]。主体がおのれの自由として希望するこの復活は、どのように生起するのだろうか。復活するとは、他者として再び始めることである。この他者性は、自己の虜である主体が原理的に受け入れることができないものであるが、それは、主体の、イポスターズの孤独から切り離せない、存在することの悪から主体を救済しなければならない。それではこうした他者性は何処に由来するものなのだろうか。もし主体の中のすべてのものがここにあるならば、このような他者性は他人から到来することしかできないであろう。他人は、他所 *ailleurs* から、私が存在する悪を赦すことができるのである。他人の闖入が、自我の破壊を意味し、そして、自己の内部とは他の場所にあるということが、存在することを赦され、もはや決定的な実存ではないということであるのは、このような理由による。それゆえ自由は「自分の存在を赦してもらうこと」[103]に、〈存在するしかない〉という悪から他者によって無罪放免してもらうことに存している。そしてレヴィナスは、『全体性と無限』の中で、復活がその最初の出来事を構成する時間は赦しなのであるということを、より明瞭に述べることになるであろう[104]。したがって、時間はもはや存在と結びついているのではなく、他人に結びついているのであり、もはや存在の地平ではなく、〈存在の彼方に〉であり、他者および善との関係なのである。

イポスタ―ズの分析は、存在の経済における存在者の意義を確定し、存在者と存在の差異を導出することを目標としていた。こうした任務——それは基礎的存在論によって要請されたものであるが、基礎的存在論の端緒においては、存在と存在者の区別は、単に提起されただけである(105)——は、しかしながら基礎的存在論においては不可能なものであった。それというのも、定位として存在論的差異を導出することは、その途上で、実存論的分析論全体の批判を、そしてさらに、善に対する存在の服従を含むからである。この点からすれば、存在論的差異を導出することは、『存在と時間』の未完を説明することなのである。

レヴィナスの企ては、それがいかに必然的なものであろうとも、困難なくして進むというわけにはいかない。存在と存在者の区別を動詞と実詞の区別として解釈することで、レヴィナスは——そしてこれが最初の困難なのだが——存在論的差異を、それから派生する差異へと追いやってしまうのではないだろうか。動詞がそれ自体、文法的仕方によって、ある動作の名詞として、あるいは動詞が持っている意義に時間の意義を付加する名詞として理解されるようなことがあれば、その異議は受け入れられるものとなるだろう。だがそんなことはまったくない。それというのも、時間は、〈存在する〉という単なる動詞から解放するからであり、「動詞の機能は、名づけることに存しているのではなく、言語を産出することに、すなわち、諸々の『実存者』をそれらの定位と定位性そのものにおいて動揺させる詩の萌芽をもたらすことに存しているからである(106)」。

第二の困難は、レヴィナスによって活用された方法の「弁証法的」性格に帰着するものである。存在は「その固有の弁証法を持って」おり、諸々の分析の対象は、瞬間の、努力の、時間の、あるいは社会関係の弁証法である(107)。

しかし、もし弁証法が、記述の形式であると同時に、記述の内容でもあるならば、レヴィナスは、ヘーゲルの存在論に再び陥ることなくして、ハイデガーの存在論に打撃を与えることができるのだろうか。何の疑いもなくそれができるのである。それはレヴィナスが、弁証法を「遅れてやってくる明証性(108)」として、しかも遅れを根源的なものとして定義することで、弁証法それ自体をヘーゲルに対して向け返すからである。それというのも、もし学の体系が、真理を実体として理解するだけでなく主体として理解することにも存しているならば、主体の定位、主体の実体性、そして主体の自由といったものの分析は、学の体系に先行すべきものとなるであろうから。要するに、レヴィナスの諸々の批判は、ハイデガーの存在論に打撃を与えるだけでなく、その余勢を駆ってヘーゲルの存在論にも打撃を与えるのである。

第三の、そして最後の困難は、まったく別の次元に属しており、結局レヴィナスの思想全体に関わるものである。ある主体はその実詞性によって固有名を受け入れうるのであるが、現在的瞬間が、そうした主体の始まりである以上、イポスターズの分析は、誕生の存在論にして命名の存在論でもある。このような分析は、悪としての存在という承認し難い規定に必然的に結びついているのだろうか。換言すれば、存在論的差異の導出を、〔悪として存在を捉える〕悪意ある存在了解から分離することは可能であろうか。そしていかなる条件でそれは可能であろうか。われわれは、〈イリヤ〉、存在が、恐怖の夜を免れることができ、決定の明るみへともたらされうるということをすでに示したのだから、いまや時間が、存在することの悪の赦しであることなくして、〈私〉の復活でありうるのかどうかということを知ることが、あるいは、〈私〉を意識へと、そして意識を定位へと差し向けつつ、身体が善悪の彼岸で復活することができるのかどうかということを知ることが肝要である。

おそらく、この最後の問いの賭け金を見積ることは無益ではあるまい。時間を赦しとして理解することで、レヴィナスは、存在を善に従属させることを完遂し、復活に基づいて存在論的差異を打ち立て、後の彼の全著作が展開されるであろう次元を開く。しかし、赦しとしての時間の規定は、さらに別の事柄を含んでいる。時間は他人との関係なのである。なぜなら他人は、私が存在することを、赦すことができるからである。ところで、他人がそれをなしうるということは、他人が実際それを遂行するということを意味しない。したがって、他人によって赦されようとそうでなかろうと、いずれにせよ〈私〉は時間的なものなのであるから、存在することの悪への赦しは、これを限りに一度きりというかたちで与えられたのでなくてはならない。だがそうすると、希望の対象がメシアであるならば、それは贖主キリストをもって時間の根本的出来事となすことではないだろうか。要するに、存在を悪と同一視することを前提とする、赦しとしての時間の解釈は、その代わりとして、キリストをメシアとして承認することを含意しているのである。したがって、善悪の彼岸における身体の復活の可能性を探し求めることは、レヴィナスが行っている存在論的差異の導出を、〔存在は悪であるという〕存在についての正当化不可能なテーゼから切り離すことであるだけでなく、さらに、そしてとりわけ、啓示と聖史を相手取った一般的議論を始めることでもある。

それならば、永遠回帰と諸価値の転換とに訴えるのが望ましいのではないだろうか。実際、瞬間において決定される永遠回帰は「より優れた身体の創造[109]」——より優れた身体の優越性は、キリスト教およびユダヤ教の古き諸価値の転換から生ずる、新しい諸価値の尺度によって評価される——を目指していないだろうか。身体を導きの糸として主体的同一性を考え、また変更可能な諸価値によって司られた諸力のヒエラルキーとして身体を考えることで、ニーチェは、善悪の彼岸における復活の可能性——この可能性は、われわれがその運動を辿った、存在論的差異の導出の必然性を保持しつつ、第一哲学の地位に引き上げられるほどにいっそう確固として存在することの悪と存在することの恐怖とに基づいて築かれる道徳から、あらかじめ解き放ってくれる——を開いたのではなかろうか。

五　現象学を超えて

「現象学を超えて」。これは何を言おうとしているのだろうか。そもそも、現象学とは何か、あるいは、きわめてゆっくりと形成されている現象学という名のもとに何を理解すべきか。いかなる運動によって、いかなる論理に従って、いかなる必然性によって、現象学は、おのれを超えて運ばれなければならないのか。さらには、そのような運動の終点ないし目的地は、どのようなものでありうるのか。何しろ、現象学は、現象の彼方には何も探し求めるべきものはないということを、断言し力説しているのである。

この禁止はしかし、義務の裏面でしかない。もし諸現象が乗り越えられえないのであれば、逆に、そのような諸現象がどのようなものであり、何であるのかを探究すべきである。これこそ、この哲学が自らを現象学と名づけて以来、もっとも一般的な意味での、自分の課題としているものであり、なかんずく、フッサールはその課題を果たそうとしたのである。フッサールはこれを果たしただろうか。とりわけ、どの程度にか。この問いは、今後答えのないままである限り、またわれわれが万一、構成的・超越論的現象学の諸限界を知らないままでいることがあれば、この現象学を乗り越えようとする試みはすべて、偽りの出口ばかりを生じさせることになるだろう。

「哲学の基礎学」としての純粋現象学へ導き入れ、その例外的な立場と新しさとを強調しようとして、フッサールはまず初めに、「現象の学」という資格が、実在性に関わる学すべてに適用されることに注意を促す。例えば、心理学は心理現象を研究し、物理学は物理現象を対象とし、歴史学は歴史現象を対象とする、というわけである。続けてフッサールは次のように明言する。「こうした言い方において、現象という語の意味がどれほど異なっていようとも、また、その語の持ちうる意味がどんなものであろうと、確実なのは、現象学は、その語のあらゆる意味からして、あらゆる『現象』に等しく関係しているということである。ただ、現象学は、それをまったく別の態度で行うのである。それは、われわれが慣れ親しんでいる諸学がわれわれに提示してくる現象一つひとつの意味を、一定の仕方で変様させてしまうような態度である(1)」。現象学的態度と科学的態度とは、どこが違うのか。どのように変えれば、科学的に受け取られる意味での現象が、現象学固有の意味を受け取ることができるのか。とりわけ、現象性の意味が主観性の取る態度に応じて変わるとするなら、主観性と現象性との関係は、どのような性格のものだろうか。

現象学が抜け出そうとしている科学的態度を、特に心理学を事例として特徴づけることから始めよう。心理学は、実在的な事実ないし出来事に関わる実験学である。心理学の扱っている「現象」は、因果性に規定された空間‐時間的世界のうちに記載されているものに他ならない。心理学はかくて、世界の実在的な存在 existence réelle を前提している。この世界に心理学がこれまでもこれからも認識すべき現象の全体性が属しているのである。どれほど厳密であろうとしても、心理学は――つきつめればどの領域的な学にも言えることだが――その活動性の土壌そのものとしての世界を前提しているのである。ここで、前提しているとはどういう意味か。世界を前提しているということ、それは単に、世界を実在的なものとして捉えているだけでなく、まず何よりもこの実在性の意味そのものを明晰判明なものとして捉えている、ということである。つまり、デカルトで言えば、その存在 existence や実在性を、「定義しようとするとかえって分かりにくくなってしまうほどに、それ自体で明晰な観念(2)」のうちに数え入れることである。あらゆる科学的認識の関わっている世界の存在意味が、何らかの仕方で、曖昧なままであることがあれば、その間ずっと、科学的認識の最後の基礎である哲学は、懐疑論の投影であり続けることになろう。してみれば、この世界を前提するということは、理性を働かせないことであり、もしヨーロッパが哲学的合理性の、すなわち、あらゆる可能的な認識の絶対的な基礎づけの地理的な名であるならば、確かに「疲労が、ヨーロッパを脅かす最大の危機である[3]」。

ニーチェに倣ってフッサールも「危機中の危機」と性格づけるこの疲労を、いかにして乗り越えるか。この危機は、学の理念そのものに関係しているのだから、学が自らを捉え直すこと、これだけがわれわれを危機から救う可能性を持っている。このことから、学が自己に対して・自己へと立ち戻ること、その学にもっとも本来的なものに立ち戻ることより他に、何を理解したらよいだろうか。あらゆる学の、したがって哲学の本来性が、方法的なることにあるとしたら、つきつめれば方法のみが学問性を保証するものだとしたら、「あらゆる哲学的方法の原‐方法[4]」を作動させることによってこそ、理性はおのれの純粋形式を再び見出し、おのれの疲労にうち勝つことができるのではないか。してみれば、方法中の方法は、「危機中の危機」に答えるのではないか。というのも、「真の哲学は真の方法と同じものである[5]」からだ。

現象学的還元は、この真の方法である。この方法のみが、真の哲学、すなわち自らの基礎学・おのれの基礎に関する学を現象学のうちに認めた哲学への道を切り開くことができる。ここで、次の点を強調しておく必要がある。〈現象学を超えて〉とは、従来のままでの哲学を超えて、をも意味しないわけにはいかないということである。そしてまた、この哲学と形而上学とが一つになると、現象学を乗り越えることは、現象学がその起源の真理において再建しようと意を注いでいる形而上学[6]を超え出ることになる、ということである。

それでは、現象学的還元とは何か。世界定立を宙づりにすること、スイッチを切ることである。これをどのように理解したらよいだろうか。どうすれば、このような作動停止が可能か。またそれは、どのような現象規定へと導いていくことになるのか。世界を前提すること、それは何よりも、世界を実在的であると措定することである。「私は絶えず、面と向かっているものとして、空間‐時間的な唯一の現実性〔実在性〕に居合わせている。この現実性に私自身属しており、他の人たちもまた、この現実性におり、私と同じ仕方でこの現実性に関係している。覚醒しているエゴとして、また決して途切れることのない一貫した経験において、私は『現実性〔実在性 réalité〕(Wirklichkeit)』を、つまりこの言葉がすでに語っているように、先‐実在するものとしての現実性を見出し、そして、私はそれを、同じく実在するものとして、私に与えられたものとして受け入れるのである。自然的世界の所与性一切を疑い、それをすべて廃棄することは、自然的態度の一般定立を何一つ変えるものではない。世界『なるもの』は現実性としてつねにそこにあり、せいぜいそれはそここに、私が思向〔憶測〕していたのとは『別様に』あり、言わば、『仮象』あるいは『錯覚』としてあれこれを世界から抹消する必要があるとしても、それは――一般定立という意味で――つねに実在している世界に関連してのことなのである」(7)。世界定立は明らかに、世界の実在性〔現実性〕に関わる判断作用ではなく、意識と世界の経験的所与性のもっとも一般的な性格である。したがって、世界定立は諸他の定立のうちの一つの定立ではなく、定立中の定立である。というのも、意識は、あらゆる判断とあらゆる命題的な言表の土壌そのものをそこで定立するのだからである。しかしながら、この定立は、ただ意識だけの働きなのだろうか。もしそうでなければならないのであれば、世界の実在性――これは意識に対する世界の存在論的独立性を意味する――が、世界に対して超越的な意識の志向的産物でしかないということは、どう解すればよいのだろうか。この問題は、正しく理解されれば、現象性の問題に収斂する。というのも、もし世界の実在性が意識によって生み出されているにちがいないとするなら、逆に世界、つまり存在者の総体は、この意識の包括的現象とは別のものではありえないからである。

問題となっているのは、意識に対する世界の固有性格としての実在的な存在を解明することであり、したがって、この意識の経験において、またそれによって、常に既に見出されたものの意味を探究することである。してみれば、取るべき道ないし方法は、次のもの以外にはない。つまり、まず、世界を意識に対して自然的に現前させている超越的実在性性格を作動停止し、意識だけに思いをこらす。次いで、かく到達された意識が、その意識に現出する世界に対して、この実在性という意味――世界はこの意味と共に意識に現出するのだ――を授けることができるかどうか、またいかにしてそれができるのか、これを検討することである。可能だろうか。デカルトの懐疑という前例が、これに肯定的な答えを与えてくれる。しかしながら、疑うことが、不確かなものと見做すことだとしたら、懐疑は、異なる二つの契機を含むことになる。疑いのうちに置くこと、これは判断の宙づりにすぎないし、確実性の否定、これは世界の非-存在というかたちでの、世界の反定立を仮定している。「疑う試み――これはある定立と、そしてわれわれがそれを前提しているように、確実で執拗な定立と結びついている――において、『スイッチを切ること』は、反定立による変様のうちで、またそれと共に、つまり非-存在という『仮定』と共に、達成される。かくて、この仮定は、疑うという試みの共-基礎をなす。デカルトにあって、この仮定はきわめて優勢で、デカルトの普遍的懐疑の試みは、厳密には、普遍的否定の試みである、と言うこともできるほどである」。そして、この非-存在の仮定に関して、フッサールはただちに次のように付け加えている。「われわれは、ここでこの点は考慮しない……」(8)。フッサールがデカルトの懐疑を、作動停止のただの契機としてのみ取り上げているのは、世界の非-存在あるいは非-実在性、を仮定することによって、デカルトが存在の意味と世界の実在性の意味を知性的で明晰判明なものとして考え続けていたからであり、まさに否定の意味こそを、結局は解明すべきだったのに、それについては何も語らないままだったからである。いくつかの点で、またフッサールにとってはすでに、デカルトは実在性の意味について、すなわち世界の存在の意味について、明確には語っていなかったのである。それゆえ、現象学的還元は、意識と実在性たる限りでの存在の意味を明確にするための出発点なのである。

世界の自然的定立のこのスイッチを切ることが成し遂げられると、どういうことが生じるのだろうか。もはや意識の志向的相関者としてのみ現出することによって、世界は純粋現象となり、それゆえ、変様されたその現象学的意味において、世界は超越論的意識の志向的体験という包括的システムの産物として定義されねばならなくなる。しかし、この定義は、もし志向的体験が複雑な根源的構造を有しているとしたら、満足なものだろうか。言い換えると、現象性は、体験のあらゆる構成要素に同じように従属しているのだろうか。体験の様々な契機を際立たせることのできる記述を行うことなくして、どうしてこの問いに答えられようか。「われわれは、一本の木を見るのだが、目の位置や相対的な方向づけが様々な仕方で変わるにもかかわらず、眼差しが幹や枝に沿ってたえず移動するにもかかわらず、またそれと同時に、われわれが近づいたり、と様々な仕方で、知覚体験を流動化するにもかかわらず、その木の固有色は変化しない(9)」。この記述は、何を明らかにしているだろうか。まず、同じ一本の木が、感覚内容と同じだけ多様な射映のうちで与えられることを示している。それから、この感覚所与性の多様性、あるいはヒュレー的与件――このうちには、視覚、触覚等々の所与性のみならず、同様に「快感、痛み、くすぐったさの感覚、また『衝動』領界の感性的な契機のようなものもすべて(10)」記入されねばならない――の多様性、この多様性が、事物の統一性とはまったく異なる次元に属していることを示している。実際、もし感覚の射映ないし内容が体験され、実際に体験に属しているとするなら、明らかにそれは、木そのものの問題ではない。言い換えると、感覚（あるいは、『論理学研究』の言い方に従えば、第一次的）内容は、それが今度は対象となるという場合を除けば、現象ではない。私が庭に木を見るとき、私は私の感覚を見るのではないからである。体験された内容が知覚された対象ではないのである以上、現象性は、体験のヒュレー層に属するものではない。では、他のどのような体験契機に現象性を帰属させる必要があるのだろうか。先の記述に戻ろう。ヒュレー的与件の連続的流れの中に生きながら、私は同じ木についての意識を持ち、そしてこの同一性意識は、それはそれで体験される。よって、体験そのもののうちにあるのは、本性上意味を持たない感覚的契機に加えて、意味の担い手にして付与者たる統一要因という契機、感覚的多様性が、同じ意味に従って統握されるようにしてくれる契機、それがなかったら木についての意識を持つこともできないような、まさしく志向的な契機なのである。

対象の現前が、そのような意味付与に属しているとすれば、それでは現象性を、それなくしては厳密には何も現出しないようなこの作用の口座にのみ記帳する必要がある。それゆえ、対象の現出はもっぱら、感覚を生気づけ解釈する統握の現象学的性格のうちに存する。そして、志向性の担い手である体験のみが、現象性の要因なのである。フッサールは、現象性の因って来る具体的な体験の志向的契機を、モルフェーと名づけている。ヒュレーとモルフェーの重層化された関係の総体は、それゆえ、客観性の構成という領圏を定義する。この領圏は、現象学そのものと外延を共にしている。というのもフッサールは、「すべての存在者は、意識の主観性において構成される」[11]と言明しているからである。だから、〈現象〉によって何を理解すべきかという問いに答えて、フッサールは、結局は、現象であることとは、つまり、感覚的ヒュレーと志向的モルフェーとがその体験に属している一つの主観性によって構成されていること〔構成された存在〕である、と答える。

しかしながら、フッサールによるこの現象性の規定は、一つの重大な問題を引き起こす。明らかにフッサールもこれに気づいていた。実際、われわれが今記述したばかりの構成という一般的な図式は、その図式が唯一のものである限りで、現象性を定義できる。現象は多様であるが、現象性は単一である。ところで、あらゆる構成が、統握―統握内容の関係、ヒュレー―モルフェーの関係に従うわけではない。『イデーン』第一巻の感覚的ヒュレーと志向的モルフェーにあてられた節に入ってすぐ、「一切の体験時間性を構成する究極の意識の昏い深み」[12]を記述するのが問題となる際に、また「深く、まったく独自の意味で自らを自己構成し、究極的にして真正の絶対者のうちに自らの原‐源泉を有する」[13]時間意識が問題となる際に、要するに現象学的な絶対者が問題となる際に、この区別は妥当性をまったく失うことをフッサールは示している。これは同時に、構成から現象性を抜き去ることではないのか。

フッサールはこの点をまったく考慮せず、意識・エゴ・時間の自己‐構成を記述しようと、倦むことなく努力した。内的時間意識の自己‐構成分析が曝されている本質的な難点とは何か。もし構成が絶対的に現象性を定義すべきであるならば、時間的ヒュレーそのものまで含めてすべてが構成されるのでなければならない。ところで、一般的には、志向的モルフェーは、そのものとしては意味を持たないヒュレーに適用され、したがって、ヒュレーはモルフェーに先行せねばならない。したがって、時間的モルフェー、つまり絶対的モルフェーの構成を記述することが問題である場合、根源的志向性と志向性の究極の起源を捉え直すことが問題である場合、絶対的な時間的ヒュレーより他に可能な出発点はない。言い換えると、ヒュレーの中に時間意識を構成する起源を探究することによって、フッサールは必然的に、原‐ヒュレーの只中で、構成されたヒュレーと構成されたモルフェーの対立を解決することを目指し、モルフェーを原‐ヒュレーから派生させようと試みるのである。しかしそうなると、フッサールは矛盾する二重の強制にとらわれることになる。というのも、フッサールは、ヒュレーから出発するモルフェーの構成と同時に、原‐ヒュレーそのものの構成をも記述しなければならないから、つまりヒュレーに対するモルフェーの本質的な遅れを還元しなければならないからである。フッサールは、「原‐印象」のうちに「絶対に変様されないもの、後続する一切の意識と一切の存在との原‐源泉」[14]を認めることで、これができたと考えている。

これは維持できるものだろうか。かくて、いくつかの問いが立てられることになる。(1)フッサールは、自分で定式を与えた循環から抜け出すことはできるだろうか。この循環は、一九三二年の草稿に明言されている。「私は、二つの事柄を必要としている。一つは、体験の流れつつある領野である。この只中につねに、過去把持の中に消え失せ未来予持へと先立っている原 - 印象の領野がある。もう一つは、その領野に触発され行動へと動機づけられているエゴである。しかし」、とフッサールの付け加えて言うには、「原 - 印象的なものは、すでに統覚的な統一性であり、エゴに由来するノエマ的な［すなわち構成された］何かなのではないか。つねに、遡行的問いは統覚的な統一性にまで及ぶのではないか」[15]。(2)本質上、すべての印象が強度を持つのだから、力は志向性そのものと現象性そのものとに属すはずなのではないか。確かに、もし志向的モルフェーが原 - ヒュレーから生じてくるのなら、フッサールが『論理学研究』で、強度の差異を基づける感覚にのみ帰した後でそうしているようなかたちで、この基礎に立って、「作用志向というこの従属的な契機は、作用としての本質的な特性を諸作用にはじめて授けるのだが、［……］それ自体においては、強度を欠いているかもしれない」[16]と言明することはもはやできない。志向的モルフェーは、本質的に差異化された強度を持つヒュレーの流れに由来する以上、志向性に強度を帰するか、あるいは逆に、志向性が強度の差異を平準化し均等にする所以を説明するか、しなければならない。しかし、後者の場合、あらゆる構成的分析が構成されたものから始まることを考えると、感覚に固有な強度の差異に接近することは、不可能となろう。そうなるともはや、構成的観点から志向性の強度を知性的なものにすることしか残っていないが、フッサールは、これをけっしてしなかったように思われる。(3)最後に、もし感覚がそれ自体として、絶対には身体（Leib）から切り離されないとすれば、言い換えれば、身体性が、感覚の根底にその出来事そのものとしてあるとすれば、現象性を根源的感覚とのみ同じと見ることができることになるのだろうか[17]。

問いを一つひとつ検討してみよう。質料から形相を、感覚的なもの le sensible から意味 sens を、感覚する仕方から意味する仕方を、それぞれ派生させようとすることによって、原 - 構成分析は循環の中にとらわれることになる。しかしながら、循環性はここで、純粋な質料および多様性としての感覚的な流れている所与の理解に、また思惟を本質的に持たないものとしての感覚 sensation の理解に依存している。この規定は、十分な記述の上に基づいているだろうか。感覚が強度・度合を持つということは、われわれの感覚性が一定の量 quantum のうちで機能するということである。感官 sens は鋭すぎても粗すぎても、われわれの実存をおそらくは危険に陥れるであろうと考えると、この量はその規定を、われわれの実存状況以外のどこから受け取ろうか。換言すると、もしわれわれの感覚の強度がわれわれの実存状況によって定められており、そしてこの状況は状況で、一般的な法則――その中で、われわれは、われわれが見ている通り・触れている通りに、見ているもの・触れているものを見たり触れたりできるのである――を定めているとすれば、それは、われわれの自己保存にとって、これこれの感覚性の度合よりも、かくかくの感覚性の度合の方がよいからである。かくて、われわれの感覚は、その感覚を貫いてしみこんでいる価値判断によって規定されており、われわれの感覚ほどに蒙昧でないものは何もないのである。かくて、「あらゆる感覚のうちには、ある種の価値評価がある[18]」と書くことでニーチェは、感覚の内包量 quantité intensive だけがア・プリオリに知られうるとしたカント[二]にだけではなく、フッサールにも反論したのである。というのも、カントの場合、もし価値が、換言すると感覚の質が、量の差異に還元されるとしたら[19]、感覚の質はこの側面からア・プリオリに認識可能となるからである。また、フッサールの場合、感覚は、価値評価と切り離せず、「道徳的」な、知解的な intellectuel 現象となるからである。

こうして、最初の問いに対する答えは、二番目の問いに答えることをも可能にする。実際、感覚が常に既に強度たる限りで一つの思惟であるなら、換言すると、感覚において、力が思惟――力の可能的な漸進的変動にア・プリオリに領野を規定し、制限を付けることで、力を支配する形式――なしではけっして働かないとすれば、ひるがえって、この強度が思惟と不可分なものであり、志向性が強度なしには働きえないものであることも認める必要がある。ひとたび感覚的な純粋質料という概念が放棄され、感覚性という概念の、所与と受容性への制限が取りのけられてみれば、もはや、志向性の強度を認めるに何の障碍もない。ここで強度とは、それなくしては、例えば、理性の疲労――理性とは「超越論的主観性一般の普遍的・本質的な構造形式」[20]であることを確認しておこう――について語ることが不合理になってしまうようなもののことである。

しかし、志向性の強度を考えるということは、主観性の本性そのものを変様することではないか。志向性について語り続けることができるのだろうか。志向性とは、〈…についての意識〉であり、ここで本質的なのは、〈…への関係の移行性 transitivité〉である。それゆえ、主観と思惟がまさに全面的に従属している権利上構成されえない所与、これのために構成そのものを放棄することなく、したがって、現象学的認識の原理そのものを放棄することなく――これはもちろん、現象学があらゆる哲学と認識の極みであることを意味するわけではない――、志向性の強度を説明し、原‐構成の問題を解決するには、(a)この移行性を諸々の強度のみから考えること、(b)強度へと意識を連れ戻すこと、が必要である。しかし、これは可能だろうか。またいかにして可能だろうか。時間性に関するフッサールの分析に、より直接的に立ち戻ろう。これこそ、志向性そのものの存在を解明するものに他ならないからである。

「感覚することを、われわれは根源的な時間意識と見做す」[21]と、フッサールは表明する。〈今〉が感覚の所与性様態であるということでなければ、それはいったい何だというのか。「原‐印象は、今 maintenant という語がもっとも厳密な意味において捉えられる限りで意味するものを、その内容として持つ」[22]。しかし、感覚あるいは純粋な〈今〉は、それ自身では、他の感覚つまり他の〈今〉へと通じることによってしか、時間へと通じることはできない。これはいかにして可能か。感覚が、それ自体として他の感覚と関係することはどこから生じるのか、あるいは同じことだが、その感覚がおのれを変質させることができるということは、どこから生じるのか。「感覚は、現前化する時間意識である」[23]。根源的時間意識を時間的に性格づけることによって、あらゆる難問を凝縮したこの定式は、まず、根源的感覚が、自身に自己現前化することなくしては、自己の自己による感覚であることはできないということ、さらには、感覚は自分自身に自己現前化することなくしては、根源的時間意識であることはできないということを、意味している。しかし次に、この定式は、感覚の変質に関する問いに答えることを可能にする。感覚は、いかにして、自分自身を目指す〔思念する〕ことなく自分自身に対して自己現前化することができるのか。実際、ここで、自分自身を目指すことなく、とは、感覚することに対する感覚されたものの脱臼なしに、自分の感覚しているものに遅れている感覚することの中断なしに、他の感覚でありかつ、時間と志向性との起源が同時にそこに存する隔たりたる、微細なずれなしに、ということである。原‐印象ということで、感覚されたものと感覚することとの絶対的同時性を考えるならば、この分析は原‐印象の可能性そのものに矛盾したものであるかもしれない。しかし、原‐印象を見たり目指したりするには、まず原‐印象をそれ自身から切り離さなければならないとすれば、上のように理解された原‐印象は現象学的所与性でありうるだろうか。感覚所与の時間構成の記述にとってそれがどれほど必要であろうとも、原‐印象――「統握なき現出[24]」、すなわち現出するいかなる対象もない現出――は、それでもやはり、まさに統握がないのだから、現象学的には、近づくことも記述することもできないままなのである。

フッサールは、感覚するものと感覚されるものとに感覚を分離する様相を、過去把持と名づけた。目指された感覚が、感覚を目指すということ〔感覚への思念〕へと自己現前化することができるように――「現在はつねに過去から生まれる[25]」とフッサールは注意している――目指された感覚を把持するので、感覚を目指すということは目指された感覚とは隔たっており、「目指すこと〔思念すること〕と出来事とが合致する[26]」とレヴィナスの言うこの微細な差異化は、時間意識であり、時間と志向性との共通の源泉、つまりは現象性なのである。しかし、それなくしては現象学がただ単に成り立たなくなるであろうこの分離は、一つの印象から他の印象への推移・移行を前提としている。というのも、まさに過ぎ去った感覚の過去把持は、それ自身、その過去把持が把持するものを考慮に入れなければ、新しい感覚ないし印象であるからである。「音の〈今〉の意識、つまり原‐印象が、過去把持へと移行するとき、この過去把持がまた一つの〈今〉、顕在的にそこに在るものとなる」[27]とフッサールは言う。言い換えると、過去把持がないと、意識は対象として把握されることができなくなるし、時間もなくなるのだが、この過去把持は、感覚の移行性を前提しているのである。それでは、全現象学が依拠しているこの感覚の移行性を、いかに理解するか。

時間意識の分析は、超越論的生の空間において展開される。「覚醒した意識、覚醒した生は、…に向かって生きることであり、〈今〉から新たな〈今〉へと向かう生である。[……]。しかし、新たな〈今〉への今の眼差し、この移行は、本原的なものであり、それのみが、来るべき経験諸志向へと至る道をならすものである。前に言ったように、これは知覚の本質に属しているが、よりよく言えば、これは印象の本質に属している。このことは、あらゆる『第一次的内容』に対して、あらゆる感覚に対して、確かに妥当的である」[28]。言い換えると、感覚の移行性は、その生動性 vivacite に存する。しかし、いかなる生が問題で、とりわけ、どうすればそれを記述できるのか。実際、ここで、志向性と現象学的時間との起源に関して、その所与性様態を記述の出発点とすることは、明らかに、もはやできない。なぜなら、「所与性様態」について語るということは、すでに一つの目指すこと〔思念すること〕を前提しており、したがって志向性そのものを前提しているからである。あらゆる記述を可能にする現象学的絶対者の水準において、志向的記述という方策に依ることも、所与性様態が所与の存在を明らかにするというその根本原理を働かせることも、不可能である。それゆえ、感覚の移行的な生動性を、換言すれば、現象学的時間を、感覚そのものから出発して説明するよう試みなければならない。

このために、フッサールの一つの注記から出発しよう。あらゆる印象、つまり第一次的内容または志向性を有する体験とが問題なのだが、これが根源的意識において構成されることを言明した上で、フッサールは体験に二つの基本的なクラスがあることを想起させる。「一方は、作用、『…についての意識』、『何ものかとの関係』を持つ体験であり、他方は、そうではない。感じられた色は何ものかと関係は持たない」(29)。この節の最後で、フッサールは次のような注記を加えている。「原 - 意識そのもの、内在的時間およびそれに属している諸体験とを構成する流れ、これを作用として性格づけること、それゆえまた、原 - 意識を諸統一と諸作用とに分解すること、このようなことをする権利がある限りで、おそらく次のように言うことができるだろうし、また言うべきであろう。すなわち、原 - 作用ないし原 - 作用連関は諸々の統一を構成し、その統一自体は作用であるかないかである、と。しかし、このことは、諸々の困難を引き起こすことになる」。この注記は何を意味するのか、またとりわけ、そこで引き起こされている困難はどのようなものだろうか。それは、作用の概念に起因するものである。『論理学研究』以来、意味作用の体験、まさに志向的な体験を指し示す作用 *acte* という言葉(30)に関して、フッサールは確かに、次のように強調しようとする。「もはや、*actus* という語の根源的な意味を考える必要はもちろん無くなったし、活動 *activité* という考えは、そこから絶対的に排除されたままでなければならなくなった」(31)。しかし、もしこの語義と排除は、時間『講義』がその構成を問うている構成された志向的体験に関連するなら、これらは、逆に、それ以上でもなくそれ以外でもなく、根源的意識流に関連しえないだろうし、志向的諸作用がそうであるこれらの諸統一がまさにそこで構成される、体験流に関連しえないだろう。それでは、作用という概念が、内在的な時間自身を構成する体験を指し示すに到る場合、つまりその直接的な相関者としては志向的体験を持ち、間接的な相関者としては、この志向的体験において、また志向的体験によって構成された客観的な諸統一を持つ、原 - ヒュレー的な体験を指し示すに到る場合、この作用という概念の意味は何であろうか。

　この問いに答えるために、原 - 印象の流れ、根源的意識の流れを、フッサールが実際に記述するやり方よりもむしろ、それを特徴づけるやり方に注意しよう。例えば、彼は次のように書いている。「原 - 印象は、この産出の絶対的な始まり、原‐源泉、それ以外の一切がそこから絶えず産出されるものである。しかし原‐印象それ自身は産出されず、産出されたものとしてではなく、むしろ自発的発生によって生じる。それは原‐発生である。原‐印象は何かに由来しない（それはどんな胚も持たない）。それは原‐創造である。〈非‐今〉に変じていく〈今〉のうちで、新しい〈今〉が絶え間なく形成される。あるいは、一つの源泉が、極端な〔原‐〕突然さでもって、産出され湧出する、と言うとすれば、それは比喩である[32]。あるいは次のようにも書いている。「われわれには、この流れは、構成されたものに従ってわれわれがかように名づける何ものかであるが、しかし、それは時間的に『客観的なもの』ではまったくない、としか言えない。それは、絶対的主観性であり、この流れは、それを『流れ』として比喩によって指し示さざるをえないところの何ものかの、顕在性の或る点、原‐源泉点などにおいて、『今』を湧出する何ものか、の絶対的固有性を持っている。〔……〕こうしたことすべてのための名が、われわれには欠けているのである[33]」。

根源的意識や原‐印象に、活動性の次元を与えることは、まったく禁じられないばかりか――この排除が関係するのはただ構成された諸統一にだけである――、むしろ逆にそれこそが必要なことである。実際、フッサールは、原‐印象の自発性を、それゆえ、その活動性を強調しており、ヒュレー的流れの、絶対的内在的生の、疲れを知らない活動性、絶え間ざる移行性を力説する。さらに、もし根源的意識が本質的に無活動的で、力を発揮することができないというのならば、根源的意識が、「一つの〈今〉から他の〈今〉へと」向かい、「経験の諸志向へと到る道をならす」、つまり客観化的志向性への道をならすことができるのはどうしてであろうか。あるいは、別の言い方をすれば、「すべての体験は、印象によって意識される、すなわち印象化さ[34]」れ、あらゆる印象ないしあらゆる〈今〉は、「存在の生ける源泉点である[35]」以上、原‐構成的流れは一つの源泉の絶えざる更新であり、その活動である。要するに、志向的作用と意識の志向性が、その構成に際しておかげを被っているのは、原‐印象の活動性・

力・強度にであり、つまりは絶対的超越論的生のエネルギーに、なのである。

かくして、以後われわれは、感覚の移行性はその生動性によって規定されており、志向性はその構成的起源を移行的感覚の強度性 intensivité から引き出すということを、既定のこととすることができる。しかしながら、原‐印象を、源‐源泉かつ創造として、また絶対的主観性を流れとして特徴づけることによって、フッサールは、自分が比喩によって語っていたことを明確にしようとした。それでは、比喩の方から志向性について決定することは正当だろうか。絶対的に構成的な主観的流れを、そこで構成されたものの方から命名せざるをえなかったことを認めることで、フッサール自身、自分の言説の性格を説明している。けれども、そうせざるをえなかった、とは、現象学的絶対者や結局は現象性そのものに対しては、厳密な意味での現象学的な名前も概念もないということ以外、何を意味するだろうか。そして、絶対的主観性について語ろうとして、それらの名前を欠いていると認めることは、必然的に、超越論的現象学を、その彼方へと開くことになりはしないか。

それでは、フッサールが比喩によって示そうとしたものを考えることは、可能だろうか。また、それはどのような条件でか。この比喩と概念との分割が、そもそもいかなる哲学においても固有のものだとしても、この分割線はきっちりと固定されることはなく、どの哲学も、それぞれなりにその線を引くようにと仕向けられている。よって、現象学的に考えられないものを考えることに、原理的にはいかなる不可能もない。しかしながら、こうした企ては、現象学に関して言えば、現象学自身がその可能性をほのめかしており、ある意味でそれを開いていたのでなければ、何の意味もあるまい。なるほど、ハイデガーによれば、ヘーゲルのように太陽の中へと飛び込むか、あるいはむしろ、永劫回帰の思想家のように自分の太陽の内に飛び込むかしない限りは、何ものも、自分の影を越えて飛ぶことはできない(36)。けれども、影の縁を忍耐強く知ることは、いつであれ可能である。そして、フッサールは、権利上、彼から逃れないわけにはいかなかった諸々の可能性を、しばしば垣間見させることができたし、それをなしえた。

これは、その一例なのだろうか。そして、フッサールは、彼にはそれに対する名が欠けていたものが、そこから考えられるような次元を示しただろうか。

おそらくは然りである。一九三三年、時間性に立ち返るとき、フッサールは実際次のように表明することになった。「私の以前の内的時間意識に関する学説において、私は、かように呈示された志向性を、まさに、未来予持として準備され、過去把持として変様されるが、統一性を保持する志向性として論じた。しかし、私は、自我 moi〔Ich〕についても語らなかったし、そのような志向性を、自我的なもの égoïque〔ichlich〕として（意欲志向性という広い意味において）性格づけもしなかった。後に私は、自我なき sans ego〔ichlos〕志向性（「受動性」）において基礎づけられるものとしての自我的なものの志向性を導入した。しかし、諸作用とそれに由来する作用習慣 habitus の自我 ego〔Ich〕は、展開中ではないか。どんな初源的現在をも立ちとどまる時間化として統一的に形成し、現在から現在へと具体的に押し進む――それで一切の内容が衝動の充実の内容となり、目的以前に目指されることになる――普遍的な衝動志向性を前提する権利または義務を、われわれは持っているのではないか[37]」。

こうして、フッサールは、普遍的衝動志向性にまで根源的感覚の移行性を導いていった。しかしながら、もし時間を〈今〉から他の〈今〉への推移として理解するならば、この衝動志向性は、厳密には時間的なわけではない。というのも、その志向性はまさに、ある現在から他の現在への移行、これなくしては時間がないことになる移行を保証するものだからである。言い換えると、ここで「衝動志向性」によって、付加的に衝動的であるような志向性を考えてはならないのであって、そうではなく逆に、志向性そのものがそこから構成される衝動性を考えなければならない。念を押しておくが、フッサールはつねに、時間意識と意識の時間との起源、志向性の起源を、衝動の領界の感覚的な契機もそこに属しているヒュレー的所与性のうちに探究していたのである。しかしフッサールは、前‐志向的で前‐時間的な衝動性を前提せざるをえないと感じていたのであるが、けっして衝動の分析に取りかかったりしなかったし、いわんや、衝動が志向性を生ぜしめることのできた仕方、つまり意味と現象性が、いかにして力に由来したのかを、説明することはなかったのである。

では、衝動とは何か。一般的には、あらゆる衝動は、何ものかへ向かう推力であり、衝動の目指す、衝動がそこへと強く向けられている、極ないし目的へと規定された、ないし従属させられた力である。この意味で、志向のない衝動はなく、あるいは、志向は衝動の一つの契機である。なるほど、フッサールは、いわば〈…へと向かうこと〉の強度的な意味を中立化したのだが、これは、当初は、客観化的・理論的志向性からあらゆる志向を考えたためである。そしてそこで重要なのは、この志向性の構成を捉え直すことであり、われわれには、その志向の強度の中立化を解除する権利がある。志向性の発端にある志向は、それゆえ、その起源としての衝動へと連れ戻されることとなる。しかしながら、このことは、衝動に志向性そのものを連れ戻せば十分だ、というものではない。そのためには、さらに、感覚と意味とが共に衝動に属していることを示さねばならない。感覚というのは、そこにフッサールが時間と志向性の起源を見ているからであり、意味というのは、あらゆる志向性は、意味の担い手だからである。もし、すべての衝動が、〈…へと向かうこと〉であるならば、衝動がそこへと推進されるもの、つまりその目的は、衝動に対してア・プリオリに開かれて、我がものとされていなければならない。さもないと、衝動は、まさにそこに向かうことができなくなろう。〈…へと向かうこと〔…への緊張〕〉は、その活動 exercice そのものにおける衝動以外の何ものでもない。ところで、もし、感覚することが、まさしく触発することのできるものへの開かれてあることであり、この触発においてそれ自身へと開かれるのだとしたら、その場合、感覚は衝動の一契機である。というのも、衝動は、けっして一つの状態ではなく、つねに一つの出来事であり、自らに固有の目的に向かうことによってそれ自身に達するからである。それゆえ衝動は、絶対的に無規定的で無差別な何かに向かっての衝動ではなく、自分によいものへの衝動である。ニーチェがそれについて語っている。「すべて『衝動』は、何かしらの観点から見て『何かよいもの』への衝動である」。さらに加えて言う。「まさにその理由でこそ身体化された価値評価が、そこにはある」[38]。一つの価値評価、つまり、一つの思惟であり、それゆえ、一つの意義である。思惟も意味もまた、あらゆる衝動の契機である。志向・感覚・意味というこの三つの契機に関して言えば、意味は、権利上、一番最初のものである、というのも、いかなる衝動も、己の目的へと向かうことなく一つの目的なるものに向かうことはできないし、またその衝動にとってよいものへ、その衝動にとって、またその衝動だけに価値のあるものへ、一つの価値評価であるために、意味であるもの――この意味のおかげで衝動は、衝動が衝動であるところの活動であることもできる――へ、向かうことなしに、自分の目的へ向かうこともできないからである。

志向性を衝動性へともたらした帰結を評価するに当たって、その背後にまで遡及することは無駄ではあるまい。現象であること、これが超越論的主観性によって構成されることであるなら、超越論的主観性は、それ自体が、それ自身においてもそれ自身にとっても、現象であり、必然的に自己‐構成するのでなければならず、またヒュレー的生から出発してのみそれをなしうるはずである。ところで、統握なき現出であり、そこには何も現出しないヒュレーは、原‐統握を、何ものかの最初の現出を、いかにして生ぜしめることができるのだろうか。まさに根本的なこの難点を解くために、そして感覚の移行性――感覚の過去把持なくしては志向性も時間性もない――を説明するために、フッサールは、絶対的生の衝動性に訴えるに到るのである。それでは、主観性そのものはどうなるのか。主観性は、衝動的なものとして、つまり、移行的感覚をおのれの出来事とするこの身体として、自己構成するべきではないのか。おそらくは然りである。それゆえ、衝動的身体であるという条件においてこそ、主観性は真に構成者たりえ、したがって、そのような身体にこそ、現象性の究極の源泉を探究すべきなのである。そして、意味付与する志向的主観性を衝動的身体へともたらすことが不合理でないのは、それは、あらかじめ価値評価を伴わない感覚や衝動はないからであり、言い換えれば、カントが問題にしたような、あるいはより広くフッサールが問題にしたような、超越論的感性論はすべて、一つの価値判断の体系、一つの「道徳 morale」を前提しているからである。ついでに言っておけば、この言明は、超越論的論理学への超越論的感性論の解消を何ら含意してはいない。というのも、価値判断は、命題的な判断の一つのクラスをなすものではないからである。この言明は逆に、超越論的感性論も超越論的論理学も、同じ価値判断、同じ――とはいえ、それだけが唯一可能なわけではない――「道徳」に基づいていることを意味しているのである。(39)

かくて、構成的分析の内的運動と内的論理を追うことで、われわれは、現象学の彼方へと導かれたのであった。これが彼方であって手前ではないのは、構成の試みが、そこに一つの意味を保持することができるからである。実際、感覚を衝動へ、また衝動を、これなくしては衝動が何ものでもなくなってしまう価値ないし思惟へともたらすことは、結局は、志向性の「知解的 intellectuel」次元――これは必ずしも、理論的ということを意味するわけではない――を説明することになり、同時に、構成的探究の可能性を開いたままにしておくことにもなるのではなかろうか。もっとも、この探究は、根元的に変様されるか、あるいはずらされることになるであろう。フッサールが、ある意味でずっと依拠しているこの経験論に向かって、「知解力は感覚よりも古いものであるように思われる」(40)と言明することによって、ニーチェは、このずらしの原理を表明している。というのも、感覚に対する知解力のこの優位の意味することが、次の三点でなかったら、何の意味があることになろうか。つまり、感覚様式が、意味様式ないし思惟様式に依拠しているということ、身体が、「小さき理性」つまり主観的理性をその「道具」とする一つの「大いなる理性」であるということ(41)、結局、身体は、絶対的主観性を構成する流れ以上に強力に構成者たりうるということ、でなければ。

六　現象の演劇的展開

「客観性を保証することではなく、客観性を了解することが重要なのである」[1]。いかにそれがシンプルなものであれ、それでもなおフッサールのこの言葉は現象学を要約しているし、現象学の〈生まれた〉歴史的状況を記述するには十分である。一方で、客観性の意味が哲学に固有の事柄〈問題〉だということをこの言葉は意味しており、他方で、志向的分析がそのもとで客観の存在に問いかける関係をこの言葉は特徴づけている。フッサールは客観の存在の内に哲学の主題を認めることで、デカルトがその創始者である伝統の中に現象学を登録する。しかしフッサールは客観性の確実性を保証するものの問いに代えて、客観性の意味の問いを持ち出すことで、近代哲学——現象学はそこから生じたのだが——全体に対して現象学の持つ管轄的優先権を表明するのである。

客観性を証明する前にそれを了解することとは、意識が客観の超越を構成する仕方を、あるいは諸事物の即‐自が志向的な産物であることを説明することである。しかし、もし一方で、意識がつねに断固として私のものであり、他方で、意識が、「何もそこに侵入することができず、また何もそこから出ていくことができず、時間的‐空間的外部を持たず、また時間的‐空間的連関の内部にあることができない、自己自身に閉じられた一つの存在連関、一つの絶対的存在連関」[2]であるならば、現象学は唯一の主観性から、つまりまた根元的に孤独な一つの主観性から出発するのでなければならない。

自我論 l'égologie という排他的な枠組みの中で客観性を解明することに専心することで、超越論的現象学は、デカルトの『省察』の初めの二つの省察〔「第一省察」と「第二省察」〕をその生誕地としている。〔デカルトによる〕蜜蠟の分析を再検討し、知得〔知覚〕とは精神の洞察、まったき明晰性と判明性において言明された合理的判断、つまり「判断する〈私〉が、それに『生得的』である規範的な観念と法則とをそこでは模範とするような判断」である、というテーゼの現象学的な意味を明らかにした後で、フッサールは次のように再び言うことができる。「しかしこの場合デカルトにとって、明晰で判明な知得〔知覚〕の、合理的と特徴づけられた明証的判断という主観的体験の、超‐主観的な妥当性は謎になってしまう。そうすると、哲学を行う〈私〉の中で生じる、まったく主観的な産物である合理的な知〔学〕が、存在者自体に達する客観的な妥当をどうして自らのものとして要求しうるのか。エゴが、デカルトにとっては純粋な精神が、その諸作用によってどのようにしてそれ自身を超越しうるのか。ところでこのことは、この純粋さへと還元された人間的思惟のすべてに関係する。というのもデカルトに従えば、すべての人間的思惟にとっては、契機としてであれ、判断もまた存在しているからである。よく知られているように、神の〔存在〕証明というあの一時しのぎの便法が介入するのはここにおいてである」[3]。

客観性の意味の問題に関して、フッサールに従えば、神への訴えかけは、なぜここでは一時しのぎの便法でしかないのか。あるいは逆に、超越の問題の解決は、なぜ誠実な神の領分に属さないのか。デカルトの「第三省察」が示すように、神がその客観的実在であるような〔神の〕観念を、神が「その作品の上に刻まれた作者の印のように」私の内に導入したのでなければ、言い換えれば、意識の存在が、それとは絶対的に不可分な自己の自己に対する閉鎖を断ち切ったのでなければ、神は真理を保証することはできない以上、デカルトは主観的に根拠づけられた普遍学の客観性の問題を解決しているというよりは、それを迂回しているのである[二]。しかし、フッサール自身が

〔デカルトの〕便法の呪縛から逃れたのでなければ、つまり志向性――このことを喚起しなければならないが、それは「現実的で真正なあらゆる説明することにとっての、知解可能にすることにとっての名称」である(4)――によって、客観性がその意味をそこから得る相互主観性までもがそこで構成される、主観的志向的絶対的生という唯一の領土の上に客観性の問題を位置づけ直したのでなければ、「デカルト哲学の学説内容の総体を拒否(5)」しながらデカルトを引き合いに出し、〔デカルトの〕便法とその便法が証している哲学的苦境を承認することはできないだろう。またついでに次のことも強調しておくが、多様な現象学的記述に固有なすべての用法にも、超越論的還元にも、同様にその方法という特徴を授けるのは、もっぱらこの客観性の意味の探究なのである。

他我 alter ego の志向的分析はそれゆえ、客観性そのものを請け負わねばならない(6)。長年の間フッサールが相互主観性に費やしてきた探究は、他者の他性 l'altérité の意味を明らかにすることを最終目的としたことはけっしてなく、世界の客観性と認識の客観性の意味を明らかにすることをつねに最終目的としたし、超越論的現象学の彼方で、倫理学が第一哲学という序列に昇級することができたとしても、それは客観性の根拠の問題をまったく放棄することによってではなく、その問題を正義の問題に従属させることによってである。「真なる知の判断および主題的思考は、他者の倫理的意味性に属する或る種の要求から、あるいはこれらの要求に関連して召喚される――あるいは作り出される――ということ」、そして「正義はこのように論理的判断の客観性の源泉であることを、われわれは示そうと試みた」とレヴィナスは書いている(7)。それは、他我構成の分析が他者の他性の意味を解明するのに貢献しないということではなく、単にこの解明が客観性の光と光としての客観性を〔課題として〕前提しているということであり、要するに、この解明が知としての思惟の規定と客観性としての存在の規定を成就するということである。だからこの客観性〔の問題〕を負担しているという点で、時間性と共に相互主観性は、そこで志向性の存在、つまり経験対象とその所与性様態との間の相関関係のア・プリオリが、どんな領域的規定とも無関係に問い尋ねられうる、問題提起的な二つの場所のうちの一つなのである。

I

フッサールは、他我の意味を構成することなしにはその他我を意識することはできないと主張しつつ、他者経験の問題を扱っている。このテーゼは現象学を開始するテーゼ、〈いかなるものであれどんな存在者も純粋な主観性による意味形成である〉というテーゼ(8)を再現している。しかしそうすることで、まったき他者を私自身の単なるヴァリアントとしているおそれがあるのではないか。私自身の諸々の志向性の相関物と理解されればその時には、他者現象はどうしようもなく取り逃がされているのではないか。けれども他者にあらかじめ到達しており、この到達を自ずと釈明したのでなければ、誰がそのように語りうるのだろうか。ところが、フッサールは付随的に指摘しているのだが、もし「われわれは誰もが、他者の可能性とそのわれわれに‐とっての‐存在を、奇妙なものと感じている(9)」としても、この奇妙さにその全権利を承認することが可能となるであろうのは、私の唯一のエゴから出発する志向的分析の終端においてでしかない。プログラムはそれゆえまさに次のように描かれる。「その只中で、われわれの超越論的なエゴという地盤に基づいて他我が告示され確証される、顕在的および潜在的な志向性の洞察をわれわれは手に入れなければならないし、他のエゴ〔他我〕という意味が私の内で形成され、異他的なものの調和一致的経験という資格で、存在するものとして、さらにはそれ自身の仕方でそれ自身そこに存在するものとして確認されるのは、どのようにして、どのような志向性に、どのような綜合に、どのような動機づけに従ってなのかを検討しなければならない(10)」。

われわれはここでは、この他者の志向的解明の詳細を辿ることはしないで、その主要な困難をはっきりさせるためだけに、その決定的な諸段階をごく手短に喚起することにしよう[11]。還元がそこへと到達させる超越論的経験野の只中で、フッサールは新たな還元、私に固有であり、他者を思念する志向性ももちろん含めて――この志向性の綜合的な産出は別としても――私のすべての志向性がそこから生じる領界への還元を初めに行う。抽象によるこの還元から何が帰結するのか。フッサールが「固有の自然」と名づけ、もはや客観的なものを何も持たない、世界現象の一様に首尾一貫した層である。私の〔身体である〕物体が、単なる物体（Körper）ではなく身体（Leib）である唯一のもの、つまり私が感覚野をそこに帰属させ、私が私自身と同様に直接に使用でき、私がそれにより固有の自然のすべてを知覚する唯一の物体である以上、この固有の自然は、私の〔身体である〕物体とは区別される諸物体からなる純粋な多様性である。次に、顕在的および潜在的な私の志向的諸体験の流れの領界としてエゴの固有領界を積極的に特徴づけた後で、最後にフッサールは他者経験を扱う。彼はこう書いている。「われわれの知覚領圏に他の人間が一人入ってくると仮定しよう。原初的領界に還元すればこのことは、私の原初的自然の知覚領圏に或る物体が入ってきて、この物体は原初的なものとして、本性的に私自身の単なる規定の一要素でしかない（内在的超越）ということを意味する。この自然と世界においては、私の身体が、身体（機能する器官）として根源的に構成されており、また構成されることができる唯一の物体である以上、〈あそこ〉の物体は、身体として統握されているけれども、私の身体から発する統覚的転移からその〔身体という〕意味を得るのでなければならない。しかもそれは、特有な身体性という述語による実際に直接的な、したがって原初的な証明、すなわち本来的な知覚による証明は排除するようにである。私の原初的領界の内部で、〈あそこ〉の物体を私の〔身体である〕物体と結びつける類似性のみが、〈あそこ〉の物体の、他の身体として類比化する統握のための動機づけの基礎を与えることができるというのは、初めから明らかである[12]」。

他者構成の本質的諸特徴と他者構成の諸前提とを明らかなものにしているこの記述は、二重に模範的である。最初に他者の志向的構成の特性をはっきりとさせよう。そうすると、他者の志向的構成の主要な力とは類比による統握であり、それによって「私の原初的領界の内部で、私自身の身体‐物体〔Leibkörper〕に類似する一つの物体が、身体としてもまた統握される」[13]。要するに、私自身の身体‐物体に類似する一つの物体が、私の生とは別の自我論的な生の地所ないしは支えとして統握される。類比的統握は、統覚あるいは付帯現前化という種類の体験、そしてより一般的には、直接的、本原的である現前化〔現在化〕（Gegenwärtigungen）に結びつけられて、その諸対象を間接的に現前的なものとする準‐現前化〔準‐現在化〕（Vergegenwärtigungen）という種類の体験である。しかし、或る立方体の見えている面が、その時は見えていない面を付帯現前化しており、諸事物の付帯現前化が、最終的にはつねに直観的現前化に転換されうるとしても、他者の場合には明らかにまったくそうではない。では他者の付帯現前化はどこからその生き生きとした性格を、その力を引き出すのか。他者の身体‐物体に類似している限りでの私自身の身体‐物体の、自己への絶えざる生き生きとした現前からである。というのもフッサールが指摘するように、他我 alter ego という表現に含まれ前提されているエゴ ego、それは私だからである[14]。しかし〈あそこ〉から私自身の身体‐物体をあらかじめ見たことがあるのでなければ、〈ここ〉にある私自身の身体‐物体と、私の固有領界の中で〈あそこ〉に現出する物体との間の類似性に、私は気づくことができるのか。その現出様式が根元的に異なる諸対象の間の類似性は、実際には存在しえないだろう。では私自身の身体‐物体がつねにここという様態で私に与えられている時に、どのようにして私はその私自身の身体‐物体を〈あそこ〉から見ることができるのか。この問いに対して、フッサールは固有領界の潜在性に訴えかけることによって答える。「私の物体的身体が、他のすべての物体と同様に空間の中で存在する可動的な自然物体として統握されており、また統握可能であるということ、このことは次のような言葉で表される可能性と明らかに結びついている。つまり、どの〈あそこ〉も〈ここ〉に変えるように、つまり私がどんな空間的場所も身体的に占めることができるように、私のキネステーゼの自由変更によって、特に歩き回ることによって、私が自らの位置を変えることができる、という可能性と結びついている。このことは次のことを含意している。つまり、私は〈あそこ〉から知覚することで、〈あそこ〉で-自己自身で-在ることに属する、それに対応した他の様々な現出様式に従ってのみ同じ事物を見ることになるだろうということ。あるいは、構成的観点からすれば、各々の事物には、単に私の瞬間的なここからという現出体系が属しているだけでなく、私を〈あそこ〉に移動させる各々の位置変化に対応した、完全に規定された現出体系も属しているということ。どんな〈あそこ〉についても以下同様である」[15]。異なる現出様式は別々に局所化されて、次々と〈ここ〉や〈あそこ〉になりうるのだから、この現出様式に正しく近づくことによって、私は他者を、私が現在〈ここ〉から事物を見ているのと同じようにその事物を私と同時に見ている〈私自身の分身〉としてではなく、私が〈あそこ〉にいた時に見ていたものを私と同時に〈ここ〉で見ている〈他我〉として統握することが可能となる。

他者構成が基づいている同化的統覚は、二重の類似関係に依存している。第一の類似関係は、私の固有の自然の只中で、物体と「私自身の身体-物体」との間に介在する。しかし、私の身体はそのまったき固有性において、身体-物体という意味をどのようにして獲得することができるのか。絶対に唯一の仕方で与えられる私の身体は、どのようにして物体としても、つまり絶対に共通の仕方でも与えられることができるのか。われわれが先ほど見たように、この問いに対してフッサールは、私自身の潜在性に訴えかけることによって答える。空間の中での位置を変えることで、私はどんなあそこもここに、どんなここもあそこにする。この自由変更によってそのすべての場所が交換可能ないしは等価となる、唯一で同じ空間の中で私は自らを統握することができるし、またこの空間が物体の形式であるならば、私の身体は確かにつねに物体でもある。しかしながらこの論証は受け入れることはできない。というのも、私だけの可能性の変更によって私が到達する空間性と物体性は、もっぱら自我論的なもの、絶対的に単独のものだからであり、別の言い方をすれば、私自身の身体の変更不可能な空間性は物体的延長一般——この外にあっては、〈あそこ〉の物体が物体でありうるという意味で物体である限りの、つまり延長する事物 res extensa としての私の身体を、私が統握することができないであろう延長――ではありえないだろうからである。私の固有領界の内部では、或る物体が私自身の「身体‐物体」に類似しているということはそれゆえありえない。なぜなら、私の固有領界で私の身体が、言葉の一般的な意味で、結局は相互主観的な意味で、物体として構成されることは不可能だからである。

同化的統覚が依存している第二の類似関係は、物体の現在の現出と私自身の身体‐物体の過去の現出との間に介在する。他なるもの＝他者という様態を構成する連合が直接的ではないことを再確認した後で、フッサールは次のように続ける。「私の原初的周囲世界に属する（後で他者の〔身体となる〕）物体は、私にとってあそこという様態での物体である。その現出様式は、私の身体がそのつど現実に（ここという様態で）持っている現出様式と、直接的な連合によって〈対になる〉のではないが、この現出様式は、空間の中の物体としての私の身体を構成する体系に属する類似的な現出を、再生的に呼び起こす。その現出様式は、私が〈あそこ〉にいた時の、私の物体的外観を想起させるのである。ここでは、この呼び起こしは想起‐直観にならないとはいえ、対化〔二〕が起こる。初めに呼び起こされた私の物体の現出様式だけでなく、この現出様式とそれに親密な他の多様な現出様式との綜合的統一としての私の物体そのものが、その対化の内に置かれる。こうして類似化する統覚が可能で基礎づけられたものとなり、この統覚によって、〈あそこ〉の外的な物体が、私自身の身体から、類比的に身体という意味を受け取り、またその結果、私の原初的世界との類比によって、他の世界を持った身体という意味を受け取る」[16]。「後で」、未来には、他者の〔身体としての〕物体となるだろう物体が、私自身の知覚野に入ってくる時、その物体はあそこという様態で私に現出し、その物体が現在はとどまっている〈あそこ〉に私がいた時に私自身が持っていた外観に類似した外観を私に差し出す。〈あそこ〉の物体の現在の外観はそれゆえ、過去に私が〈あそこ〉にいた時に私が目にしていた外観に類似している。過去の私自身の物体的な外観が、私自身の現在の身体‐物体を構成する一契機であれば、私自身の現出様式の一つから他のすべての現出様式へと、その総体としての私の身体‐物体からいまや「他の世界を持った身体」である者——つまり他我——の物体へと、類似性は間接的に延長されるのである。

しかしながら、〈あそこ〉の物体と〈あそこ〉にあった時の私自身の身体‐物体との間の類似性を私が理解することができるためには、どちらの場合も私は〈ここ〉にいるのでなければならない。〈ここ〉から〈あそこ〉の物体を見ることにいかなる不可能性もないとしても、それと引き換えに、〈ここ〉と〈あそこ〉に同時にいることがなければ、私を物体的に二分化することがなければ、二つの身体‐物体のただ一つの主体であることがなければ、私は〈あそこ〉の私を見ることはできないだろう。確かに、〈あそこ〉の物体からの視覚は「私が〈あそこ〉にいた時の、私の物体的外観」を私に喚起する、とフッサールはまさに明確に述べているが、自身の過去において〈あそこ〉とは別の所に、〈ここ〉かつ〈あそこ〉に、〈あそこ〉かつ〈ここ〉にいたことがなければ、同じ私の過去において、私はどのようにして〈あそこ〉の私を見ることができたのであろうか。言い換えれば、また私の身体‐物体の空間的二分化をいったん排除すれば、私を外から見ることは、私自身に遅れて事後的にであれ、私には不可能であるし、しかも、それのみが〈あそこ〉から私を見ることのできる他者を前提することがなければ、他者を構成する対化が支えとしている「私が〈あそこ〉にいた時の、私の物体的外観」に私が到達することはありえないだろう。さらに、この対化は、単に〈あそこ〉の物体を〈あそこ〉にあった時の私の身体‐物体と連合させるだけではなく、その現出様式の綜合的十全性における、したがってその〈ここ〉での現前の十全性における私の身体‐物体と連合させる、とフッサールは付け加えている。したがって、私のものに還元された物体のあそこと私自身の身体のここは同時的でなければならないし、私自身の自我論的な時間性の只中でのみ同時的でありうる。では、私のものに還元されたしかじかの物体が「後で」他者の物体となるであろうことを、どのようにして、いかなる時間性の眼差しに照らして、フッサールは〈今〉、前もって知りえるのか。ところで次のことを強調しなければならないが、それを知りえるということは、フッサールの記述によって要請されている。というのも、もし私のものに還元されたしかじかの物体が、「後で」他者の物体になるかもしれないということを現象学者〔フッサール〕が理解しないならば、その現象学者は、形や位置だけによって延長する他の事物を差異化する、純然たる延長するものだけに関わっているということかもしれないからである。一般的には個体の間の類似性は少なくとも種ないしは類の共通性を前提している以上、私自身の志向的な身体‐物体とのどんな類似性もまさに不可視であろう。それゆえ他者の身体‐物体の私の身体‐物体との類似性が私に知覚可能なのは、他者に到達した後にのみであって、けっしてその前にではない。他者がそこから構成される類似性は、他者がすでに構成されていることを前提しているのである。他のエゴの場合は、私のエゴとは反対に、志向的心的生が、それが所有している身体‐物体と根元的に分離可能であると考えるのでなければ、構成的順序に従っては、私のものに還元されたいかなる物体も他のエゴの物体にはなりえない。それゆえ、他の物体がそこに帰属する他のエゴが、私にすでに「本来的に〈固有に〉」与えられているということがなければ、私の身体‐物体と他の物体との間の類似を私は知覚することができないだろう。そしてこのことはまさに、フッサールが固有領界への還元を傍白の間停止しつつ、言わば舞台の外で、または別の舞台から、彼自身のプロンプターとなりながら、しかじかの物体が「後で」他者の物体になるだろう[17]と括弧に入れて主張する時に、やむをえず証言していることなのである。この独我論の切断はそれゆえ、現象学者に帰すべき用心深さの単なる欠如ではなく、現象それ自身の強制に答えている。

自身に絶対的に固有のものであるエゴの諸作用を分析する現象学者が、他者を先取りすることが自らに禁じられているはずの場面において、それでも他者を先取りしうるということは、他者の還元不可能性を意味している。あるいは同じことだが、現象学者がその只中で自らの記述を行う時間性は、他者によってア・プリオリに拘束されているということを意味している。他我の構成は、われわれが見たように、それ自身が絶えず前提されているのだから、他者の先取りは常に既に生じていたのである。それでは時間性と相互主観性との、時間と他者との関係とはどのようなものなのか。

フッサールは『デカルト的省察』の中で、過去の所与性様態と他我の所与性様態との間の「ためになる一つの比較」に取りかかる。彼は次のように言う。「私の固有性の内部で、より正確にはその生き生きした現在の領界の内部で、私の過去は想起によってのみ私に与えられ、その過去は想起において過ぎ去った現在として、つまり志向的変様として特徴づけられる。変様としてのこの過去の経験的確証は、再想起の調和一致的綜合において必然的に行われる。過去がそのようなものとして確証されるのは、ただこうしてのみである。想起における私の過去が、私の生き生きした現在をその変様として超越しているのと同じように、付帯現前化される異他的存在は、〔原初的に固有なものの〈今〉の純粋で最終的な意味においての〕自身の存在を超越している。どちらの場合でも、変様は、意味契機としての意味そのものの内に存しており、変様はそれを構成する志向性の相関物である。私の過去が、私の生き生きした現在において、内的知覚の領圏において、この現在の中で出現する調和一致的な想起によって構成されるのと同様に、異他的なエゴが、私の原初的領界の中で、そこに出現しその内容によって動機づけられた付帯現前化によって、私のエゴにおいて、それゆえ新しい種類の変様物をその相関物として持つ新しいタイプの準-現前化において、構成されうる。確かに、私が私の固有領界における準-現前化を考察している限り、そこに属し中心化を行う私は一なる同一的な私そのものである。しかし、異他的なものすべてには、それに必然的に共属する付帯現前化された具体化〔凝結化〕の地平をそれが保持する限り、私自身ではないが、私の変様物、他の私である付帯現前化された私が属している」[18]。

この現象学的で形式的な比較――〈現象学的〉というのは、この比較が所与性様態に関係するからであり、〈形式的〉というのは、この比較が諸作用の志向的構造にしか関わらないからであるが――、この比較から何が分かるのか。まず初めに、過去と他者は、能与的審級（現在あるいはエゴ自身）を超越する二つの志向的変様であり、これら変様はこの能与的審級の変様であるということ。次に、過去と他者は、準‐現前化において構成されるということ。これらの類似はしかしながら相違ほどには重要ではない。実際、(1)私の過去が私の生き生きした現在を超越するとしても、この超越は私の固有領界に内在的なままであるが、他者の超越は私に固有なことのすべてを絶対的に超過する。それゆえ〈超越 la transcendance〉はその二つの場合で同じことを意味しているのではないし、超越が帯びている二つの意味はヒエラルキーの中に登録されている。フッサールは、他者の超越は「最初で真の超越」である[19]、あるいは「異他的な身体‐物体は、言わば即自的な最初の客観である」[20]と主張することによってにせよ、そのことを承認しているのである。(2)過去を構成する準‐現在化と他者を構成する準‐現前化とは質的には異なっている。過去の場合には準‐現前化は再生的であり、他者の場合には準‐現前化は再生的ではない。自らの過去を準‐現前化するエゴと、この過去において準‐現前化されたエゴが、内在的時間性がその唯一の形式を構成する、ただ一つで同じエゴを確かに構成するとしても、他者を自らに準‐現前化するエゴは、そのエゴが自らに準‐現前化している他我なのでは明らかにないし、また客観的時間性だけが両者に共通でありうる。

それでは過去の所与性様態と他我の所与性様態を比較する意味はなお存在するのか。数年後、超越論的還元がそこに到達させる人称変化しない〈私〉は、他者たちを構成することで人称変化するものとして自らを構成すると主張した後で、フッサールは次のように比較を再び取り上げていた。「このことは、再想起の超越論的解釈からすでにそうしたように、その過ぎ去った〔過去の〕現在の過ぎ去った〔過去の〕私もまた、再想起されたものに、〔過ぎ去った現在という存在意味を持つ〕過去に属しているが、他方で、現実的で原本的な〈私〉とは顕在的現前の〈私〉であり、そこには現在的事象領界として現出しているものを越えて、現前的体験としての再想起も等しく属している、ということをわれわれが了解するなら、類比によって了解可能となろう。したがって、顕在的〈私〉は、その内で自己自身の変容態を（過ぎ去ったという様態で）存在するものとして構成する能作を遂行している。顕在的〈私〉、流れつつ絶えず現在的な〈私〉が、自己‐時間化において、『自らの』過去を通して持続するものとして自らを構成する仕方が、そこから追跡される。同様に、顕在的〈私〉、持続する原初的領界のすでに持続している〈私〉は、自らの内に他者を他者として構成する。言わば、脱‐現前化［Ent-gegenwärtigung］による（再想起による）自己‐時間化は、私の異他‐化［Ent-fremdung］（高次のレベルの脱‐現前化としての自己移入、つまり私の原‐現前の、単に準‐現前化された原‐現前への自己移入）の中に、その類比〔物〕を持つのである。こうして、私の内で『他の』〈私〉が、共‐現前的なものとして存在妥当を得る。それも『感性的』知覚による確証様式とははっきり異なる、明証的なその確証様式と共に」[21]。この比較は先の比較とは異なるのか。ここでフッサールが言うように、脱‐現前化が再想起に等しいのならば、これら比較の二つのヴァージョンにいかなる差異も存在しない。しかしこの等しさは明らかなのか。脱‐現前化は、再想起の中で働きつつも、本質的にそれとは異なる或るタイプの志向性を指し示しているのではないか。脱‐現前化という言葉は、内的時間意識についての一九〇五年の講議〔『内的時間意識の現象学講義』〕でフッサールがけっして使用しなかったものであるが、フッサールの指導のもとで一九三〇年に、フィンクが「準‐現前化と像」[三]の間の現象学的差異を論じた最初の論考の中に現れる。諸体験の超越論的流れは、現前化（本原的に一つの対象性を現前化する作用）と、準‐現前化（過ぎ去った、あるいは可能的な現前化を、ノエシス的かつノエマ的に再生する作用）とに区分されると主張した後で、フィンクは次のように続ける。「準‐現前化を一層詳しい主題にすると、われわれは注目すべき困難に突き当たる。本来的には作用ではない志向性を、最終的には準‐現前化の中に含めるべきなのかどうか。われわれは、過去把持、未来予持、付帯現前化のような、体験の現在の生き生きした地平を構成する志向性のことを考えている。それは現前化でも準‐現前化でもなく、危うい表現を使うなら、われわれはそれを脱‐現前化と名づける」[22]。では、他者意識をどのような脱‐現前化と比較すべきなのか。付帯現前化とでもなく未来予持とでもなく、過去把持と比較すべきである。実際、付帯現前化が他我の構成に介入し、再想起から到達可能である未来予持[23]が未来に関わるなら、過去把持は過去の能与的意識である以上、過去把持だけが他者の能与的意識と近づけられうる。次のことを喚起しよう。「われわれが過去を見るのは、第一次的想起においてのみであり、過去が構成されるのは、第一次的想起においてのみである。しかもこれは、再現前呈示的に（*repräsentativ*）ではなく、現前呈示的に（*präsentativ*）である[24]」。

しかし、過去把持が或る印象の過去の能与的意識でありうるためには、この印象がまたさらに意識的でなければならないのか。しかしながら事実はそうなのだろうか。時間意識についての講義に附随する補足的なテクストの一つにおいて、「われわれが意識を客観となしうるのは過去把持のおかげである」ということを示した後で、フッサールは次のような問いを提起する。「自らを構成しつつある体験の最初の位相についてはどうなのか。それもまた過去把持に基づいてのみ与えられるのではないか。もしいかなる過去把持もそれに結びつかなければ、それは『無意識的』なのではないだろうか」。そして彼はこう答える。「この点については、最初の位相は、その経過の後でのみ、先に示した仕方で、つまり過去把持と反省（すなわち再生）によって、客観となりうると言わねばならない。しかし、もし最初の位相が過去把持によってのみ意識されるとすれば、『今』として最初の位相を特徴づけるものは理解不可能なままにとどまるだろう。せいぜいのところ、それは先行する位相をもはや過去把持的に意識させない位相として、その諸変様とは消極的に区別されうるだろう。しかし、意識からすれば、確かにそれはまったく積極的に特徴づけられるのである。事後的に初めて意識的になるだろう『無意識的』内容について語ることはまさに不条理である。意識はその位相の各々において必然的に意識〔されて‐在ること〕である。過去把持的位相が、先行する位相を対象とすることなく意識しているのと同様に、原‐与件もまた、対象的となることなく――それも『今』という特有の形で――すでに意識されている。過去把持的変様へ移行するのは、まさにこの原‐意識でありーーしかも、原‐意識自身と、そこで本原的に意識されている与件とは不可分に合一しているのであるから、この過去把持的変様は、これら両者の過去把持である。つまり、もし原‐意識が存在しないとすれば、いかなる過去把持も考えられないだろう。無意識的内容の過去把持は不可能である。いずれにせよ、原‐意識は諸々の論拠から推論されるのではなく、過去把持と同じように、構成された体験することについての反省において、構成する位相として観られうる。けれども、この原‐意識を、この原‐統握を、あるいは何と呼びたかろうとも、これを統握する作用と誤解してはならない。それが状況の明らかに誤った記述かもしれないという事実は別にしても、それにより解決不可能な困難に巻き込まれてしまうだろう。各々の内容は、それに向けられる統握作用によってのみ意識に至る、と言われるならば、それ自身確かに一つの内容であるこの統握作用は、どのような意識において意識されるのかという問いがただちに提起されるし、そうすると無限後退は避けられない。しかし、各々の『内容』がそれ自身において、必然的に『本原的に意識されて』いるとすれば、後続する能与的意識についての問いは無意味となる」[25]。

フッサールによって取り上げられた問いの賭金はどのようなものなのか。それについての過去把持が存在する原‐印象の意識ないしは明証が、この意識ないしは明証の対象である原‐印象につねに本質的に遅れていないかどうかが重要である。事実そうであると仮定し、また意識とそのあらゆる対象の時間構成の究極的、絶対的特徴を考慮すれば、「絶対に変様されないもの、後続する一切の意識と一切の存在とにとっての原‐源泉」[26]である原‐印象は、間接的にしかけっして与えられないということ、絶対的に構成する意識はそれ自身について絶対的に意識しているのではなく、本質的に陰りがあり、その光、つまり現象性は投影であるということ、絶対的な第一の明証、一切の認識にとっての権利上の源泉にして学の意味は、その時間的形式において根源的に一つの再構築物であるということ、あるいは最後に、どんな対象意識も意識の無意識に基づいているのだから、客観性は結局のところ現象学的に了解不可能であるということを、そこから結論しなければならないだろう。ここで賭けられているのはそれゆえ、まさにその原理における現象学なのである。それに反して、またおそらく逆に、過去把持的脱‐現前化は、自己移入的脱‐現前化にならって、しかし異なる理由で、根源的に到達不可能なものについての本原的意識であろう以上は、過去把持的脱‐現前化と自己移入的脱‐現前化との比較が、その点に関して有効であろう。

それでは、どのようにして、とりわけどのような代価を払って、フッサールは、現象学の意味に照らして、現象学的意味に照らして彼が「不条理」と形容するものの困難を解決し、その可能性を乗り越えることに専心するのか。「〈今〉という語が意味するものをその内容として持つ」[27]原‐印象は、過去把持なしには意識の客観とはなりえないだろうし、どんな意識もその対象に遅れている、とフッサールは最初は譲歩する。それだけだとすると、原‐印象の内容そのものである「〈今〉」は、つねに過去において与えられており、それゆえそれ自体としては現象学的には到達不可能で理解不可能かもしれない。しかしどんな意識も対象意識であることをこの議論は前提している。ところで、過去把持それ自身は非対象化的志向性の一例である。「過去把持は、印象的与件が、形式を変えながらも、その中に実的に保持されているだろう変様ではなく、一つの志向性であり、それも特殊な種類の志向性である。或る原‐与件、一つの新しい位相が出現する時、先行する位相は消失するのではなく、『摑まれた』ままである（つまりまさしく『把持されている』）。しかもこの過去把持によって、経過したものへ回顧的に眼差すことが可能になる。過去把持それ自身は、経過した位相を対象とする回顧的に眼差すことではない[28]」。ここでフッサールに志向性と対象性とを分離することを可能にしているのは何か。過去把持は確かに一つの志向性である。なぜなら、過去把持が把持する印象的所与性は、実的にではなく志向的にそこに内含されているからである[29]。しかし、それが眼差しでも作用でもない以上、過去把持は対象化的ではない。「過去把持それ自身は『作用』（つまり一連の過去把持的諸位相の中で構成される内在的持続統一〕ではない」[30]し、過去に対する眼差しでもない。過去把持は単に作用と眼差しとを可能にするものなのである。

意識は、対象的であることをやめても志向的であり続けることができる、ということを確立した後で、直説法現在で言表された原理、すなわち「意識はその位相の各々において必然的に意識〔されて‐在ること〕である」という原理を、言い換えれば、つねにそれ自身に絶対的に現前的である意識は、それ自身から不在になったり位相をずらされたりすることはけっしてありえない、ということをまず喚起してから、フッサールはその議論を続ける。意識の存在についてのこの規定に照らして、フッサールは次に、「過去把持的位相が、先行する位相を対象とすることなく意識しているのと同様に、原‐与件もまた、対象的となることなく――それも『今』という特有の形で――すでに意識されている」と断言することができる。原‐与件はそれゆえ、過去把持以前にさえ、つまり「すでに」、そのものとして確かに意識されている。〈印象として、そのものとして〉、というのは、原‐与件は対象化されていないからであり、〈すでに、過去把持以前に〉、というのは、意識のどんな印象も、同時に印象の意識だからである。「もし『内的〔印象的〕意識』をも『知覚』と呼ぼうとするならば、実際ここには知覚と知覚されるものとの厳密な同時性がある」[31]と、フッサールは強調している。

原‐印象の所与性様態の問題に対してこのようにもたらされた解決は、原‐意識も過去把持も、統握作用として了解されてはならない以上、「あらゆる構成が、『統握内容‐統握』という図式を有している訳ではない」[32]、ということを含意している。フッサールはそれゆえ、乗り越え不可能な諸困難が現象学の全体に徐々に与えることになるだろう、純粋にヒュレー的な構成の可能性を開くことによってしか、原‐印象的与件の意識されて在る様態によって引き起こされる問いを解決することはできない。しかし、さらに根元的には、この解決は維持できない。実際、もし意識がそれ自身に絶対的に現前的であれば、意識はつねに、かつ至る所でそれ自身であらねばならないし、そうでないなら、それは対象的、少なくとも志向的でなければならなくなる。ところで、〈志向〉も〈志向されるもの〉もなければ、〈志向〉が〈志向されるもの〉から区別されなければ、志向性一般は存在しない。しかし、〈志向〉と〈志向されるもの〉が、唯一の同じ流れに属していて、そこでは厳密に同時的である以上は、原 - 印象が問題であり〈志向〉と〈志向されるもの〉が絶対的に合致していなければならないまさにその所で、このような区別がどうして産み出されうるというのだろうか。

すると、原 - 印象によって定義される〈今〉、流れとその過去把持的変様の絶えざる進行――だがこの進行はそれ自身は意識の一つの限界様態であるが、いささかも現象学的無ではなく、「本質に関わる極限に至るまで辿られる」と、「『無意識的』と名づけられるもの」[33]の中に消失する――を通じて絶対的に不変な同一性と個体性とをフッサールがそこに帰属させる〈今〉、こうした〈今〉を、それゆえ現象学的性格を欠いた一つの構築物と見做さなければならないのではないか。また、この印象が結局のところ「抽象物」[34]であれば、そこに「後続する一切の意識と一切の存在とにとっての原 - 源泉」を見ることは、現象学的に可能であるのか。同じ流れの只中では、過去把持だけが〈志向〉を〈志向されるもの〉から根源的に差異化しうる以上、原 - 印象についての意識は原 - 印象につねに遅れている、ということを最後には認めなければならないのではないか。

そこで諸事象がそれ自身現前化される所与性様態として本原的直観を了解し、同時にこの直観を一切の認識の究極の根拠の地位へと高めはしたが、しかしながら現象学者は、原 - 印象にも他我にも直接には到達しない。それゆえ、現象学者は、内在的時間性がその核心である固有領界から出発することでは、〈あそこ〉の物体が「後で」他者の物体となるだろうことを「前もって」知りえないのと同様に、過去把持以前に、かつ過去把持の外で原 - 印象が「すでに」意識されていることを直観的に知りえない。もし原 - 印象と相互主観性が、客観性一般の構成の始源的で終局的な諸層を、普遍的構成の企図のアルファとオメガを表しているならば、時間と他者との比較は、超越論的現象学をそのもっとも深い原理と方法との諸限界へと間違いなくもたらすことができる。しかしそれでは、新たな費用を払って、つまり意味についての別の規定を手掛かりとして時間と他者との関係を思考しようと企てるのでなければ、超越論的現象学の諸限界をどのように積極的に了解すればいいのか。

Ⅱ

『時間と他者』という表題を持つ四つの講演の再版の折に、その『デカルト的省察』の「第五省察」を以前に翻訳したフッサールへ控えめに反応を示しながら、レヴィナスは次のように明言していた。「一九四八年のわれわれの試論〔『時間と他者』〕では、時間的超越は、せいぜい準備的なものにとどまる概要としてのみ記述された。隔時性が意味する超越と他者の他性の距離との間の類比によって、またこの超越の隔たりを横断する結びつき——どんな関係項を結びつける結びつきとも比較不可能な——への固執によって、その概要は導かれている」[35]。一方で、「これら講演の目的は、〈時間とは孤立したただ一人の主体の事実ではなく、時間とは主体の他者との関係そのものである〉、ということを示すことに存して」おり[36]、他方で、レヴィナスはその講演で現象学とははっきりと距離を取っているのだから、これらの講演の歩みを辿ることはおそらく、現象学の諸限界を積極的に了解することへとわれわれを導くだろう。

時間とは主体の他者への関係という出来事そのものである、ということを確立するためには、孤独を他者とのあらかじめある関係の欠如としないで、主体の孤独を記述することから始めるのが望ましい。もし孤独がただ一人で存在することに存するのであれば、孤独はまず存在論的に了解されねばならない。「われわれは、孤独を存在の一カテゴリーとして提示したい」[37]。存在の一般経済の中での孤独の位置とはどのようなものか。われわれは、諸事物や他のものたちと他動詞的な諸関係しかけっして持たないし、主体〔主語〕から対象〔目的語〕への移行である他動詞性は、主体〔主語〕が対象〔目的語〕ではないことを意味する以上、他動詞性はすでに孤独の或る切断である。「私は〈他なるもの〉を見る。しかし私は〈他なるもの〉で在るのではない。私はまったく一人きりである。それゆえ自我としての存在、私が実存するという事実、私の実存することこそが、絶対的に自動詞的な要素を、志向性も関係も持たない何ものかを構成するのである。実存することを除けば、すべては存在するものたちの間で交換されうる。その意味で、存在すること、それは実存することによって孤立することである[38]」。孤独とはそれゆえ、実存者と実存することの統一である。しかし、実存することによって孤立すること、それはまた、実存することを孤立させることでもあり、存在を「*νῦν ἔστιν, ὁμοῦ πᾶν, ἕν, συνεχές* 今、同時にすべて、一なる、連続してある[39]」ものとして提起することでもある。したがって逆に、この存在論的孤独の切断は、存在の中に多元的なものを導入することになるだろうし、またレヴィナスは明言しているが、この切断は、もはやパルメニデスを[四]、「その子孫たちがパルメニデスに対して犯す気になるかもしれないどんな父殺しからも免れ[40]」させはしないだろう。ついでにこのことを注記しておくが、この父殺しへの訴えかけは、ここで特に重大な問題を引き起こす。実際、もし他者との関係としての時間の規定が、存在の善への従属の一契機であれば、存在論に対する倫理学の優位はその時、部分的にではあれ、「比喩的な」特徴がそこから暴力を排除するわけではない一つの殺人に基づいているのではないか。しかも、〔プラトンの〕『ソフィスト』の〈異邦人〉が、基本的な理由によりそれから身を守り、けっして自らのものとはしなかったこの父殺しの意志は、例えばモーゼの第五と第六の戒律〔「汝の父と母を敬え」と「汝殺すべからず」〕と両立可能であるのか。

　しかし、孤独を存在論的に構成する実存者と実存することの間の結びつきを試練にさらすことなくして、この孤独を断ち切ることは可能なのか。実存論的分析論に立ち戻って、レヴィナスは次のことを喚起する。ハイデガーが、存在 Sein と存在者 Seiendes、動詞と実詞――「私は、これらの用語に特に実存主義的な意味を与えることなく、口調上の理由から、実存すること *exister* と実存者 *existence* と訳すことにしたい(41)」とレヴィナスが言う――の間で区別を行うとしても、実存することは誰かによってつねに所有されている以上、つまり私はその存在が「つねに私のものである(42)」存在者である以上、この区別は分離と同じではない。しかしながら、実存者なき実存することという観念は理解不可能ではない。実際、実存の中に〈投げられて‐在ること〉でないとしたら、被投性 **Geworfenheit** は何を意味するのか。そして実存がわれわれに先立つのでなければ、どうしてわれわれは実存の中に投げられて在りうるのだろうか。〈投げられて‐在ること〉、それは、実存者からは独立した実存の中で現出することであり、また同時に、実存者なき実存することの可能性に信任状を授けることであるのではないか。しかしながら、一つの可能性に信任状を授けることは、一つの現象を顕すということにはならない。この現象を顕すために、まずレヴィナスは、想像上の経験という形で一つの還元に取りかかる。「万物の、あらゆる存在や人物の無への回帰を想像してみよう。われわれは純粋な無に出会うだろうか。万物のこうした想像上の破壊の後では、何ものかが残るのではなく、〈イリヤ **il y a**〉〔…がある〕という事実が残る(43)」。フッサールとレヴィナスは、世界の無化という仮説を同じように形成するけれども、彼らはそこから同じ帰結を引き出すのではない。フッサールは、この仮説から意識という存在者の絶対的実存を結論するが、レヴィナスは、どんな実存者からも区別される実存することに、「実詞によっては表現されえず、動詞である、存在するという営みそのものに(44)」到達するために、この仮説に訴えるのである。〈意識への還元〉はそれゆえ〈意識の還元〉に場を譲るし、また〈意識への還元〉は、論理学の公理、特に同一性原理には関わらない(45)けれども、〈意識の還元〉は、逆に一切の同一性の消滅を伴っている。実際、レヴィナスは次のように明言している。「〈イリヤ〉という概念を、古典哲学の大テーマと関連づけねばならないとしたら、私はヘラクレイトス〔五〕のことを考える。二度浸ることのできない河の流れの神話のことではなくて、ただの一度でさえも浸ることのない、一切の実存者の形式としての統一性の固定性そのものが構成されえない河の流れ、生成がそれとの関係によって了解される固定性の最後の要素が消滅する河の流れ、というクラテュロス〔六〕によるその神話の解釈のことを考える」(46)。

この差異の射程とはどのようなものか。様々の超越の還元が、それら超越の構成についての志向的分析を準備するのに対し、〈イリヤ〉への接近は、より根元的に、意識自身の到来を、存在の一般経済における意識の創設と意識の構成の意味を了解することを可能にする。けれども、それもまた想像上の存在論を生み出すことなしには、想像上の経験から出発して意識を解明しえないかもしれないのであるから、別の道を通って〈イリヤ〉に接近する方が望ましい。覚醒状態から逃れることの不可能性としての不眠は、ハイデガーにとって不安が存在を開示するという意味で、〈イリヤ〉を開示する。不眠において、「人はどんな対象やどんな内容からも離脱しているが、現前〔そのもの〕がある。無の背後で生じるこの現前は、一つの存在でもなければ、空回りする意識の働きでもなく、諸事物と意識を共に包み込む〈イリヤ〉の普遍的事実である」(47)。不眠、終わりなく、対象も理由もない、つまり主体なき覚醒状態は、〈イリヤ〉へとわれわれをさらし出す。しかし、〈イリヤ〉を覚醒状態によって特徴づけることとは、〈イリヤ〉に意識を与えることではないか。

アリストテレスは、つねに活動状態にあることの不可能性（ἀδύνατον ἀεὶ ἐνεργεῖν）によって眠りの必然性を説明した(48)。しかし、活動（ἐνέργεια）が存在そのものとすると、眠ることとは、〈イリヤ〉の無名の覚醒状態から免れることではないか。レヴィナスは次のように書いている。「あたかも実存するという純粋な出来事に一つの意識を授けるかのように、〈イリヤ〉を覚醒状態によって特徴づけることは、逆説的に思われるかもしれない。しかし［……］意識の本来の意味は、眠りの可能性を背景にした覚醒状態であるということに存するのではないかどうか、自我という事実は、非人称的な覚醒状態という状況から抜け出す能力ではないかどうかを自問しなければならない。実際、意識はすでに覚醒状態に参与している。しかし、意識を特別に特徴づけることとは、眠るために『背後に』退く可能性を常に保持している、ということである[49]」。眠りはそれゆえ、夜の子供〔産物〕ではなく、光が意識の事実である限りは、日の出そのものである。

意識のこの規定は或る意味で、フッサールによって開かれた一つの可能性と再び関係する。実際、眠る能力によって意識を定義することとは、無意識が意識の単なる反対物でないとすれば、意識を無意識によって定義することである。「無意識への対立における意識とは、この対立によってできているのではなく、自らの反対物と隣り合わせにあること、自らの反対物とのコミュニケーションによってできている。つまり、意識はその飛躍そのものにおいて、倦んで途絶え、それ自身に反する手段に訴える[50]」。意識はそれゆえそれ自身から逃れうるし、またこの能力がその存在のすべてである。ところで、われわれは次のことをすでに見たが、フッサールは、無意識を意識の一つの限界様態とすることによって、すでに無意識を意識の一つの可能性としていた。還元を意識それ自身へと拡張し、それと相関的に、無意識が、もはや単に意識の一つの可能性ではなく、意識の可能性そのものとなるように、無意識という能力を一切の意識に拡張した後で、レヴィナスは、限界的な一つの可能性を可能性の条件へと転換し、こうして意識の自己 - 構成という解き難い問題を解決する。

この意識の分析あるいは記述――しかしそれは分析であるのか、それとも記述であるのか、さらにはその両者であるのか、また分析あるいは記述をどのように形容すべきなのか――は、時間がその切断となるはずの、主体の孤独の存在論的規定の最初の契機である。なぜ最初の契機なのか。それは、主体の孤独を了解することが、自ずから孤独の主体を了解することである、ということにはならないからであり、また主体性それ自身を、またただ一人の主体性をあらかじめ規定することがなければ、主体の他者への関係として時間を理解することが不可能だからである。〈イリヤ〉の覚醒状態から免れて、意識は、「眠るために『背後に』退き」、自己それ自身を構成する自己への内閉〔退却〕を行うが、実存者が自らを実存することに関係づけることがなければ、この自己への内閉〔退却〕は生じえないだろう。レヴィナスは、この関係という出来事をイポスターズ *hypostase* と名づける。その意義とはどのようなものか。「『存在する何ものか』の現出は、無名の存在の只中で、真の逆転を構成する。この『何ものか』は、実存することを属詞〔属性〕として伴っており、主語が属詞の支配者であるのと同様に、この実存することの支配者である。実存することはこの『何ものか』に属しており、実存者がただ一人で在るのは［……］まさしく実存することに対するこの支配によってである」[51]。存在へと到来すること、生誕することとは、ただ一人で在ることであり、孤独の主体と主体の孤独は、同じ運動から構成されており、主体化と孤立化は相伴っている。しかし、どのような主体性が問題となっており、その決定的な特徴とはどのようなものか。属詞の主語〔主体〕として存在へと到来し生誕するなら、この主体は論理学的なものでしかありえない。しかも、自己から出発して自己に回帰することがなければ、つまり同一化がなければ、実存者は実存することを自らのものとはしえないであろう限りは、実存することの支配において到来する主体は、〈同一性による主体〉であることなく〈同一性の主体〉である。主体性をモデルにしてモナドを理解するライプニッツとは逆に、ここでは主体性が一つのモナドとして記述されている以上、論理学的で自己同一的なこの主体は、もっぱら存在論的な理由により、モナドよりも根元的に自己自身に閉じている。「主体は、それが一なるもので在るがゆえに、ただ一人で在る」[52]のであれば、孤独は他者への関係の欠如的様態なのではなく、主体性〔そのもの〕なのである。

自己から出発することとは、現在という出来事そのものである。「現在は自己から出発する、というよりも、現在は自己からの出発で在る」[53]。〈今〉を「絶対的始まり」として規定しながら、なお時間流との関係で〈今〉を了解するフッサールとは異なり[54]、レヴィナスは、現在をその開始的機能によって定義し、フッサールが単なる確認という形でそれに認めていた現在の新しさという性格をこうして同時に説明する。では存在の経済の中で、現在とは何を意味するのか。あるいは現在の機能は何に存しているのか。現在の機能は、「実存することの非人称的な無限の中に、現在がもたらす裂け目」に起因する。「現在は一つの存在論的図式のようなものである。一方で、それは一つの出来事であって、いまだ何ものかではなく、現在は実存してはいない。しかし〔他方で〕、それは、それによって何ものかが自己から出発することになる、実存することという出来事である。一方で、それはいまだ、動詞によって表現されるべき一つの純粋な出来事である。けれども〔他方で〕、この実存することの内には変容のようなものが存在し、すでに何ものかが、すでに実存者が存在している。重要なのは、実存することと実存者との境界において現在を捉えることであり、その境界では、実存することの機能として、実存することがすでに実存者に転じている」[55]。感性的かつ知性的である超越論的図式のように、現在は動詞かつ実詞である。自己から出発することで、現在は過去なしに在り、自己にのみ準拠することで、現在は「未来に逆らって」在る[56]。しかし、つねにはかなく消え去る現在が、どうして何ものかを、実存者を生ぜしめることができるのか。複数の実存者の間にしか矛盾は存在しない以上、この問いへの答えは、矛盾を解消することにではなく、はかなく消え去るというこの場面がその出来事である、或る現象を調査することに存することになるだろう。この現象とは、何であれ何らかの対象には同一視できないが、けれども何らかのものであることなく在る「〈私〉」それ自身である。

自己からの出発である現在はまた、必定自己への回帰でも在る。このことは、実存者が自己から離脱しえない、あるいは始まりの自由が自己への繫縛を伴わない訳にはいかない、ということでないとしたら、実存者にとって何を意味するのか。「現在は、それ自身への不可避な回帰に存している。実存者の定位の代償は、実存者が自己から離脱しえないという事実そのものに存している。実存者は自己に従事する。この自己に従事する仕方――これが主体の質料性である。同一性とは、自己との無害な関係ではなく、自己への繫縛である。それは自己に従事することの必然性である」[57]。実存することから生じる実存者による、実存することの支配は、「代償」を伴う。つまり、〈私〉

は自己に「釘づけにされて」、自己によって「塞がれて」、自己の内に「引きずり込まれて」おり[58]、その存在は、一つの持つこと、一つの身体 un corps を伴っている。「このように質料性――〈自我 Moi〉と〈自己 Soi〉の間の関係という具体的な出来事――から身体を了解することとは、身体を一つの存在論的出来事へ立ち戻らせることである」とレヴィナスは言い、われわれが後に再検討するつもりの、次の方法上の明確化をすぐに付け加える。「存在論的諸関係は、脱身体化された＝具体性を欠いた結びつき des liens désincarnés ではない[59]」。

主体性と現在についてのこの解釈から、どのような帰結を今からすでに引き出すことができるのか。時間から逃れ、存在へと引き渡されて、現在は始まりである。ところで始まりのパラドックスが存在する。実際、始めることとは無から出発することであれば、始まりの出発点は、その到達点の中に「跳ね返り[60]」のように含まれているのでなければならない。始まりという出来事である現在が、自己に対する〈ずれと遅れ〉として成就する以上、始まりとは本来結果である。しかし、このように事後性を現在の構造そのものとすることとは、フッサールにとっては無意味を意味に変えることである。フッサールは、〈今〉の原-意識と原-意識がその意識である〈今〉との間のどんな不一致も意味を欠いたものと見做すが、逆にレヴィナスは、自己の自己に対するずれを現在の意味そのものと見做す。しかも、〈志向〉と〈志向されるもの〉との絶対的同時性によって特徴づけられる原-意識に照らせば、この現在の脱臼あるいはねじれは、直接に起源において、意識全体に無-意識の可能性を開く。すでに問題となった無意識という能力の拡張はそれゆえ、現在についての再解釈に依存している。しかし、実存することにおける実存者の定位がそこで成就する現在は、「代償」を伴わない訳にはいかない。どのような代償なのか。「無名の実存することにおいて一つの実存者が出現するという事実に起因する最初の自由は、一つの代償のようなものを伴う。つまり自己自身に釘づけにされた私という決定態そのものを伴う[61]」。〈私〉は、その私を構成し、現在がその出来事である、同一化に決定的に囚われている。〈決定的に〉というのは、つまり非間歇的に、もし時間が「そこでは何も決定的ではない実存様態[62]」であれば、〈時間の外で〉、ということである。存在のカテゴリーとして了解されれば、孤独とは「時間の不在[63]」であり、しかもこの時間の不在とは、主体化の帰結であると同時にその代価である。

時間が主体の他者への関係であることを確立するためには、主体の孤独を存在論的に規定することがまずは望ましかったが、これからは、時間がどのように〈私〉の孤立化を断ち切りに来ることができるのかを了解することが重要である。しかし、世界はこうした切断の可能性をすでに差し出しているのではないか。質料的で身体化された主体は、糧を得なければならないのではないか。またその機会に、諸対象に、つまり自己とは異なるものに自らを関係づけねばならないのではないか。おそらくそうであるが、しかし、主体が真にそれ自身から逃走することができるためには、主体が対象の起源にあるということがあってはならない。ところで、糧を得ることとは、〈…を享受する〉ということであり、どんな享受も感覚であり、要するに認識と光である。しかも、光とは「それによって、何ものかが私とは別のものとなるもの、しかしすでに、あたかもその何ものかが私から出てくるかのようにさせるものなのである。照らされた対象は、人が出会う何ものかであるが、同時に、その対象が照らされているという事実そのものによって、その対象がわれわれから出てくるかのように人はその対象に出会う[64]」。したがって、もし「理性の名のもとに、この光を絶対的なものに仕立てる[65]」ならば、独我論とは理性の構造そのものである。それゆえ、意識の志向性は私に他者を与えることはできず、超越論的構成は固有領界を超過せず、相互主観性は欺瞞であり、結局、客観性は諸モナドの社会を前提している以上、客観性は了解不可能である。こうして、意識は光であると主張することとは、フッサール現象学に、控えめにではあるが根元的に別れを告げるということである。

迂回と回帰としての、内在の中に「包み込まれる[66]」超越としての光はそれゆえ、イポスターズの決定態を断ち切るには十分ではない。イポスターズの分析を再び取り上げよう。身体がその出来事である主体の実存の質料性の中で考察されれば、主体は諸々の欲求を持つ。ところで欲求を満たすこととは、労働することであり――「『働かざるもの、食うべからず』というのは一つの分析命題である」[67]――、また労働することとは、労苦においてあること、苦痛にさらされることである。苦痛は身体化した主体の苦痛である以上、必然的に身体的なこの苦痛は何を意味するのか。「身体的な受苦とは、それがいかなる程度のものであれ、実存の瞬間から離脱することの不可能性である。身体的な受苦とは、存在の容赦なさそのものである。受苦の内容は、受苦から離脱することの不可能性と一つになっている」[68]。「受苦は無の不可能性である」[69]以上、苦しみを受けることとは存在することであり、存在以外の何ものでもない。存在への追い詰めは、しかしながら受苦の唯一の特徴ではない。その強度がどのようなものであれ、受苦は、来るべき死の切迫を、受苦がその成就である出来事とは異なる出来事の近しさを、その内に担っている。「苦痛の苦痛への没頭そのものに存する苦痛の構造は、さらに延長されるが、それは、光という言葉では表現することが不可能な未知なるもの、つまりわれわれのすべての経験がそこに帰着する自己の自我への内密性に逆らう未知なるものにまで延長されるのである」[70]。現在が未来に逆らうのとまったく同様に主体に逆らう死は、主体から到来することなく主体に到来する以上、光の中では認識されもしないし見られもしない。しかも、経験がどうしても光であるなら、死についての経験は受動的なものでさえも存在しないが、主体はつねに定義上、死の受動性を引き受けることができる。

どんな光からも隠れる＝遠ざかるのだから、主体の死への関係とは「神秘」[71]との関係である。この関係は何を意味するのか。「実存一般の不可能性の可能性」[72]として死を了解するハイデガーとは逆に、レヴィナスは、一切の可能性の不可能性と、可能性が能力〔…できるということ〕に還元されるとすれば、もはや〈…できない〉という能力を死の内に見る。死とはそれゆえ「主体の雄々しさの限界」[73]であるが、ついでにこのことを注記しておくと、その雄々しさとは、実存に対する実存者の支配と、実存と実存者との間の差異の現出と、存在論的差異の出現と一つになる雄々しさである。このように理解されれば、死とは、実存者が実存を引き受けたが、実存者はア・プリオリに或る出来事の可能性を開くことなく、あるいはア・プリオリに或る出来事の地平を見出すことなく、けれどもその出来事が実存者に起こりうる、ということを意味している。しかし、絶対的に他なる何ものかとの、つまりそれにとって他 *autre* が形容詞〔他の〕ではなく名詞〔他なるもの・他者〕であるものとの関係にあるのでなければ、主体はそのように実存を引き受けることはできないだろう。

　主体と同時にイポスターズの現在を、それにとってまったく他なるものであり予見不可能なもの、つまり〈未来〉へと開くことで、時間の場所となるこの関係とはどのようなものなのか。この関係がそこで成就する〈場面 situation〉は、しかしながら主体性それ自身を全面的に変質させたり破壊したりしてはならない。いかに把握不可能であれ、絶対的に他なるものがそこで告知される死は私のものであり続ける以上、超越は主体の無化ではない。それゆえ、死が一切の可能性の不可能性である以上、死を〈一つの可能性として〉引き受けることなく、〈私〉が死を引き受けることができる仕方を了解することが重要なのである。言い換えれば、どのようにして主体は同時に〈在りかつ死ぬ〉ことができるのか。要約としてレヴィナスは次のように明言する。「問題は、死から永遠を引き離すことに存するのではなく、死を迎え入れることを可能にすること、〔同時に〕或る出来事がそこで私に起こる実存の只中で、イポスターズによって獲得された自由を私に維持することを可能にすることに存する。〔問題は〕そこで出来事が起こると同時に、けれども人が或る事物、或る対象を迎え入れるようにはその出来事を迎え入れることなく、主体がその出来事に直面するという、死を克服する試みと呼ばれうる〈場面〉〔である〕」。さらにレヴィナスはこう付け加える。「われわれは一つの弁証法的〈場面〉を記述したばかりである。今からは、この弁証法がそこで成就する具体的な〈場面〉を示すことにしよう。〔それは〕ここで長々とそれについて説明することはわれわれには不可能であるが、われわれが絶えずそれに頼っている方法〔である〕」。この方法が徹頭徹尾現象学的だという訳ではないことは、ともかく理解される[74]」。

われわれがそれを支配することになる可能性として引き受けるのではない出来事がわれわれにそこで起こる、この〈場面〉の検討はいったん後回しにして、この方法に注意を払うことにしよう。われわれがここまでその歩みを再現してきたすべての記述は、具体的な様々の〈場面〉において成就する一つの弁証法を提示している。こうした弁証法はヘーゲル的なものではない。というのも、「一連の矛盾をくぐり抜けることも、歴史を停止させることでそれらの矛盾を和解させることも重要ではない[75]」からである。ヘーゲル的弁証法についてのこの規定は、コイレ〔七〕の分析をひそかに参照しており、コイレによれば、時間の弁証法的性格が一つの歴史哲学を可能にしているが、弁証法の時間的性格がその歴史を同時に不可能にしている。「というのも、歴史哲学はいやが応でも歴史の停止だからである。未来を予見することはできないし、それもヘーゲル的弁証法が未来の予見をわれわれに可能にする訳ではない……[76]」と、レヴィナスがその言葉までも踏襲しているコイレは説明していた。この判断は、ヘーゲルに固有の「現象学的分析という方法[77]」についての記述の終わりに現れており、にもかかわらず、そこでは〔現象学的という〕形容詞がフッサール的な意味で捉えられている。「時間の自己構成」あるいは「時間概念の自己構成」とコイレが名づけるものを記述する〔ヘーゲルの〕一八〇四／一八〇五年の『自然哲学』の何頁かを翻訳した後で、コイレは次のように結論していた。「……ここでヘーゲルがわれわれに与えようとしているもの、より正確には彼自身に自ら与えようとしているもの、それは時間の『観念』の分析ではまったくない。それどころか、ヘーゲルが精神の生き生きした現実性の中で時間がどのようにして自らを構成するかをわれわれに示し、われわれに記述することで破壊しようとしているのは、時間の『観念』、抽象的で空虚な観念なのである。時間の演繹なのか。構築なのか。これらの用語は二つとも不適切である。というのも、弁証法的にであれ『演繹する』ことも、『構築する』ことも問題ではないからである。精神においてかつ精神に対して、時間の概念がそこにおいてかつそれによって自らを構成する精神的諸契機、諸段階、諸活動を、意識それ自身においてかつ意識それ自身に対して——仮説的に措定するのではなく——明らかにして露わにすることが問題なのである。だからヘーゲルの記述の諸用語は［……］抽象的な用語とはまったく反対のものである。ヘーゲルの用語は逆に、この上なく具体的である。これらの用語を、言わば文字どおりに、そのもっとも直接な意味で、もっともあるがままの意味で捉えなければならない。これらの用語が指し示すのは、単に事物、対象、状態ではない。ヘーゲルの混乱してぎくしゃくした文、しばしば不正確な表現（例えば sich werden など）は、一つの運動を記述し、その運動の分節とリズムに従い、精神の諸作用を、しかも精神の諸活動＝筋書きさえも指し示している。［……］哲学の千年以上の伝統とは逆に、ヘーゲルは実詞においてではなく動詞において思惟している、と言いうるかもしれない」[78]。

　このヘーゲル的な思惟の運動の特徴づけは、レヴィナスによって活用されている方法、彼自身の用語に従えば、「諸々の状態に、それらが〈出来事 des événements〉であるように接近することに存する」[79]方法の弁証法的特徴を明らかにする。そこで、何らかの形で実詞を動詞へともたらす一切の思考は弁証法的となる。こうして現在はイポスターズという〈出来事〉であり、身体は自我と自己との関係という〈出来事〉である等々ということになる。しかし、ヘーゲルが精神の運動性そのもの、「その対立物からの完全な自由と独立性における、つまり対自的である複数の自己意識があり、それら自己意識の統一性であるあの絶対的実体、すなわち〈われわれである私かつ私であるわれわれ〉」の運動性そのものを記述するまさにそのところで、「現在の精神的真昼」[80]の日の出＝開幕よりも前に、どんな〈再〉認識よりも前に、〈私〉がその出来事へと開かれることで〈われわれ〉に直面する様々な運動、それと同じ数の演劇的＝ドラマティックな〈場面〉として互いに連節される様々な運動を記述することにレヴィナスは専念する。この観点からすると、『時間と他者』において展開される弁証法は、ヘーゲルの弁証法に先立つものである。

　レヴィナスが訴えかける弁証法的分析という方法は、しかし言葉のフッサール的な意味では完全に現象学的なものではない。おそらく、諸事象と事態をそれらの現前が構成される作用へと連れ戻し、志向性を展開することで、フッサールもまた思惟と存在の移行的＝他動詞的構造を把握した。[81] けれども、どんな作用も表象〔Vorstellung〕であるか、または表象に基づいているという原理に同意することで[82]、フッサールは意識を、一切の存在の源泉を、一つの実詞として考え続けている。しかしながら、志向性の移行性＝他動詞性、構成は「視覚の完成[83]」であり続けるが、主観的な光に逆らう他者の他性と未来の他性は、志向的解明の管轄には属さないのである。だがレヴィナスの弁証法的歩みが構成的現象学に従属しないとしても、逆に構成的現象学はレヴィナスの弁証法的歩みに従属することはできる。「遅れてやって来る明証性[84]」として定義されれば、弁証法は実際——われわれはそれをすでに見たが——フッサールが還元しようとしたが無駄に終わった、意識の自己に対する遅れを捉えてそれに付き従うのに適している。

しかし意識の志向的分析論に当てはまることは、存在それ自身の動詞的な意味の再活性化に完全に依存する——レヴィナスはそのことを主張し続けた——実存論的分析論には当てはまらない。それではレヴィナスとハイデガーの間の方法上の差異とはどのようなものか。存在的な観点からすると、実存論的諸構造は、一切の存在論的規定に特有の「一般性」、「空虚さ」、「形式性」を提示する、とハイデガーは二度も強調する。[85] それは、これら実存論的諸構造をすぐれて顕す存在的な諸々の場面が、それ自身においてはいかなる存在論的射程も有していないということ、また、実存範疇がそのア・プリオリをまさに構成する諸々の場面への一切の準拠の外で、実存範疇は完全に了解可能だということ、あるいはまた、方法に関しては、存在と存在者の区別は分離に道を譲るということである。ところが、いかなるものであれ現象学が、〈対象あるいは存在者への接近様態が、その存在を開示する〉という原理に基づいているのであれば、或る概念の現象学的知解可能性は、その概念がそこから出発して形成された具体的な諸々の〈事例 des exemples〉や諸々の〈場面〉と分離不可能であるということ、あるいはまた、諸概念は諸現象から分離されえないし分離されてはならないということを、現象学は同時に含意＝前提しているのである。したがって、その上それに固有の諸概念の形成についてのいかなる指示も提供しない[86]実存論的分析論の「形式性」は、レヴィナスが系統立てて緩和しようとした現象学上の欠陥を意味している。『存在と時間』を念頭に置きながら、レヴィナスは『全体性と無限』の中で次のように書いている。「この本のすべての論述は、対立する符号をつけられた実存の諸々の出来事を、両義的な条件の中に統合しようとする着想、両義的な条件だけが存在論的威厳を有しており、どちらかの方向に入れられる出来事それ自身は、新しい何ものも存在論的に分節することはなく経験的なものにとどまる、という着想から自らを解放しようとしている。この本で実行されている方法は、経験的な諸々の場面の条件を求めることに確かに存してはいるが、しかしこの方法は、条件づける可能性がそこで成就する、経験的と言われる諸々の論述に、根本的可能性の意味、つまりこの条件の中では不可視な意味を明確にする存在論的役割を委ねる——この方法は具体化 *concrétisation* に存在論的役割を委ねるのである[87]」。

明確にすることとは、明晰で見えるようにすること、顕すことである。したがって、それのみにおいては不可視の根本的可能性の意味を明確にすることを、具体化が可能にするならば、具体化が現象学的知解可能性の重量全体を支えている。言い換えれば、諸概念は、「それらがその内容を一般化し形式化する諸事例とぴったり接合したままであるかのようにとどまる」のであり、概念が具体的なものの諸次元から早まって離脱してしまう時に「概念の忍耐」が存在する[88]。それゆえ、事例がそれの提示である概念の意味が事例に依存している以上、事例はもはや任意で恣意的なものではなく、ほとんど矛盾した仕方で、唯一かつ必然的なものである。こうしたことが、必要な変更を加えれば、直観が志向を充実させて現象の現前を保証しに来るという意味で、弁証法を成就させに来る具体的な諸々の〈場面〉に認められた特権の理由であり、「存在論的諸関係は、脱身体化された＝具体性を欠いた結びつきではない」ということの理由である。それでは、主体がすぐれて他性の出来事を、さらには出来事としての他性を、自らの一つの可能性として引き受けるのではなしに、つまりア・プリオリなしに、引き受ける具体的な〈場面〉とはどのようなものか。主体が、引き受けるよう光のもとであらかじめ傾向づけられてはいない出来事を引き受けるこの〈場面〉とはどのようなものか。引き受けることとは、単に請け負うこと、または支配することを意味するのではなく、さらに直面することを意味する。「出来事を引き受けず、出来事に対してできることを何もなしえない主体に出来事が起こるが、それにもかかわらず、出来事が或る意味で主体に面と向き合ってあるという場面、それは他者との関係、他者との〈対面〉、他者を与えると同時に他者を隠す＝遠ざける〈顔〉との出会いである。『引き受けられた』他なるもの——それが他者である」。(89)〈対面〉はそれゆえ超越の意味を顕す。レヴィナスはそれゆえ、あらゆる超越を他者の超越に恣意的に還元するのではないし、他なるもの一般と他者とを混同するのでもなく、現象学的警戒＝覚醒の増大に結びついた方法上の理由により、つねに〈ここ〉に在る私の、他なるものであるものへの、私の地平からは生じず他なるものがつねにそこに起因する他所から到来するものへの関係——それが出来事という語の意味そのものである(90)——を、その関係がすぐれてそこで成就する具体的な〈場面〉から分離することを拒否するのである。しかも、レヴィナスが超越を思考することで、他者への関係、つまり倫理を特権化するとしても、それは、具体化が存在論的可能性の成就、すなわち存在論的可能性の仕上げと充実である以上、前もって一般的に、存在論的可能性の具体化を、存在論的可能性の意味に必要不可欠なものとレヴィナスが見做しているからなのである(91)。

この出会い——そこで時間は成就するはずである——の意義を探究する前に、時間〔の問題〕に立ち戻ろう。主体は死の未来を引き受けることはできない以上、死の未来は誰にも属さず、純粋に存在論的な意味でまさに誰かがそこで生誕する現在とはいかなる関係も持たない以上、死の未来はいまだ時間ではない。それゆえ問題は、先取りされた、または企投された現在ではなく、絶対的に他なる、新たな未来が、どのようにして存在への生誕としての現在に結びつけられうるのか、あるいはまた、「われわれの精神状態の、われわれの性格の更新である以上に、時間とは本質的に新たなる生誕である」[92]以上、決定的同一性の中に閉じ込められた主体が、どのようにして他なるものとして再び生誕しうるのかということである。死の未来はその全面的な他性に存するのだから、時間の問題はそれゆえ、次のような形で提起される。全面的な他性との関係が私自身の自我を無化することなしに、私はどこで、どのようにして、この全面的な他性との関係に入るのか。〈主体の他者との関係〉がその答えを提供する。というのも、「他者としての他者は、単に他のエゴ〔他我〕なのではなく、私がそうではないものである」[93]からである。この関係は一つのエゴとの関係であり、そのようなものとしては、その関係は私のエゴを無化しえないだろう。しかしまたこの関係は他の一つのエゴとの関係、私が絶対的にそうではなく、私には絶対的に他なるものであるものとの関係である。それゆえ、〈対面〉とはまさにこの弁証法的〈場面〉の成就、あるいは前に「死を克服する試み」として定義されたあの存在論的可能性の具体化なのである。

　しかしそのまったき純粋性における他者の他性はどこで現出するのか。すべてのありうる他者との関係の中でも、他性が単に他者の形式ではなく、さらにその内容でもある関係とはどのようなものか。レヴィナスはこう答える。「相反者とその相関者との間に打ち立てられうる関係によってはその相反性が少しも影響されない、絶対的に相反的な相反者、絶対的に他なるものであり続けることをその関係項に可能にする相反性、それは〈女性的なもの le *féminin*〉である、と私は考える」[94]。性の差異――レヴィナスは性の差異あるいは性的差異について語らないが――は、種的な差異ではないし、統一性を前提する矛盾ないし二元性でもない。性の差異は、「パルメニデスによって主張された存在の一性に抗して、多なるものとしての実在の可能性そのものを条件づける」[95]以上、ここではまったく別の身分を有している。しかし、エロス的な関係はどのようにして存在の多元性を具体化するのか。「死のように強烈な〈エロス〉[96]」において、隠れる＝遠ざかるものに、その神秘の中に退きつつ自らを与える者に、光から逃れる者に、われわれは直面する。「女性的なものの実存様式は身を隠すことであり、しかも身を隠すということの事実はまさに羞恥＝慎みである[97]」。それゆえ、女性的なものが実存することの多元性を意味するのは、女性的なものが、主体の存在様式に還元不可能な存在様式だからである。すべてを自己に連れ戻す意識の光に、光を前にしての逃走と女性的なものの出来事としての羞恥＝慎みは対立する。「実存者が『主体的なもの』と『意識』において成就するのに対して、他性は女性的なものにおいて成就する。〔女性的なものという〕用語は、意識と同じ序列にあるが、意識に対立する意味を有する〔用語である〕。〔……〕女性的なものの超越は、他所に退くことに存するのであり、意識の運動に対立する運動である[98]」。

他所への後退と他性の出来事として女性的なものを特徴づけることで、レヴィナスは未来の次元そのものを規定する。というのも、死の未来がその全面的な他性に存しているならば、女性的なものとのエロス的な関係は、主体性が構成することができず、より根元的には主体性の能力としての構成する能力を挫折させる他性に、すぐれて主体性が面して在る具体的な〈場面〉だからである。ついでにこのことを注記しておくが、逆に、フッサールは「性交」を、本来異なる起源を持つ二つの志向性が、ただ一つの同じ充実のみを有することで一つになりに来る唯一の〈現象場面〉としたので、超越の内在への溶解、超越の内在への吸収として、要するに光のもとで、プラトン的な仕方で、エロス的関係を理解していた[99]。しかし、もしすべてがそこで光のもとにあり、またそうありうる世界にとって、未来はつねに他所にあるものだとすれば、女性的なものとのエロス的関係とはまさに、そこで主体性がすぐれて未来との関係にある具体的な〈場面〉なのである。

エロス的関係と女性的なもののこのような特徴づけは、いくつかの指摘を呼び起こすことになる。(1)存在の一般経済の中で、女性的なものは意識と同じ序列にあるが、意識の序列に対立する意味を有する以上、意識は女性的なものを構成しえない。それゆえ、他我と時間の超越論的構成のアポリアに存在論的に答えるのは女性的なものであり、しかも、脱‐現前化という共通の肩書きのもとで他者の所与性様態と時間の所与性様態とをフッサールが比較しうるのは、不在による他なるものとしての女性的なものの存在様態から出発することによってなのである。(2)レヴィナスが先の分析を延長して締めくくり、「未来の出来事そのものとして享楽 la volupté を肯定する」[100]ところまで進むのは、このことを強調しなければならないが、増大した現象学的警戒=覚醒に見合った形においてなのである。享楽は未来の出来事で在り、孤独は主体の出来事で在り、身体は同一化の出来事で在る。というのも、存在論的可能性の具体化が、存在論的可能性の意味に本質的なものと見做され、存在論的可能性の意味の、またしたがって存在論的可能性の知解可能性の場所そのものと見做される時から、存在論的可能性の具体化が完全な現象として、ただ一つの真の現象となるからである。だから諸現象の存在論的諸構造を記述することは、諸現象を〈上演する mettre en scène〉具体的な諸々の〈場面〉を記述することになり、しかもその記述は、これら諸構造の総体を、演劇的=ドラマティックな仕方で互いに繋がり合うそれと同じ数の様々な〈場面〉として連節する。こうしたことがおそらく、「すべての哲学はシェークスピアについての一つの省察でしかない」[101]という命題の意味である。レヴィナスの現象学は――しかもこれは彼が或る時その方法を〈弁証法的〉と形容しえた理由の一つなのだが――〈現象の論理 logique〉ではなく、〈現象の演劇的展開 une dramatique des phénomènes〉[八]なのである。その補足的な確証が必要だろうか。『時間と他者』の三五年後に行われた或る講演の中で、「現象学を行うこととは［……］何よりも、抽象的な所与の最初の『志向』のまわりに開かれる地平の中に、抽象的な所与の思考されないもの（思考されないものは単に否定的なものではない！）の具体性である――この具体性は、語と命題の語られたことの中で抽象物がそこから切り離されていた必然的『上演化』である――人間の――あるいは人間のあいだの――〈筋運び l'intrigue〉を、探究し喚起することである。それは人間の、あるいは人間のあいだの〈筋運び〉を、究極の知解可能性の織物として探究することである。しかもそれこそはおそらくまた天の叡智の大地への回帰の道でもある」[102]、とレヴィナスは明言している。⑶女性的なものと、つねに来るべきものであるものとの戯れとしての、純粋未来の待機としての愛撫において成就するエロス的関係とについてのこの記述は、この関係においてはエロスが光の世界から逃れる以上、可能な限りほとんどプラトン的でもない。しかしそれでは、確かに存在の彼方に善を位置づけるが、太陽は善に類比的であり、善のイデアが最高の認識の主題である以上は、けっして善を光から免れさせはしないプラトンをたゆまず引き合いに出しながら、レヴィナスはどうして善への関係の場所である他者との関係をこのように記述しうるのか。要するに、光の世界から、つまり根本的＝基礎的なものとして自らを提示しうるかもしれない、一切の構成的現象学または一切の存在論から離れるためには、存在を善へと向けて超過することで十分であるのか。⑷最後に、それも主体の時間への関係により直接に戻れば、レヴィナスの分析は最後の困難を引き起こす。実存することの支配によって自己へと到来することで、孤独の主体であると同時に可能的なものの主体、能力の主体である主体を雄々しさが構成するということを、女性的なものと意識との対立は代わりに含意＝前提している。ところで、「愛は一つの可能性ではない」ならば、主体はそれ自身を放棄することなく、またその存在を失うことなく、どのようにして愛することができるのか。これは、超越の中での私の維持の、時間の主体性の、あるいはここでは同じことになるが、死に対する勝利の問題である。「汝の他性において、私はどのようにして、この汝に吸収されることなく、汝の中に自らを失うことなく、私であり続けることができるのか」、とレヴィナスは問い、次のように続ける。「私の現在において私がそうである私、つまり否応なく自己に回帰する一人の私であることなく、どのようにして私は、にもかかわらず汝において私であり続けることができるのか。私はどのようにして、自己に対して他なるものになることができるのか。このことはただ一つの仕方でしか可能ではない。つまり〈父性 la paternité〉によってしか」。

父性がその具体化である存在論的諸関係とは、実際どのようなものであるのか。父性とはまさに他者〈自らの子供〉との一つの関係であるが、一方で、この他者〈自らの子供〉とは一人の〈私〉であり、他方で、それは或る意味では私がそうである〈他者〉である。「私は私の子供を持つのではない。私はいわば私の子供で在る」〔とレヴィナスは言う〕。「［両親の］意識とは、子供の中で別の意識が生成することであり、その［意識の］生成することの中に、両親は自分たちの廃棄されて－生成すること（Aufgehobenwerden）を直観する」[107]とヘーゲルが説明する時、私が私の子供で在ることを彼はすでに認めていた。しかしながら、これら二つの言表の間には根本的な差異が存在する。つまり、在るという動詞はその二つでは同じ意味を有していない。子供の中に両親が自らの廃棄を直観するとヘーゲルが主張する時、それは、「類としての子供の内に、自分たち自身がそうであるものとは別なものとして、つまり生成した統一性として、両親は自らを認識する」[108]、ということをそこから結論するためなのである。このように理解されれば、父性は存在の統一性を傷つけはしない。逆に、子供は存在それ自身の只中での多性と超越を意味する以上、「私は私の子供で在る」という言表は、レヴィナスにとって例外的な意義を持つ。父という存在は、存在の中に多元性を導入するし、しかも、存在がもはや連続してあるものではないとすれば、パルメニデスとの断絶は父性に依存する。あるいはむしろ、レヴィナスはパルメニデスに対する殺人の意志を要求しているのだから、父性とは親殺しである。時間それ自身に関しては、「父というカテゴリー」が、自己に釘づけにされた主体が他なるものとして再び生誕する仕方をまさに記述している以上、この「父というカテゴリー」[109]に従って時間は成就する。時間の新しさは他なるものの新しさであり、またまさにそのことによって時間は多元的存在の出来事でもある以上、時間とはそれゆえまさに「新たな生誕」であって、単なる再びの生誕ではない。それゆえ存在は時間と結合したままであるが、存在の、時間の、そしてそれらの結合の意味はいまや根元的に変質されているのである。

構成的現象学をその諸限界へともたらすことによって、必要な変更を加えればヘーゲルがカント的な形式主義を批判したのとまったく同様に、実存論的分析論の存在論的形式主義を現象学的な要求それ自身の名において批判することによって、概念とその概念がそこから引き出された諸事例あるいは諸現象との関係を変形することによって、レヴィナスはそれゆえ、現象学的探究の「分節法」あるいは「様式」[110]を単に変えたというだけではない。ヘーゲルの脱形式化とは異なり、またそれなしには存在論的諸関係が脱身体化された＝具体性を欠いた結びつきでしかなくなる、したがってそれなしには〈身体〉についてのどんな思考もこの〈身体〉に相応しくないものとなるおそれのある、思考と意味との脱形式化[111]を、レヴィナスは何よりも開始したのである。

注

▽**日本語版のための序文**

（1）*Ideen*...I, § 24.

（2）*Vorlesungen zur Phänomenologie des inneren Zeitbewusstseins*, § 17.

（3）Cf. Heidegger, *Prolegomena zur Geschichte des Zeitbegriffs*, GA, Bd. 20, p. 54 et p. 179. Cf. *Einleitung in die phänomenologische Forschung*, GA, Bd, 17, p. 254 et sq.

（4）Id., p. 57. Cf. *Seminare*, GA, Bd. 15, p. 321.

（5）Cf. *Sein und Zeit*, § 69, p. 363, note.

（6）Heidegger, *Prolegomena zur Geschichte des Zeitbegriffs*, GA, Bd. 20, p. 420.

（7）*Zollikoner Seminare*, p. 231. *Leib*, *Körper*, *corpus*, corps, *σῶμα*, *δέμας* という語に関しては、p. 116 参照。

（8）この点に関しては、拙著 *Heidegger et le problème de l'espace* 参照。

（9）Cf. *Sein und Zeit*, §23, p. 108.

（10）Cf. *Vorlesungen zur Phänomenologie des inneren Zeitbewusstseins*, Beilage, III.

（11）*Cartesianische Meditationen*, §55.

（12）1885, 40(21).〔著者は、ニーチェの遺された断想からの引用を、コリ＝モンティナリ版の番号表記で示している。なお、訳出にあたっては白水社版『ニーチェ全集』を参考にさせていただいた〕

（13）1885, 37(4).

（14）1888, 15(25).

（15）1887, 9(106).

（16）1888, 23(2).

（17）ニーチェの身体の分析に関しては、*Nietzsche et l'ombre de Dieu*, p. 171 以下参照、また意識に関しては、p. 384 参照。

（18）*Le temps et l'autre*, p. 37-38.

（19）*Welches sind die wirklichen Fortschritte...*, in *Kant's gesammelte Schriften*, Akademieausgabe, Bd. XX, 7, p. 325.

（20）Levinas, *Le temps et l'autre*, p. 29.

▽**I　身体と時間構成の問題**

（1）《Mein Weg in die Phänomenologie》, in *Zur Sache des Denkens*, p. 90.

（2）《Nachwort zu meinen *Ideen* ...》, Husserliana, Bd. V, p. 139.

（3）《Mein Weg in die Phänomenologie》 in *Zur Sache des Denkens*, p. 87.

（4）*Ibid.*

（5）*Logische Untersuchungen*, V, §14, p. 382-383. われわれは初版の中でフッサールにより使用された用語を括弧［ ］の中に復元した。

（6）どんな心理学も世界の実在性を前提しているとすれば、意識の純粋体験の分析は、世界の存在に関わる問いが遮断される以上、心理学には還元されえない。「しかし世界は、思考する者の体験ではけっしてない。体験とは世界‐思念することであり、世界自身とは志向される対象である。この区別にとっては——私はなおさらはっきりと強調しておきたいが——世界や他の何らかの対象の客観的存在、それらの真の現実的な即自‐存在を何が形成するのか、客観的存在を、その『多様性』を伴う主観的な思考された‐存在に対して、どのように『統一性』として規定するのか、同様に、形而上学的に内在的存在と超越的存在はどのような意味で対立させられなければならないか、などという問いに関してどのような立場を採るかは重要ではない。一切の形而上学以前に、認識論の入口にある区別、したがってまさに認識論がまず第一に答えなければならないどのような問いも何ら解決済みのものとして前提しない区別がここではむしろ問題なのである」（*Logische Untersuchungen*, V, §14, p. 386-387）。

（7）これら感覚内容、あるいは第一次的内容は、現出しない現出（Erscheinungen）である。「客観の現出することがそこに存する体験（例えば客観自身がそこでわれわれに現在的であると憶測される具体的な知覚体験）だけではなく、現出する客観そのものも現出として言い表すことを可能にする曖昧さは、いくらはっきりと強調しても十分ということは決してない。この曖昧さから生じる虚偽は、現出する客観そのものの内で、いったい何が現出の体験において実的に見出されるのか、その点について現象学的報告があればすぐに消え去る。事物の現出（体験）は、現出する事物（その生身のありありとした自体性において『われわれに対向してある』と憶測されるもの）ではない。われわれは意識の連関に属するものとして現出を体験し、事物は現象界に属するものとしてわれわれに現出する。現出それ自身は現出しない、それは体験される」（*Logische Untersuchungen*, V, §2, p. 349-350）。

（8）*Logische Untersuchungen*, V, §14, p. 385.

（9）「この場合感覚も、またそれを『統握する』または『統覚する』作用も、体験されるが、それらは対象的には現出しない」（*Ibid.*）。

（10）フッサールは「機能」という用語を、C・シュトゥンプ〔十三〕の試論 *Erscheinungen und psychische Funktionen*, in *Abhandlungen der königlich preussischen Akademie der Wissenschaften*, Philos. — hist or. Abh. 1906 IV, p. 1-40 から借用している。その試論では『論理学研究』への参照が行われており、この試論は、現出（Erscheinungen）、つまり直接的に体験されるにせよ単に表象されるにせよ、それに属する空間的延長、持続、時間的継起を伴った感覚内容を、次のように定義される「心的機能」から区別している。「われわれは心的機能（作用、状態、体験）ということで、諸現出とそれらの関係に関する注意作用（das Bemerken）、複合的な現出の総体的把握、概念形成、統握と判断作用、心の諸々の働き、欲望作用と意志作用を表す」（p. 4-5）。次にC・シュトゥンプは、心的機能は現出の変様なく変様されうること、逆に現出の変様は機能の変様なく可能であることを示している。その心理学的性格を無視するならば、現出／機能の対立は、作用と第一次的内容、モルフェーとヒュレーのフッサール的対立と合致する。しかしながらシュトゥンプもフッサールも、機能ということで「一つの共通の表象のもとで、様々な表象に秩序を与える作用の統一」(『純粋理性批判』A68およびB93)を意味するカントを参照していない。

(11) Husserl, *Briefwechsel*, Bd. III, p. 132.

(12) *Ideen* ... I, §85, Husserliana, Bd. III, p. 208-209.

(13) *Ibid.*, §81, n. 1, Husserliana, Bd. III, p. 198.

(14) *Formale und transzendantale Logik*, §61, 102, 107c.

(15) *Vorlesungen zur Phänomenologie des inneren Zeitbewusstseins*, §1, Husserliana, Bd. X, p. 7.

(16) *Ibid.*, §42, Husserliana, Bd. X, p. 89 ; cf. *Ideen* ...II, §29, Husserliana, Bd. IV, p. 118.

(17) Cf. *Ideen* ... I, §86.

(18) *Vorlesungen zur Phänomenologie des inneren Zeitbewusstseins*, §1, Husserliana, Bd. X, p. 7. この注記は一九〇七年または一九〇八年のものである。

(19) *Ibid.*, §8, Husserliana, Bd. X, p. 24.

(20) *Ibid.*, p. 24-25.

(21) 「われわれは、思惟cogitatioをその実的成素に従って検討する研究を現出論的〔Phansiologisch〕と名づける」(in *Zeit in der Wahrnehmung*, Husserliana, Bd. X, p. 277)。これは一九〇九年のテクストである。

(22) 「『生成』は『現象性』の本質に(一切の絶対的に現出論的なものの本質に)属する。この生成はわれわれにとって、まず何より時間統握により、生じ、過ぎ去り、持続し、そこで‐変化するという様態での生成である。この絶対的生成はあらゆる時間統握にとっての基礎であるが、時間統握自身ではない」(in *Die Zeitform des Bewusstseins*, Husserliana, Bd. X, p. 296)。

(23) *Vorlesungen zur Phänomenologie des inneren Zeitbewusstseins*, §10, Husserliana, Bd. X, p. 27-28.

(24) *Ibid.*, p. 28.

(25) Id., *Beilage* VI, Husserliana, Bd. X, p. 113.

(26) Id., §11, Husserliana, Bd. X, p. 29.

(27) Id., *Beilage* III, Husserliana, Bd. X, p. 107.

(28) 「すべての感覚一般は或る意味で、身体との関係で経験される」(in *Ideen* ... III, *Beilage* I, §4*a*, Husserliana, Bd. V, p. 118)。

(29) *Ideen* ... II, §15, Husserliana, Bd. IV, p. 33-34.

(30) *Ibid.*, p. 37.

(31) 「われわれは感性的図式が事物の本質に属していると言うが、われわれはそのことで、そこに拡がる充実を伴う根本的枠組み、物体的(『空間的』)形態のことを理解する。静止状態にあり質的に変化しないものとして現出する事物は、その図式以上のもの、あるいはその現相(Apparenz)以上のものをわれわれに『示す』ことはないが、にもかかわらずその事物は同時に物質的事物として統握されている」(*Ibid.*)。

(32) *Ibid.*, p. 41.

(33) 「ここで実体とは、物質的事物が実在的な諸特性を持つ同一物と見做される限りでの物質的事物そのもの以外の何もまったく意味せず、その物質的事物はそれに結びついている諸状況への規則的依存のもとに、諸状態の規則的多様性の中で時間的に顕在化する」(*Ibid.*, p. 44, note)。

(34) *Ibid.*, p. 45.
(35) *Ibid.*, §18, Husserliana, Bd. IV, p. 56.
(36) *Ibid.*, §36, Husserliana, Bd. IV, p. 144.
(37) *Ibid.*, p. 145.
(38) レヴィナスは、Empfindnis を sentance と翻訳することを提案している。Cf. *En découvrant l'existence avec Husserl et Heidegger*, p. 157.
(39) *Ideen* ... II, §18, Husserliana, Bd. IV, p. 68.
(40) *Ibid.*, §41, Husserliana, Bd. IV, p. 158.
(41) *Ibid.*, p. 159.
(42) *Ibid.* 強調は引用者による。
(43) *Ibid.*, p. 159-160.
(44) われわれはこのことを *Chair et corps* において確立しようとした。
(45) *Ibid.*, §37, Husserliana, Bd. IV, p. 150.
(46) *Ibid.*
(47) Husserliana, Bd. III, p. 109.
(48) *Vorlesungen zur Phänomenologie des inneren Zeitbewusstseins*, *Beilage* V, Husserliana, Bd. X, p. 109.
(49) *Ibid.*, p. 110
(50) *Ibid.*, §31, Husserliana, Bd. X, p. 67.
(51) *Ibid.*, §42, Husserliana, Bd. X, p. 90
(52) Id., *Beilage* I, Husserliana, Bd. X, p. 100.
(53) Id., *Beilage* V, Husserliana, Bd. X, p. 111.
(54) *Ibid.*, §31, Husserliana, Bd. X, p. 67.
(55) Id., *Beilage* IX, Husserliana, Bd. X, p. 119. この不条理というモチーフを『内的時間意識の現象学講義』に沿って辿るならば、その書が引き起こす本質的諸困難の一つにたちまち出会うだろう。時間がヒュレー的流れの中で構成されるならば、この流れの構成は第一の流れを構成する第二の流れを要求し、かくしてそれが引き続いて終わりなき後退に陥るのではないか。
(56) *Zur Phänomenologie der Intersubjektivität*, Husserliana, Bd.XV, p. 593-594.〔次の引用は p. 594-595.〕
(57) 「一人の人間の意識の総体は或る意味で、そのヒュレー的基盤によってその身体に結びつけられている」(in *Ideen* ... II, §39, Husserliana, Bd. IV, p. 153)。もちろんこのことは、無化する虚構の試練に、つまり世界と内世界的なものとしての人間の意識の還元に感覚態が抵抗する以上、超越論的意識にも当てはまる。
(58) Heidegger, *in* M. Heidegger und E. Fink, *Heraklit*, in *Seminare*, *Gesamtausgabe*(*GA*), Bd. 15, p. 237.

* *

〔一〕「アレーテイア」はギリシア語の「真理」であり、もともと「隠れなさ」を意味する。「非覆蔵性 Unverborgenheit」はこのアレーテイアに対応するドイツ語としてハイデガーが使用した主要概念であり、「覆蔵性 Verborgenheit」と対をなす。また「露現 Entbergung」と「覆蔵 Verbergung」という対になった概念も「非覆蔵性」と「覆蔵性」にそれぞれ対応しつつ関連する。
〔二〕ここでは「歴運的 historial」という語は、ドイツ語の Geschichte(歴史)ではなく、Geschick(一般的には「運命」を意味する)の形容詞として使用されている。Geschick は

『存在と時間』においては「民族」に共通の歴史性を示す用語であったが（第七四節）、後期のハイデガーでは、〈…がある〉＝〈それは与える〉を意味するEs gibtによって、存在の歴史が遣わされたものdas Geschickteとして与えられているということとも関連づけられた、存在の歴史のあり方を示すことになる（cf. *Zur Sache des Denkens*, p. 8-9）。

〔三〕「ヒュレー」と「モルフェー」はギリシア語でそれぞれ「素材」と「形式」を意味する。ヒュレー自身は非志向的な感覚内容であり、それを生気づけて意味付与するのがモルフェーである。ヒュレーとモルフェーについては『イデーン』第一巻第八五節を参照。

〔四〕「ノエシスnoèse」（ドイツ語の原語はNoesis）は、「思考」を意味するギリシア語に由来し、感覚内容としてのヒュレーを生気づけることで、対象の統一を形成し、意味を付与する意識の作用である。『イデーン』第一巻第三篇第三章と第四章を参照。

〔五〕「ノエマnoéme」（ドイツ語の原語はNoema）は「ノエシス」の相関概念であり、意識によって構成される意味としての対象、意識にとっての意味統一としての対象である。『イデーン』第一巻第三篇第三章と第四章、第四篇第一章を参照。

〔六〕エディット・シュタインEdith Stein（1891-1942）。フッサールの私設助手を務めた現象学者。ユダヤ人であるがキリスト教に改宗、後にナチスの犠牲となる。『内的時間意識の現象学講義』はフッサールの許可のもと、講義草稿などをもとに彼女が主となって編集・公刊したものである。フランスでは彼女の著作は数多く訳されているが、現象学者というよりはキリスト教的哲学者としての側面において捉えられているところが大きい。

〔七〕ルートヴィッヒ・ラントグレーベLudwig Landgrebe（1902-1991）。フッサール晩年の私設助手を務め、師亡き後も現象学の可能性を自ら追究し、フッサールの高弟としてケルンで現象学の一大学派を築く。ヘルト、クレスゲスなど彼の門下から育った次世代の高名な現象学者も数多い。

〔八〕C草稿群とは、時間の問題をめぐってフッサールが一九三〇年代初期に執筆したとされる草稿群である。公刊されていないが、ブラントの『世界・自我・時間』やヘルトの『生き生きした現在』などの著作に数多く引用されている。

〔九〕「射映esquisse」（ドイツ語の原語はAbschattung）とは、或る対象が私に与えられる時に、その諸側面が同時に与えられることはなく、そのつど側面の一つを通してしかその対象は与えられないが、しかしそのことでその対象をそのものとして確定することを可能にもしている、という知覚の基本的構造を表す概念である。『イデーン』第一巻第四一節から第四四節を参照。

〔十〕「キネステーゼkinesthèse」（ドイツ語の原語ではKinaesthese）は、ギリシア語の「キネーシス（運動）」と「アイステーシス（感覚）」に由来し、まさに「運動感覚」を意味するが、単に何らかの運動について得られる感覚なのではなく、自らの身体の運動と一つになった、身体の運動性そのものであるような感覚であり、これはまた感性的所与の統一の条件である。『デカルト的省察』第四四節、第五三節、『イデーン』第二巻、『ヨーロッパ諸学の危機と超越論的現象学』第二八節などを参照。

〔十一〕「付帯現前化 apprésentation」（原語のドイツ語は Appräsentation）は「間接現前」とも訳される。私に対して他者が所与として間接的に、しかし直接的な現前との絡み合いの中で共に与えられる仕方を示すフッサールの概念。『デカルト的省察』第五〇節から第五五節を参照。

〔十二〕「身体」が、またその「身体」の「他の身体」との「関係」こそが「根源的事実性」または「原 - 事実性」である、というのが、著者の初期から一貫した主張である。Cf. *Chair et corps*, p. 168, 192-193.

〔十三〕カール・シュトゥンプ Carl Stumpf（1848-1936）。ブレンターノ、ロッツェのもとで学んだ心理学者。フッサールは、彼のもとで教授資格論文『数の概念について』をまとめた。ゲシュタルト心理学創始者の一人ケーラーなど優れた心理学者を輩出する。代表作は『音響心理学』全二巻（I 1883 / II 1890）。

▼二　存在と生けるもの

（1）*Sein und Zeit*, §10, p. 50.

（2）*Ibid.*, p. 194.

（3）*Ibid.*, p. 246.

（4）*Ibid.*, p. 247.

（5）「世代」〔生殖 génération〕に関しては、§72, p. 374 および §74, p. 385 を参照。

（6）Id., p. 346. 引用は初版からであり、一九五三年以降の改訂版での変更は角括弧で示す。

（7）《Brief über den "Humanismus"》, in *Wegmarken*, GA, Bd. 9, p. 326.

（8）*Die Grundbegriffe der Metaphysik*, GA, Bd. 29 / 30, p. 303.

（9）*Ibid.*, p. 321.

（10）*Ibid.*, p. 327.

（11）*Ibid.*

（12）*Ibid.*, p. 328.

（13）*Ibid.*, p. 333-334.

（14）*Ibid.*, p. 340.

（15）Cf. *Sein und Zeit*, §66, p. 332 et *Kant und das Problem der Metaphysik*, §34.

（16）*Die Grundbegriffe der Metaphysik*, GA, Bd. 29 / 30, p. 347.

（17）*Ibid.*, p. 361.

（18）*Ibid.*, p. 368.

（19）*Ibid.*, p. 370.

（20）*Ibid.*

（21）*Sein und Zeit*, §68b, p. 346. すでに引用したもの。

（22）*Die Grundbegriffe der Metaphysik*, GA, Bd. 29 / 30, p. 373.

（23）Cf. *Nietzsche*, Bd. I, p. 244.

（24）*Die Grundbegriffe der Metaphysik*, GA, Bd. 29 / 30, p. 375.

（25）*Ibid.*, p. 375-376.

（26）*Ibid.*, p. 387.

（27）*Sein und Zeit*, §49, p. 247.

(28) *Die Grundbegriffe der Metaphysik*, GA, Bd. 29 / 30, p. 387.

(29) 《Vom Wesen und Begriff der φύσις》, in *Wegmarken*, GA, Bd. 9, p. 298.

(30) *Schelling*, GA, Bd. 42, p. 237.

(31) *Ibid.*, p. 239-240.

(32) *Die Grundbegriffe der Metaphysik*, GA, Bd. 29 / 30, p. 335.

(33) *Sein und Zeit*, §17, p. 79.

(34) Cf. *Die Grundbegriffe der Metaphysik*, GA, Bd. 29 / 30, p. 303, 310, 343, 378, 385 et 387.

(35) 《Brief über den "Humanismus"》, in *Wegmarken*, GA, Bd. 9, p. 325-326.

(36) Cf. *Heidegger et le problème de l'espace.*

(37) *Sein und Zeit*, §40, p. 190.

(38) Cf. *ibid.*, §53, p. 266.

(39) Cf. *ibid.*, §62, p. 307.

(40) *Die Grundbegriffe der Metaphysik*, GA, Bd. 29 / 30, p. 454.

(41) *Sein und Zeit*, §40, p. 187.

(42) Cf. *ibid.*, §33, et *Nietzsche*, Bd. II, p. 351.

(43) *Beiträge zur Philosophie*, GA, Bd. 65, p. 276-277.

(44) Heidegger, *in* M. Heidegger und E. Fink, *Heraklit*, in *Seminare*, GA, Bd. 15, p. 236. Cf. *Zollikoner Seminar*, p. 292 sq. ここでハイデガーは身体がもっとも困難な現象であることを再肯定した後、『存在と時間』の時代にはそれについて何も語ることができなかったと弁明している。

＊　＊

〔一〕 著者による仏訳では、この文の主語は女性代名詞 elle となっており、文脈から「生命」と解釈できる。また、刊行されている仏訳でも同様になっている。しかしハイデガーの原文では、主語 Sie は女性名詞である eine Seinsart（存在様式）を指すと考えられる。

〔二〕 著者の訳文はドイツ語原文と若干異なっている。ドイツ語から直接訳すと、「単に生きているだけのものにおける諸感官の刺激や感応が存在論的にどのように限界づけられるべきものであるか、一般に例えば動物の存在が何らかの『時間』によってどのように構成されているのか、また果たして［どこで］構成されているのかは、あくまでも別個の問題なのである」。

〔三〕 「開性 ouverture」は本書ではドイツ語の Offenheit の訳語として用いられる。以下で述べられるように、『形而上学の根本諸概念』の中でハイデガーは人間と動物がともに周囲の環境に開かれていることを認めながらも、その「開かれる」ことの様態を区別して別々の用語を当てている。人間においては世界内の存在者は「そのものとして」顕わにされており、このように顕わに開かれていることをハイデガーは開顕性（Offenbarkeit）と呼ぶ。これに対し、動物にはこうした可能性が排除されているため、動物の周囲への関係はそれと区別して開性（Offenheit）と呼ばれるのである。

〔四〕 ヴィルヘルム・ルー Wilhelm Roux（1850-1924）。ドイツの動物発生学者。発生現象の比較発生学的研究に対して因果分析的方法を強調し、発生機構論を創始した。

〔五〕 J・v・ユクスキュル Jakob Johann von Uexküll（1864-1944）。ドイツの動物学者で動物行動学の先駆的研究家。環境世界論で知られる。

〔六〕 エンテレヒーとは、ドイツの生物学者・哲学者ドリーシュ Hans Driesch（1867-1941）がアリストテレスのエンテレケイアをもとに導入した概念で、機械論的には説明できない生命力を指す。

〔七〕 固有性（Eigen-tümlichkeit）は、ハイデガーが『形而上学の根本諸概念』で動物の自己固有性を人間の自己性から区別するために導入した用語であり、反省を通して形成される人間の「自己」には到らない、単なる自己への帰属や所有を可能にするようなある種の統一性を表している。著者はこの固有性（Eigen-tümlichkeit）を現存在の本来性（Eigentlichkeit）に先行するものとして位置づけ、ハイデガー思想の読み直しを図っているのである。なお、仏訳語の propriété は「本来性」という意味にも用いられうるが、もともとは広く自己固有性、所有性を表す語であり、ここでは単に「固有性」と訳出した。

〔八〕 〈とらわれ obnubilation〉は、著者がハイデガーの語 Benommenheit に与えた訳語。obnubilation は日常のフランス語では、あることに気を取られて頭が一杯になっている状態を指すが、語源的には「雲で覆い隠す」という意味のラテン語 obnubilare に通じ、知性の曇り、愚昧性といった意味も持ち合わせる。ドイツ語の Benommenheit にも同様に、何かにとらわれていることと、精神の昏迷という二つの意味が込められている。

〔九〕 F・J・J・ボイテンディーク Frederik Jacobus Johannes Buytendijk（1887-1974）。オランダの心理学者。

〔十〕 著者は *Heidegger et le problème de l'espace*, p. 72 でも同様の表現を用いており、ハイデガーの「『形而上学とは何か』への序論」および「講演『時間と存在』についてのゼミナールのプロトコル」を参照させている。後者においては次のように述べられている。「時間という名前は、後に存在の真理と呼ばれるもののための先立つ名前 Vorname である」（Heidegger, *Zur Sache des Denkens*, Niemeyer, 1969, p. 30）。

▼三 現象学の対象

（1） 1883-1884, 24(16). 遺された断想の引用は、コリ＝モンティナリ版の番号表記に従う。

（2） *Die Krisis der europäischen Wissenschaften und die transzendentale Phänomenologie*, §48, n. 1, Husserliana, Bd. VI, p. 169.

（3） *Formale und tranzendentale Logik*, §27*a*, Husserliana, Bd. XVII, p. 90-91.

（4） *Logische Untersuchungen*, V, §14, p. 382; VI, §6, p. 24; §47, p. 149, また補遺、p. 233 参照。

（5） *Erfahrung und Urteil*, §63, p. 300-301.

（6） *Ibid.*, §64*c*, p. 311.

（7） *Prolegomena zur reinen Logik*, §51, p. 191.〔これは『論理学研究』第一巻のタイトルである〕

（8） *Ideen*...II, §56 *h*, Husserliana, Bd, IV, p. 236. このパラグラフのテクストは、一九一三年の「精神世界の構成」と題された草稿に由来するもので、編者E・シュタインとL・ラントグレーベは、一九一六年の別の草稿を分割して、その間に挟んだのである。上掲書の、p. 397 以下、p. 416（補遺Ⅵに対する注記）および p. 426 にある、W・ビーメルによって与えられた情報を参照のこと。

（9）Dilthey, *Die Entstehung der Hermeneutik*, in *Gesammelte Schriften*, Bd. V, p. 318. フッサールは、『イデーン』第二巻第三篇第四八節冒頭でディルタイに言及している。

（10）*Ideen*...II, §56 *h*, Husserliana, Bd. IV, p. 238.

（11）*Tonpsychologie*, Bd. II, p. 128, Cf. p. 64 sq. et A. Gurwitsch, *Théorie du champ de la conscience*, trad. franç. M. Butor, p. 72 sq.

（12）*Philosophie der Arithmetik*（1890–1901）, Husserliana, Bd. XII, p. 201.

（13）*Ibid.*

（14）*Ibid.*, p. 204.

（15）*Ibid.*, p. 206.

（16）Cf. *Logische Untersuchungen*, III, §8 et 9; VI, §29; *Ideen*...I, §136; *Erfahrung und Urteil*, §16.

（17）Cf. *Philosophie der Arithmetik*, Husserliana, Bd. XIII, p. 201.

（18）*Ideen*...II, §56 *h*, Husserliana, Bd. IV, p. 239, n. 1.

（19）*Ibid.*, p. 243.

（20）Cf. *ibid.*, §51, Husserliana, Bd. IV, p. 193.

（21）*Ibid.*, §50, Husserliana, Bd. IV, p. 185.〔フッサールの原文では ego は Ich である〕

（22）*Ibid.*, §56 *h*, Husserliana, Bd. IV, p. 240.

（23）Cf. *Zur Phänomenologie der Intersubjektivität*, Husserliana, Bd. XIV, p. 540; Bd. XV, p. 490, et *Cartesianische Meditationen*, §55, Husserliana, Bd. I, p. 153.

（24）Cf. *Ideen*...II, §55, Husserliana, Bd. IV, p. 216 et §56, p. 220.

（25）*Ibid.*, §56 *h*, Husserliana, Bd. IV, p. 244. 強調は引用者。

（26）Cf. *ibid.*, §36 et §37.

（27）*Logische Untersuchungen*, V, 15, p. 396-397. 最後の一文は第二版での追加である。

（28）*Vorlesungen zur Phänomenologie des inneren Zeitbewusstseins*, §31, Husserliana, Bd. X, p. 67.

（29）*Zur Pänomenologie der Intersubjektivität*, Husserliana, Bd. XV, p. 595.

（30）*Ibid.*, p. 593-594.

（31）*Ibid.*, p. 594.

（32）*Ideen*...II, §56 *h*, Husserliana, Bd. IV, p. 240.

（33）*Formale und transzendantale Logik*, §3, Husserliana, Bd. XVII, p. 26-27.

（34）*Ideen*...I, §124, Husserliana, Bd. III, p. 303-304.「ロゴス」のノエシス—ノエマ層を明示する最初のところでこの差異を導入することによって、フッサールは、表現の身体的な面の解明も、精神的な面との一致 union の解明も、する必要がないことを予告している。そうは言っても、フッサールは、これが重要な現象学的問題だということを断言している。Cf. *Logische Untersuchungen*, I, §6 et 9; V, §19.

（35）*Formale und transzendantale Logik*, §2, Husserliana,

ールやハイデガーに与えた影響は大きい。

▼四　差異の身体

（1）*Sein und Zeit*, §83, p. 437.
（2）Cf. *Die Grundprobleme der Phänomenologie*, *GA*, Bd. 24, p. 324 et 399sq.
（3）*Entre-nous*, p. 240.
（4）レヴィナスは存在 - 存在者 Sein-Seiendes という対のいくつかの翻訳を提案したのだが、それを研究することは、レヴィナスの全企図の解釈への導きの糸として役立ちうるだろう。
（5）Cf.《Vom Wesen des Grundes》, in *Wegmarken*, *GA*, Bd. 9, p. 160sq.
（6）*De l'évasion*, p. 73, 97 et 98.
（7）*De l'existence à l'existant*, p. 16.
（8）*Ibid.*, p. 18.
（9）*Totalité et infini*, p. 15.
（10）*De l'existence à l'existant*, p. 26-27.
（11）*Ibid.*, p. 31.
（12）Cf. *De Dieu qui vient à l'idée*, p. 257.
（13）*De l'existence à l'existant*, p. 33.
（14）*Ibid.*, p. 35.
（15）Cf. *Sein und Zeit*, p. 134, 284 et 345.
（16）*De l'existence à l'existant*, p. 39.
（17）*Ibid.*, p. 42.
（18）*Ibid.*
（19）*Ibid.*, p. 50.

Bd. XVII, p. 25.
（36）Cf. *Vorlesungen zur Phänomenologie des inneren Zeitbewusstseins*, §36, Husserliana, Bd. X, p. 75.
（37）*Die Krisis der europaïschen Wissenschaften und die transzendntale Pänomenologie*, §28, Husserliana, Bd. VI, p. 106.
（38）*Zur Phänomenologie der Intersubjektivität*, Husserliana, Bd. XIII, p. 375.
（39）*Ideen*...I, §62, Husserliana, Bd. III, p. 148.
（40）1885, 36(35).

＊　＊

〔一〕フッサールの原文とはやや異なっている。「経験の対象とその所与性様態との」は著者による補足で、フッサールの原文では「この」、また「ア・プリオリ」の後に「体系的に」、「仕上げること」は「仕上げるという課題」となる。
〔二〕原語は sens である。この語は多義的で、「感覚（感官）」、「考え方」、「意味」、「方向」などの意味を持つが、ここでは特に後二者の意味が重ねられていると考えられるため、このように表記した。
〔三〕『イデーン』第一巻の当該箇所のタイトルは、Die Region Ding als transzendentaler Leitfaden. である。
〔四〕ヴィルヘルム・ディルタイ Wilhelm Dilthey（1833-1911）。自然科学的方法とは異なる精神科学的方法の独自性を「了解」概念に求め、これをめぐって独自の「解釈学」を樹立したドイツの哲学者。また、それ以上さかのぼりえないものとしての「生」を重視する、「生の哲学」の立場に立つ。フッサ

(20) *Ibid.*, p. 44.
(21) *Ibid.*
(22) *Ibid.*, p. 45.
(23) *Ibid.*, p. 48.
(24) Cf. *Le temps et l'autre*, p. 32.
(25) *De l'existence à l'existant*, p. 51.
(26) *Ibid.*, p. 51-52.
(27) *Ibid.*, p. 56.
(28) *Ibid.*, p. 65.
(29) Cf. *Sein und Zeit*, p. 245, et *Totalité et infini*, p. 106.
(30) *De l'existence à l'existant*, p. 68.
(31) *Le temps et l'autre*, p. 46.
(32) *De l'existence à l'existant*, p. 69.
(33) *Ibid.*, p. 73; cf. p. 36.
(34) *Ibid.*, p. 76.
(35) *Ibid.*, p. 79.
(36) *Ibid.*, p. 80.
(37) *Ibid.*
(38) *Ibid.*, p. 85.
(39) *Ibid.*, p. 86.
(40) *Ibid.*, p. 92.
(41) *Ibid.*, p. 91.
(42) *Ibid.*, p. 92.
(43) *Ibid.*, p. 93-94. われわれは、〔レヴィナスの原文では en quelque matière となっているところを〕ma*t*ière と読むのではなく ma*n*ière と読む。
(44) *Ibid.*, p. 94.
(45) *Ibid.*, p. 95.
(46) Laforgue, 《L'art moderne en Allemagne》, in *Œuvres complètes*, t. 3, p. 339. このテクストの年代はおそらく一八八三年に遡る。
(47) Cf. *Le temps et l'autre*, p. 27.
(48) *De l'existence à l'existant*, p. 95.
(49) *Ibid.*, p. 99.
(50) *Ibid.*, p. 100.
(51) Cf. Heidegger, 《Nachwort zu:"Was ist Metaphysik ?"》, in *Wegmarken*, *GA*, Bd. 9, p. 307.
(52) Cf. *De l'existence à l'existant*, p. 102, 103, note. 恐怖についての分析は、*Deucalion* I, 1946, p. 149 において最初に発表されたときには、「存在することの恐怖」と題されていた。
(53) *De l'existence à l'existant*, p. 29.
(54) *Ibid.*, p. 19.
(55) *Ibid.*, p. 20.
(56) *Le temps et l'autre*, p. 29 et *Entre nous*, p. 132.『時間と他者』において、レヴィナスは「存在は、有限であるがゆえにではなく、限界がないがゆえに悪なのである」と明言することで、ハイデガーが無を終わりであり限界であると考えていることを、暗黙のうちに非難している。しかし、ハイデガーが、純粋な存在と純粋な無は同じものであるというヘーゲルのテーゼを彼なりに再検討している以上、無を終わりであり限界であると考えることは、存在そのものの有限性を主張することなのである。倫理に対する存在論のいかなる従属にも先立って、レヴィナスとハイデガーをもっとも深く分かち、さらにこうした理由によって、レヴィナスがハイデガーに向けている諸々の批判の射程を制限するものにここで触れることになる。ハイデガーにとって「存在それ自体は本質的に有限であり、問題となっている、無への超越においてしか自己を現出させない」のに対し、レヴィナスにとっては「ハイデガーの哲学において等価的ないし等位的である存在と無は［……］もはやいかなる仕方によっても無によって構成されず」そして「われわれが〈イリヤ〉と呼んでいる事実」である「より一般的な実存という事実の諸相である」。しかし、ハイデガーが、アリストテレスに次いで、そして『存在と時間』の第一節以来思い起こさせるように、「存在」の「普遍性」は類の普遍性ではなく、あらゆる類的普遍性を「超越する」ものであるならば、われわれが強調した比較級〔「より一般的な」〕――ここにレヴィナスの存在論のハイデガーの存在論に対する関係が凝縮している――においては、類および一般性の意味はいかなるものでありうるのだろうか。換言すれば、まず、実存 *existence* が存在 Sein の翻訳であり、次に、この実存という事実の事実性が、それ自身としてはけっして問いかけられておらず、最後に、存在は類ではなく、ましてやここで問題になっている実存はなおのこと類ではないならば、ハイデガーが理解しているような存在と無をもって「より一般的な実存という事実の諸相」となすべきいかなる意味がありうるというのだろうか。ハイデガー「形而上学とは何か」『道標』全集第九巻所収、p. 120、さらに『実存から実存者へ』p. 105 を参照されたい。加うるに、存在は悪であるというテーゼは、例えば、「悪の否定性は、おそらくあらゆる命題の否定の源泉あるいは核である」（*Entre nous*, p. 108.）ということを主張することに行き着く。そうなると、悪に対して論理的に、論証的に異議を申し立てるということは可能なのだろうか。

（57） われわれはここで、異なる道を通過してではあるが、J.-L. Chrétien によって、*La dette et l'élection*, Cahier de l'Herne, Emmanuel Levinas, p. 262 以下において表明された慎重な態度に賛同する。

（58） Cf. *De l'existence à l'existant*, préface à la 2e édition.

（59） Cf. *ibid.*, p. 91；シェークスピアについては、p. 101 を、ポーについては、*Deucalion* I, p. 148sq. を参照のこと。

（60） 《La presence et l'image》, in *Entretiens sur la poésie* (1972-1990), p. 195. レヴィナスは「存在がある」という表現を『逃走について』p. 70 で用いている。「主柱」については、Mallarmé, 《Hommage》, in *Œuvres complètes*, La pléiade, t. 1, p. 39 を参照のこと。ついでながら、マラルメがすでに、恐怖を存在を明らかにするものと見做していたということを思い起こしておこう。というのも、マラルメは、一八六七年九月二十四日に、ヴィリエ・ド・リラダンに次のように書いているからだ。「私に〈存在〉を反射した鏡は、たいていの場合〈恐怖〉でした。私が無名の夜々の冷酷さをどんなに辛く贖っているかが、あなたにはお見通しでしょう」（引用した版の p. 724）。

（61） *Autrement qu'être ou au-delà de l'essence*, p. 208.

（62） *De l'existence à l'existant*, p. 109.

（63） *Le temps et l'autre*, p. 29-30.

（64） *De l'existence à l'existant*, p. 111.

（65） *Ibid.*, p. 112.

(66) *Le temps et l'autre*, p. 30.
(67) *De l'existence à l'existant*, p. 57.
(68) *Ibid.*, p. 116. Cf. J. Romains, *Les hommes de bonne volonté*, t. XVII, *Vorge contre Quinette*, chap. XVI.
(69) *Ibid.*
(70) *Ibid.*, p. 117.
(71) *Ibid.*, Cf. *Totalité et infini*, p. 111.
(72) *Ibid.*, p. 119.
(73) *Ibid.*, p. 118.
(74) *Ibid.*, p. 122.
(75) Heidegger, 《Zeit und Sein》, in *Zur Sache des Denkens*, p. 24 そして拙著 *Heidegger et le problème de l'espace* を参照。
(76) *De l'existence à l'existant*, p. 122.
(77) *Ibid.*, p. 123.
(78) *Ibid.*, p. 140-141.
(79) *Ibid.*, p. 124.
(80) *Ibid.*, p. 125.
(81) *Ibid.*, p. 130.
(82) *Ibid.*, p. 131.
(83) *Ibid.*, p. 133.
(84) *Ibid.*, p. 135-136.
(85) *Ibid.*, p. 136.
(86) *Ibid.*, p. 133.
(87) *Ibid.*, p. 137.
(88) *Ibid.*, p. 138.
(89) *Ibid.*
(90) *Ibid.*, p. 173.
(91) *Ibid.*, p. 143.
(92) *Ibid.*, p. 144.
(93) *Ibid.*, p. 143.
(94) *Ibid.*, p. 134 et 147.
(95) *Ibid.*, p. 144.
(96) *Ibid.*, p. 149.
(97) *Ibid.*, p. 152.
(98) Cf. *Epître aux Romains*, IV, 18.
(99) *De l'existence à l'existant*, p. 153.
(100) *Ibid.*, p. 156.
(101) *Ibid.*, p. 157.
(102) *Ibid.*
(103) *Ibid.*, p. 161.
(104) Cf. *Totalité et Infini*, p. 259-260.
(105) Cf. *De l'existence à l'existant*, p. 141.
(106) *Ibid.*, p. 140.
(107) Cf. *Ibid.*, p. 42, 44, 160, et *Le temps et l'autre*, p. 18.
(108) *Sur Maurice Blanchot*, p. 10.
(109) 『ツァラトゥストラ』〔第一部〕「子どもと結婚」〔手塚富雄訳を参考にさせていただいた〕。Cf. *Nietzche et l'ombre de Dieu*, p. 413 sq.

* *

〔一〕 レヴィナスの原文では、ex-cendance となっている。
〔二〕 実存者あるいは主体が、〈イリヤ〉という非人称的場から出現する出来事のことを指す。〈イリヤ〉が、実詞（名詞）で名指されうるような一切の存在者を欠く、「諸力の場」（*Le temps et l'autre*, p. 26.）という動詞的性格を持つのに対し、そこから現れる実存者は、実詞によって名指される実体性を有している。したがってイポスターズは、動詞から実詞への転化が生ずる出来事なのであり、それゆえしばしば「実詞化」などとも訳される。なお、哲学史におけるこの術語の使用法に関する詳しい解説が、『実存から実存者へ』の邦訳者西谷修氏によってなされているので、それをあわせて参照されたい（邦訳、一九二—一九九頁の訳注一六）。

〔三〕〈イリヤ〉〔…がある〕——il y a は、一切の存在者を想像的に破壊した後に残される、〈存在一般〉、〈実存者なき実存すること〉という非人称的な場である。それは純粋な無ではなく、むしろ「空虚の充実」（*Le temps et l'autre*, p. 26.）とでも言うべき、ある種の厚みを有している。

〔四〕ラフォルグ Jules Laforgue（1860-1887）。ウルグアイ生まれのフランスの詩人。世紀末的な感性を詩に結晶させることで独自の世界を創り出したが、生前はほとんど評価されなかった。代表作に『嘆きぶし』、『伝説的教訓劇』などがある。

〔五〕ボヌフォワ Eves Bonnefoy（1923-）。フランスの詩人、評論家。ヘーゲル、ハイデガーの影響を受けつつユニークな詩風を確立した。一九八一年には、コレージュ・ド・フランス教授に就任している。

▼五　現象学を超えて

（1）*Ideen* ... I, Husserliana, Bd. III, p. 3.

（2）*Les principes de la philosophie*, I, §10.

（3）《Die Krisis des europäischen Menschentums und die Philosophie》, in *Die Krisis der europäischen Wissenschaften und die Transzendentale Phänomenologie*, Husserliana, Bd. VI, p. 348.

（4）Manuscrit C2 II, p. 7.

（5）*Die Krisis der europäischen Wissenschaften und die Transzendentale Phänomenologie*, *Beilage* XIII, Husserliana, Bd. VI, p. 439.

（6）Cf. *Cartesianische Meditationen*, §60.

（7）*Ideen* ... I, §30. Husserliana, Bd. III, p. 63.

（8）*Ibid.*, §31, Husserliana, Bd. III, p. 65.

（9）*Ibid.*, §97, Husserliana, Bd. III, p. 243.

（10）*Ibid.*, §85, Husserliana, Bd. III, p. 208.

（11）*Formale und transzendantale Logik*, §94.

（12）*Ideen* ... I, §85, Husserliana, Bd. III, p. 208.

（13）*Ibid.*, §81, Husserliana, Bd. III, p. 198.

（14）*Zur Phänomenologie des inneren Zeitbewusstseins*, §31, Husserliana, Bd. X, p. 67.

（15）C7 I, p. 18.

（16）*Logische Untersuchungen*, V, §15, p. 396-397.

（17）Cf. *Ideen* ... II, §39, Husserliana, Bd. IV, p. 153, et Levinas, 《Intentionnalité et sensation》, in *En découvrant l'existence avec Husserl et Heidegger*, p. 162.

（18）1884, 27(63).

（19）Nietzsche, 1887, 6(14) および 1888, 14(105)、同様に *Nietzsche et l'ombre de Dieu*, p. 184 参照。

（20）*Cartesianische Meditationen*, §23, Husserliana, Bd. I, p. 92.

（21）*Zur Phänomenologie des inneren Zeitbewusstseins, Beilage* III, Husserliana, Bd. X, p. 107.

（22）*Ibid.*, §31, Husserliana, Bd. X, p. 67.

（23）*Ibid.*, Husserliana, Bd. X, p. 107.

（24）*Ibid.*, *Beilage* VI, Husserliana, Bd. X, p. 111.

（25）*Ibid.*, *Beilage* III, Husserliana, Bd. X, p. 106.

（26）《Intentionnalité et sensation》, in *En découvrant l'existence avec Husserl et Heidegger*, p. 153.

（27）*Zur Phänomenologie des inneren Zeitbewusstseins*, §11, Husserliana, Bd. X, p. 29.

（28）*Ibid.*, *Beilage* III, Husserliana, Bd. X, p. 106-107.

（29）*Ibid.*, §42, Husserliana, Bd. X, p. 89.

（30）Cf. *Logische Untersuchungen*, V, p. 344.

（31）*Ibid.*, §13, p. 379. Cf. §30, p. 453.

（32）*Zur Phänomenologie des inneren Zeitbewusstseins, Beilage* I, Husserliana, Bd. X, p. 100.

（33）*Ibid.*, §36, Husserliana, Bd. X, p. 75.

（34）*Ibid.*, §42, Husserliana, Bd. X. p. 89.

（35）*Ibid.*, §31, Husserliana, Bd. X, p. 69.

（36）Heidegger, *Die Frage nach dem Ding*, GA, Bd. 41, p. 153 および、ニーチェ『ツァラトゥストラ』第二部「崇高な者たち」参照。

（37）《Universale Teleologie》, in *Zur Phänomenologie der Intersubjektivität*, Husserliana, Bd. XV, p. 594-595.

（38）1884, 26(72).

（39）価値判断と述語判断の関係、感覚と価値評価の関係については、*Nietzsche et l'ombre de Dieu*, p. 288 以下と p. 299 以下を参照。

（40）1876-1877, 23(186).

（41）『ツァラトゥストラ』第一部「身体の軽侮者」。

＊　＊

〔一〕内包量 intensive Größe。カント『純粋理性批判』「原則論」の「知覚の予料」なる原則「すべての現象において、感覚の対象である実在的なものは、内包量、つまり度を持つ」（B207）が念頭にあると思われる。内包量とは、「感官に対する影響の度」（B208）であり「単一性としてのみ把捉され、そこにおいて数多性が否定性＝０へと接近することを通してのみ表象されうるような量」（A168／B210）のことである。特に以下の一文を参照。「すべての感覚は、それ自体としては〔〈色、味などの〉質としては〕、もちろんア・ポステリオリにのみ与えられるのではあるが、すべての感覚が度を有するという感覚の性質は、ア・プリオリに認識されうる」（A176／B218）。

▼六　現象の演劇的展開

（１）*Die Krisis der europäischen Wissenschaften und die transzendentale Phänomenologie*, §55, Husserliana, Bd. IV, p. 193.

（２）*Ideen*…I, §49, Husserliana, Bd. III, p. 117.

（３）*Die Krisis der europäischen Wissenschaften und die transzendentale Phänomenologie, Beilage* X, Husserliana,

Bd. IV, p.〔421-〕422.

（4） *Cartesianische Meditationen*, §1, Husserliana, Bd. I, p. 43.

（5） *Die Krisis der europäischen Wissenschaften und die transzendentale Phänomenologie*, §49, Husserliana, Bd. IV, p. 171.

（6） Cf. *Cartesianische Meditationen*, §43.

（7） Levinas,《Diachronie et représentation》, in *Entre nous*, p. 183. Cf. *Autrement qu'être ou au-delà de l'essence*, chap. V.

（8） Cf. *Formale und transzendantale Logik*, §94, et *Die Krisis*..., §48.

（9） *Cartesianische Meditationen*, §41, Husserliana, Bd. I, p. 120.

（10） *Ibid.*, §42, Husserliana, Bd. I, p. 122.

（11）『デカルト的省察』「第五省察」の詳細な分析としては、*Chair et corps* と J. T. Desanti, *Introduction à la phénoménologie*, §16-23 を参照。

（12） *Cartesianische Meditationen*, §50, Husserliana, Bd. I, p. 140.

（13） *Ibid.*, §51, Husserliana, Bd. I, p. 141.

（14） Cf. *Ibid.*, §50, Husserliana, Bd. I, p. 140.

（15） *Ibid.*, §53, Husserliana, Bd. I, p. 146.

（16） *Ibid.*, §54, Husserliana, Bd. I, p. 147.

（17） あるいは「後で」〔しかじかの物体が他者の物体に〕再びなるだろう。しかしそれでは現象学者の記憶は固有領界には還元不可能なままにとどまる、ということではないか。

（18） *Ibid.*, §52, Husserliana, Bd. I, p.〔144-〕145.

（19） *Zur Phänomenologie der Intersubjektivität*, Husserliana, Bd.XIV, p. 8. これは一九二一年夏のテクストである。

（20） *Cartesianische Meditationen*, §55, Husserliana, Bd. I, p. 153. フッサールは次のように続けている。「……異他的な人間が、構成的な観点からは、即自的で最初の人間であるのと同様に」。それは、人間化は他者によって始まり、現象学的ヒューマニズムは他なる人間の理論的ヒューマニズムだ、ということである。Cf. *Formale und transzendantale Logik*, §96*a*.

（21） *Die Krisis der europäischen Wissenschaften und die transzendentale Phänomenologie*, §54 *b*, Husserliana, Bd. IV, p. 189.

（22）《Re-présentation et image》, §9, in *De la phénoménologie*, trad. franç., p. 36-37. この表現はすでにハイデガーによって「危うい」ものとして「使わ」れていた。『存在と時間』の第七五節「現存在の歴史性と世界 - 歴史」で、ハイデガーは、〈ひと〉〔das Man〕の非本来的歴史性を覚悟的現存在の歴史性に対立させて次のように書いていた。「〈ひと〉は、今日の現前化に没頭しており、『過去』を『現在』から了解する。逆に、本来的歴史性の時間性は、先駆しつつ - 反復する瞬間として、今日の脱 - 現前化であり、〈ひと〉の諸慣習からの脱慣習化である」。*Sein und Zeit*, p. 391; cf. §76, p. 397.

（23） Cf. *Vorlesungen zur Phänomenologie des inneren Zeitbewusstseins*, §14 et 24.

（24） *Ibid.*, §17, Husserliana, Bd. X, p. 41. 「第一次的想起」は

「過去把持」の別名である。

（25） *Ibid.*, *Beilage* IX, Husserliana, Bd. X, p. 119.

（26） *Ibid.*, §31, Husserliana, Bd. X, p. 67.

（27） *Ibid.*

（28） *Ibid.*, *Beilage* IX, Husserliana, Bd. X, p. 118.

（29） Cf. *Ibid.*, §12.

（30） *Ibid.*, *Beilage* IX, Husserliana, Bd. X, p. 118. 眼差しと作用一般の対象化的性格については*Ideen*... I, §37 および 117 参照。

（31） *Ibid.*, *Beilage* V, Husserliana, Bd. X, p. 111.

（32） *Ibid.*, §1, note, Husserliana, Bd. X, p. 7.

（33） *Formale und transzendantale Logik*, *Beilage* II, §2*c*, Husserliana, Bd. XVII, p. 318-319.

（34） フッサールは一九〇八年から一九〇九年に過去把持的変様に立ち戻って、実際次のように書いていた。「何よりも、われわれは原 - 感覚意識、そのつどの音 - 点が自己現在的なものとして、生身のありありとした〈今〉としてそこに立ち現れる絶対的に本原的な意識を持つ。この意識は恒常的な変化のうちにあり、絶対的所与性である流れが存するのはそこにである。しかも自己現在的なものの構成、〈今〉という形での自己の構成は、連続性を前提している。原 - 感覚は或る種の抽象物である」（in *Die primäre Erinnerungsmodifikation*, Husserliana, Bd. X, p. 325-326）。〈今〉の同一性と個体性については *Vorlesungen zur Phänomenologie des inneren Zeitbewusstseins*, §30 および 31 参照。

（35） *Le temps et l'autre*, p. 11. われわれは一九八三年の再版本から引用する。

（36） *Ibid.*, p. 17.

（37） *Ibid.*, p. 18.

（38） *Ibid.*, p. 21.

（39） Parménide, *DK*, VIII, 5-6.

（40） *Le temps et l'autre*, p. 22.

（41） *Ibid.*, p. 24.

（42） 〈各自性 Jemeinigkeit〉については *Sein und Zeit*, §9, および Levinas, *De Dieu qui vient à l'idée*, p. 146-147 参照。

（43） *Le temps et l'autre*, p. 25-26.

（44） *Ibid.*, p. 26.

（45） Cf. *Ideen*... I, §59.

（46） *Le temps et l'autre*, p. 28. *Cratyle*, 439*e*-440*d*、そして何よりも Aristote, *Metaphysique*, Γ 5, 1010*a*, 10-15 参照。

（47） *De l'existence à l'existant*, p. 109.

（48） *Du sommeil et de la veille*, 454*b*, 7-9.

（49） *Le temps et l'autre*, p. 29-30.

（50） *De l'existence à l'existant*, p. 116.

（51） *Le temps et l'autre*, p. 31. イポスターズについては p. 22-23 参照。

（52） *Ibid.*, p. 35. モナドについては p. 32 参照。

（53） *Ibid.*, p. 32.

（54） 「何よりも」、〈今〉の契機は新しいものとして性格づけられる」。*Vorlesungen zur Phänomenologie des inneren Zeitbewusstseins*, §30, Husserliana, Bd. X, p. 63 参照。「絶対的始まり」については *Beilage* I 参照。

(55) *Le temps et l'autre*, p. 32.
(56) *De l'existence à l'existant*, p. 125.
(57) *Le temps et l'autre*, p. 36.
(58) Cf. *ibid.*, p. 37, 38, 51.
(59) *Ibid.*, p. 37-38.
(60) *De l'existence à l'existant*, p. 116, 131.
(61) *Le temps et l'autre*, p. 38.
(62) *De l'existence à l'existant*, p. 152.
(63) *Le temps et l'autre*, p. 38.
(64) *Ibid.*, p. 47.
(65) *Ibid.*
(66) *Ibid.*, p. 47.
(67) *Ibid.*, p. 53.
(68) *Ibid.*, p. 55.
(69) *Ibid.*, p. 56.
(70) *Ibid.*
(71) *Ibid.*
(72) *Sein und Zeit*, §53, p. 262.
(73) *Le temps et l'autre*, p. 62.
(74) *Le temps et l'autre*, p. 66-67.
(75) *Ibid.*, p. 20.
(76) 《Hegel à Iéna》(1934), in *Études d'histoire de la pensée philosophique*, p. 173.
(77) *Ibid.*, p. 140 et n. 2.
(78) *Ibid.*, p. 159-160. Cf., Hegel, *Jenaer Systementwürfe* II, Philosophische Bibliothek, p. 206-210.
(79) *De l'existence à l'existant*, p. 169.
(80) *Phänomenologie des Geistes*, Philosophische Bibliothek, p. 127.
(81) Cf. Levinas, 《De la description à l'existence》, in *En découvrant l'existence avec Husserl et Heidegger*, p. 98-99. これは一九四九年の初版において公刊されたテクストである。
(82) ブレンターノ〔九〕によって言表されたこの原理については *Logische Untersuchungen*, V, §10, 15*a*, 23 および Levinas, *Théorie de l'intuition dans la phénoménologie de Husserl*, p. 91 以下参照。
(83) *Le temps et l'autre*, p. 92, note 4.
(84) *Sur Maurice Blanchot*, p. 10.
(85) *Sein und Zeit*, §42 et 49.
(86) この問題への示唆だけは『存在と時間』第六八節 *d* に見出される。「『意義』の『発生』が解明されうるのは、また概念形成の可能性が存在論的に了解されうるのは、話〔Rede〕の時間性、つまり現存在一般の時間性から出発することによってのみである」。
(87) *Totalité et Infini*, p. 149. 次のことをついでながら強調しておくが、ハイデガーに向けられた方法上の批判は、ここでは政治的射程を等しく有している。
(88) 概念と事例の間のこの関係は、レヴィナスに従うと「タルムード」の特徴を示すものであるが、そのことは、その関係が「タルムード」のみに固有のものであることを明らかに意味してはいない。Cf. *Nouvelles lectures talmudiques*, p. 17 et 18. そこでは「範列的概念化」が問題になっている。『タルムード四講話』p. 48では、レヴィナスは「範列的方法」について語り、『聖句の彼方』p. 127では、彼は自らの哲学的な記述にも当てはまる以下のことを書いている。「具体的に指し示された事象は、その概念を前にして消え去るのではなく、逆にその具体的なアスペクトの多様性による様々な意味で豊かになっていくだろう。それはタルムード的考察の範列的様相とわれわれが呼ぶものである。つまり、一般化へと上昇するための跳躍台としての事例に満足すべきであったのに、観念は事例と絶えず交流し続け、またはそこに立ち戻る。あるいは、隠された、または孤立した世界――そこに思考は侵入する――を秘密の光によって探索する思考を、観念は照らし出す」。

（89） *Le temps et l'autre*, p. 67.

（90） レヴィナスの母語であるロシア語では、出来事を表す so-bytie は文字通り「共に - 在ること」を意味するということを付け加えておこう。

（91）「神と哲学」の或る注、その射程がその直接のコンテクストを超過する注は、次のように明言している。「われわれの研究が探究しているのは、〈彼方〉の、つまり超越の意義であって、倫理ではない。われわれの研究はそれらの意義を倫理のうちに見出す」（in *De Dieu qui vient à l'idée*, p. 114）。

（92） *Le temps et l'autre*, p. 72.

（93） *Ibid.*, p. 75.

（94） *Ibid.*, p. 77.

（95） *Ibid.*, p. 78.

（96） *Ibid.*, p. 64. レヴィナスはソロモンの雅歌（八、六）の唱句をこうして喚起しているが、『七十人訳聖書』のテクストに従えば、死のように強烈なのは〈エロス〉ではなく〈アガペー〉である以上、彼はその文字と意味を変えている。

（97） *Ibid.*, p. 79.

（98） *Ibid.*, p. 81.

（99） *Ibid.*, p. 83, 88 および《L'autre dans Proust》, in *Noms propres*, p. 153 以下参照。

（100） *Ibid.*, p. 83.

（101） *Ibid.*, p. 60. ヘーゲルは「並ぶ者なきシェークスピア」に関して、「彼においては実際、悲劇の主人公のパトス全体を要求するのが、たとえ単に形式的な何らかの情念――例えば『マクベス』では権力欲、『オセロ』では嫉妬――であるとしても、この種の抽象化は、より広大な個体性をまったく失わせることはなく、この規定性においてもなお個人は、つねにまったくの人間であり続ける」（in *Vorlesungen über die Ästhetik*, III, Theorie Werkausgabe, Bd. 15, p. 561）、とすでに説明していた。

（102） *Transcendance et intelligibilité*, p. 28 あるいは《Sur l'idée de l'infini en nous》, in *Entre nous*, p. 247-248.

（103） *Le temps et l'autre*, p. 82.

（104） Cf. *ibid.*, p. 34, 35, 57, 62.

（105） *Ibid.*, p. 82.

（106） *Ibid.*, p. 85.

（107） *Jenaer Systementwürfe* I, Philosophische Bibliothek, p. 215.

（108） *Ibid.*, p. 213.

（109） *Le temps et l'autre*, p. 86.

（110）《Réflexions sur la "technique" phénoménologique》, in *En découvrant l'existence avec Husserl et Heidegger*, p. 112.

（111）一九八五年、その〔哲学の〕歩みの終盤、「隔時性と表象〔再現前〕」と題された講演の終わりに、レヴィナスは次のように表明していた。「われわれは、〈我思う〉の統一性という、存在するもっとも形式的な形式の脱形式化として、時間を探究した」（in *Entre nous*, p. 195）。

＊　＊

〔一〕デカルトは『省察』の「第三省察」において、明晰判明な主観的知が超‐主観的なレベルでも、つまり客観的にも妥当するということを示すために、そのような明晰判明知の客観的妥当性を保証している誠実な神が存在することを二種類の仕方で証明しようとしている。

〔二〕「対化 l'appariement」（原語のドイツ語は Paarung）とは、所与としての二つの身体‐物体が類似性によって連合関係に入り、〈対になる〉ことを示すフッサールの概念である。『デカルト的省察』第五一節を参照。

〔三〕オイゲン・フィンク Eugen Fink（1905-1975）。フッサール最晩年の私設助手を務め、またハイデガーからも学んだが、二人の影響を受けつつ独自の道を歩んだドイツの現象学者。フランスでは特にその前期から中期にかけての業績（の一部）がメルロ＝ポンティやデリダに影響を与えたが、それは多面的なフィンクの現象学の一側面にすぎない。一九九四年にはノルマンディーのスリジーでフィンクをめぐる大規模な学会も開催されたとはいえ、仏訳された著作があまり存在しない現在、その現象学の全貌がフランスで知られているとはいまだ言いがたい。

〔四〕パルメニデス Parmenidēs（B. C. 515?-450頃）。南伊エレアの人で、いわゆる「エレア派」の中心人物。詩の形式で書かれた断片が伝えられている。存在と無の峻別（「あるもののみがある（……）、無があることは不可能だ」『ソクラテス以前哲学者断片集』、岩波書店、「パルメニデス」の項）に基づく生成と消滅の否定、存在とロゴスとの同一性（「思惟することとあることとは同じである」同書）などを主張し、古代存在論の始祖となった。

〔五〕ヘラクレイトス Hērakleitos（B. C. 540-480頃）。エフェソスの人。ソクラテス以前の哲学者の中でも、もっとも影響力の大きかった一人。断片しか残されていないが、「同じ河に足を踏みいれようとしても、つぎつぎと違った水が流れ去っていく」（上掲書「ヘラクレイトス」の項）という言葉を、プラトンは、「汝は同じ河に二度と足を踏み入れることはできないであろう」（『クラテュロス』402A）としている。一般には、プラトン以来「万物流転」を説いた哲学者ということになっているが、必ずしもこれは彼の中心思想ではなかったと言われる。

〔六〕クラテュロス Cratylos（紀元前五世紀頃）。ヘラクレイトスの流れを汲む哲学者で、プラトンは、ソクラテスの死後、この人を師の一人とした。プラトンの対話篇にその名を残す。アリストテレス『形而上学』Γ 5, 1010*a*, 7 に「ヘラクレイトスが同じ河に二度入ることはできないと言ったのに不満をならした。一度たりともできないと彼は考えていたのである」と記録されている以外、学説上、確かなことはわからない。

〔七〕アレクサンドル・コイレ Alexandre Koyré（1892-1964）。ロシア生まれのフランスの哲学史・科学史家。「科学革命」という言葉もすでに現れている一九三九年の *Études galiléennes*（『ガリレオ研究』）や、*Études newtoniennes*（『ニュートン研究』）、*Du monde clos à l'univers infini*（『閉じた世界から無限宇宙へ』）などの著作により科学史家として有名であり、クーンにも影響を与えているが、コイレはパリに来る前にフッサールのもとで学んでおり、一九四〇年代にはハイデガー論も執筆している。

〔八〕　フランス語の女性名詞としての une（la）dramatique には通常「テレビドラマ」という意味しかないが、ここでの dramatique はドイツ語の die Dramatik に対応する言葉として使用されている。このドイツ語はいろいろな意味を持つが、著者の使用法としては、あえて近いフランス語を挙げるとすれば「上演 mise en scène」や「筋運び intrige」であり、またドイツ語の持つ、「経過する展開」、「生動性」、「強度・緊張」などの意味も念頭に置いているとのことである。つまり、現象に対する外的な論理ではなくて、ほとんど演劇的な仕方での、具体的な場面における諸現象の上演とその一連の展開、現象が生じる具体的な場面や事例に外的であることなく、その場面や事例に現象を起き戻すことで、諸現象の持つ運動の生動性や強度を表現することである。このような意味をまとめて含み持つ的確な訳語が見つからないがとりあえず上のように訳した。

〔九〕　フランツ・ブレンターノ Franz Brentano（1838-1917）。ウィーン大学でのフッサールの師であり、フッサールは彼の影響によって哲学の道を歩むことを決意したと言われる。またスコラ哲学の志向概念に注目することで、フッサールが後に展開する志向性理論の先駆者ともなった。

文献表

本訳書中では、煩瑣を恐れて、邦訳のあるものでも対応を示さなかったが、翻訳に際して、多大な恩恵を受けていることは言うまでもない。以下に、主要なものの対応表を掲げ、謝意を表したい。ただし、行論の関係上、必ずしも邦訳には従っていない箇所が多い。訳者各位の御寛恕を乞いたい。配列は、フッサール、ハイデガーに関しては、全集巻数順、次いで単行本の出版年順で、レヴィナスに関しては、原書出版年順である。また、邦訳は、対応する全集版に併記したが、必ずしも全集版に基づく邦訳ではない場合もある。完全な書誌を目指したものではなく、あくまで本書で論じられ参照されている書目に限ったリストであることをご了解頂きたい。

▼Edmund Husserl

Cartesianische Meditationen, Husserliana, Bd. I. 『デカルト的省察』、中央公論社〈世界の名著〉62、船橋弘訳。『デカルト的省察』、岩波文庫、浜渦辰二訳。

Ideen zu einer reinen Phänomenologie und phänomenologischen Philosophie I, Husserliana, Bd. III. 『イデーン』I-I、I-II、みすず書房、渡辺二郎訳。

Ideen zu einer reinen Phänomenologie und phänomenologischen Philosophie II, Husserliana, Bd. IV. 『イデーン』II-I、みすず書房、立松弘孝/別所良美訳。

《Nachwort zu meinen *Ideen* ...》, Husserliana, Bd. V. 「あとがき」、『イデーン』I-I、みすず書房、渡辺二郎訳、一一—四五頁所収。

Die Krisis der europäischen Wissenschaften und die Transzendentale Phänomenologie, Husserliana, Bd. VI. 『ヨーロッパ諸学の危機と超越論的現象学』、中公文庫、細谷恒夫/木田元訳。

Vorlesungen zur Phänomenologie des inneren Zeitbewusstseins, Husserliana, Bd. X. 『内的時間意識の現象学』、みすず書房、立松弘孝訳。

Philosophie der Arithmetik, Husserliana Bd. XII. 『算術の哲学』、モナス、寺田弥吉訳。

Formale und transzendentale Logik, Husserliana Bd.XVII. 『形式的論理学と先験的論理学』、和広出版、山口等澍訳。

Logische Untersuchungen, Husserliana Bd.XVIII, XIX/1, XIX/2. 『論理学研究』1—4、みすず書房、立松弘孝/松井良和/赤松宏訳。

Erfahrung und Urteil, Academia/Verlagsbuchhandlung, 1939 / Felix Meiner, PhB 280. 『経験と判断』、河出書房新

社、長谷川宏訳。

▼Martin Heidegger

Sein und Zeit, GA Bd.2.『有と時』、創文社、辻村公一/ハルトムート・ブフナー訳。『存在と時間』、中央公論社〈世界の名著〉74、原佑/渡辺二郎訳。『存在と時間』、ちくま学芸文庫、細谷貞雄訳。

Kant und das Problem der Metaphysik, GA Bd.3.『カントと形而上学の問題』〈ハイデッガー選集〉19、理想社、木場深定訳。

Nietzsche, GA Bd. 6-1, 6-2.『ニーチェ』1、創文社、圓増治之/セヴェリン・ミュラー訳。『ニーチェ』1、平凡社ライブラリー、細谷貞雄/輪田稔/杉田泰一訳。『ニーチェ』2、平凡社ライブラリー、細谷貞雄/加藤登之男/船橋弘訳（上記訳書二巻で、原書第二巻p.256までを所収）。

Wegmarken, GA Bd.9.『道標』、創文社、辻村公一/ハルトムート・ブフナー訳（以下の四編を含む）。

- Vom Wesen des Grundes.「根拠の本質について」。
- Vom Wesen und Begriff der *φύσις*.「ピュシスの本質と概念について。アリストテレス、自然学B、1」。
- Nachwort zu: "Was ist Metaphysik ?"「『形而上学とは何であるか』への後記」。
- Brief über den "Humanismus".「『ヒューマニズム』に関する書簡」。『「ヒューマニズム」について』、ちくま学芸文庫、渡邊二郎訳。

Seminare (1951-1973), GA Bd.15.『四つのゼミナール』、創文社、大橋良介/ハンス・ブロッカルト訳（本訳書は、本巻所収の *Vier Seminare* に対応するものであるが、Klostermann Verlag, 1977, および *Les séminaires* in Questions IV, 1976, Gallimard に基づく翻訳である）。

Einführung in die phänomenologische Forschung, GA Bd.17.『現象学的研究への入門』、創文社、加藤精司/アロイス・ハルダー訳。

Prolegomena zur Geschichte des Zeitbegriffs, GA Bd.20.『時間概念の歴史への序説』、創文社、常俊宗三郎/嶺秀樹/レオ・デュムペルマン訳。

Die Grundprobleme der Phänomenologie, GA Bd.24.『現象学の根本諸問題』、創文社、溝口競一/松本長彦/杉野祥一/セヴェリン・ミュラー訳。

Die Grundbegriffe der Metaphysik, GA Bd.29/30.『形而上学の根本諸概念』、創文社、川原栄峰/セヴェリン・ミュラー訳。

Die Frage nach dem Ding, GA Bd. 41.『物への問い』、創文社、高山守/クラウス・オピリーク訳。

Schelling, GA Bd.42.『シェリング講義』、新書館、木田元/迫田健一訳（本訳書は、全集版に基づくものではなく、一九七

一年にNiemeyerより出版された単行本に基づく翻訳であるが、参考までに掲載しておく）。

«Mein Weg in die Phänomenologie», in *Zur Sache des Denkens*, Niemeyer, 1969. 「現象學へ入っていった私の道」、『思索の事柄へ』所収、筑摩書房、辻村公一訳。

Zollikoner Seminare, Klostermann, 1970. 『ツォリコーン・ゼミナール』、みすず書房、木村敏／村本詔司訳。

▼Emmanuel Levinas

De l'évasion, Recherches Philosophiques, V, 1935／1936.／Fata Morgana, 1982. 「逃走について」、『超越、外傷、神曲』、国文社、内田樹／合田正人編訳。「逃走論」、ちくま学芸文庫、『レヴィナス・コレクション』所収、合田正人訳。

De l'existence à l'existant, Editions de la revue Gontaine, 1947／Vrin, 1978. 『実存から実存者へ』、講談社学術文庫、西谷修訳。

Le temps et l'autre, in "Le Choix, Le Monde, L'Existence," 1948／Fata Morgana, 1979／PUF, 1983. 『時間と他者』、法政大学出版局、原田佳彦訳。「時間と他なるもの」、ちくま学芸文庫、『レヴィナス・コレクション』所収、合田正人訳。

Totalité et infini, Martinus Nijhoff, 1961. 『全体性と無限』、国文社、合田正人訳。

En découvrant l'existence avec Husserl et Heidegger, Vrin, 1967. 『実存の発見』、法政大学出版局、佐藤真理人／小川昌宏／三谷嗣／河合孝昭訳（以下の三編を含む）。

- De la description à l'existence. 「記述から実存へ」。
- Réflexions sur la "technique" phénoménologique. 「現象学的『技術』についての考察」。
- Intentionalité et sensation. 「志向性と感覚」。

Quatre lectures talmudiques, Minuit, 1968. 『タルムード四講話』、国文社、内田樹訳。

Autrement qu'être ou au-delà de l'essence, Martinus Nijhoff, 1974. 『存在の彼方へ』、講談社学術文庫、合田正人訳。

Sur Maurice Blanchot, Fata Morgana, 1975. 『モーリス・ブランショ』、国文社、内田樹訳。

Noms propres, Fata Morgana, 1976. 『固有名』、みすず書房、合田正人訳。

Du sacré au saint, cinq nouvelles lectures talmudiques, Minuit, 1977. 『タルムード新五講話』、国文社、内田樹訳。

De Dieu qui vient à l'idée, Vrin, 1982. 『観念に到来する神について』、国文社、内田樹訳。

L'au-delà du verset, Minuit, 1982. 『聖句の彼方』、法政大学出版局、合田正人訳。

Transcendance et intelligibilité, Labor et Fides, 1984. 『超越と知解可能性』、彩流社、中山元訳。

Entre nous, Grasset, 1991. 『われわれのあいだで』、法政大学

出版局、合田正人／谷口博史訳（以下の三編を含む）。

- Philosophie, Justice et Amour.「哲学、正義、愛」。
- Diachronie et représentation.「隔時性と再現前化」。
- Dialogue sur le penser-à-l'autre.「《他者に向けて思考すること》についての対話」。

現象学の肉体と存在の彼方としての男／女――解説にかえて

一昨年の夏だったと思う、休暇を過ごしているノルマンディからその朝出てきてくれたディディエと、ヴァカンス期間で閑散としたパリの街を散歩していて、オデオン座の前を通りかかった。オデオン座は休暇中を利用して改装工事の最中で、ぐるりと周りを高い工事用の塀で囲まれ、トラックの利用する出入口だけが開いていた。ディディエが言うには、ここの舞台に上がったことがあるとのことである。何でも、「ニーチェの夕べ」とかいうのがあって、そこに招かれて、聴衆の前で、何人かのニーチェ研究者と座談をしたとのことであった。彼の『ニーチェと神の影』（一九九八年）が出版された後のことで、一度オデオン座の舞台に上がってみたかったというのが、その「夕べ」への参加を承諾した理由であった。本訳書の原著タイトル *Dramatique des phénomènes*（『現象の演劇的展開』）を見ながら、そのことを思い出した。

フッサールやハイデガーやレヴィナスを、背景にニーチェを置きながら、論じる現象学の本にどうしてこのような題をつけたのだろう。この場合「演劇的」とはどのような意味があるのだろう。演劇は、映画やテレビの表象とは違って、生きた役者が観客の前に直接現れて、生身の身体で、すなわち肉体を通して舞台を演じる。ディディエ・フランクにとって現象学において問題となるのも、また、現象と生身の身体、彼の用語に言う肉体 chair との関係である。肉と言えば後期メルロ＝ポンティを思い浮かべる人が大部分であろうが、ディディエ・フランクの概念は、だいぶ趣きを異にする。両者とも現象学の限界を問題にし、それを超えようとする点では方向を同じくするとしても、メルロ＝ポンティの場合、肉は存在の元素として「時空的な個物と観念との途上にある、一般的なもの」である。そこでは、主体と対象との、超越論的なものとそれによって構成される超越的なものとの非対称的な対立を超えて、両者を可逆的にする存在論的に共通なものが問題となっている。

これに対して、フランクの場合は、超越論的主観性とそれによって構成される現象世界との存在論的差異、存在と存在者との存在論的差異、もっと簡単に言えば時間意識をも含めた上での、志向性の起源が問題となっているのである。ノエシス／ノエマの筋目をぼかし曖昧にする肉ではなくて、その筋目を際立たせるちょうど分け目の根元にある肉体を問題としている。メルロ＝ポンティにおける奥行きを範例とするような、見えるものを可能にしている見えるものの中における見えないものではなくて、見えるものを可能にしている、見えるものの手前にある見えないものとしての肉体である。この意味では、フランクの肉体の概念はアンリが『受肉』（二〇〇〇年）で展開する肉体の概念に近いが、それ以上にレヴィナスの考え方に深くいり込んでいる。少なくとも、アンリにとって肉体が自己触発としての生命・情感性と切り離せなかったの対して、フランクはレヴィナスに忠実に異他触発を根本的なものと考えて、肉体もその文脈で理解しているからである。いずれにしろ、われわれはフランクを通して、フッサールからハイデガーを経てレヴィナスに至る一筋の白い道が現象学の稜線を縫ってくっきりと続いているのを見ることができる。これはわれわれが新しく目にする、印象的な光景である。

現象学は現れについての学である。そして最も特権的な現れは直観において与えられる。なぜならば、ものは直観において「有体的に」leibhaftig 与えられるからである。とすれば、現象学の根本に身体、肉体 Leib の問題がある。実際、フランクはこの Leib を身体・肉体 chair と理解したのである。フランクのものの考え方には、独特の生真面目さ、義理堅さといったものがある。この言葉の綾とも取れる「有体的」を文字通り「肉体的」と取るところにそれを感じる。また、フランクが彼の『ハイデガーと空間性の問題』（一九八六年）で引っかかったのは、「手前存在、手許存在」Vorhandensein, Zuhandensein としての「手」Hand であった。道具連関から世界内存在を考えるハイデガーに対して、現存在は飢えないのかと諧謔的に問うたのはレヴィナスであるが、フランクは、現存在の手について、身体について真剣に悩んで、ハイデガーにおける空間性の概念を問題にする。そして、ある日、オーギュスタン・ベルクが和辻哲郎の『風土』を読んで、本当にハイデガーには空間の概念がないのかとフランクに手紙を書くことになる。

本翻訳書の内容を少しのぞいてみよう。第一論文「身体と時間構成の問題」は、フランクの処女作『身体と物体、フッサール現象学について』（一九八一年）を要約したものであるが、この論文は本翻訳書全体の問題構成を提示している点で、巻頭に置かれるに相応しい。考察の対象は、フッサールの構成の意味である。構成については、最初フッサールは「統握－統握内容」という図式で考えていたけれども、『内的時間意識の現象学』に至ってこの図式の妥当性を疑うような事態に直面する。というのも、統握内容ばかりか、持続する統握作用も時間意識の中で構成されなければならないからであり、この場合の構成はもはや「統握－統握内容」では考えることができないからである。しかし、時間意識による構成を、例の過去把持とその変容を典型とする構成にゆだねるとしても、さらには、絶対的意識流としての時間意識そのものの構成の問題が新たに浮上する。根源的な志向性である時間意識そのものの根源に、意識によって構成されるどころか、意識はその変容でしかない原印象の問題が露呈する。フランクもレヴィナスとともに、時間意識を感覚することと同じ一つの事柄と見ている。原印象が感覚する作用と感覚される対象とに分離するところに時間意識が成立する。こうして、時間意識における構成は感覚作用によって置き換えられ、時間意識と原印象との関係は、感覚作用と原印象との関係に読み代えられることになる。

この読み代えが次のフランクの、意表をつく、ある意味では悩ましい問いへとつながっていく。感覚作用によって時間が構成されるとすれば、感覚するのは身体であるから、身体が時間を構成することになる。ところで、われわれが感覚の主体として見出すのはすでに構成された身体ではないのか。したがって、構成された身体が時間を構成するという矛盾を避けるためには、どのようにして物体身体は構成されるのかと、どうしても問わざるをえなくなる。こうしてフランク的な問題構成が始まる。物体身体の構成は共同主観性を、すなわち、今の場合、間身体性を前提とする。そしてこの間身体性を可能にしているのが肉体である。すなわち、男性と女性という性差を持つ肉体である。他方で、フランクは、時間意識がそこから生まれる、より正確に言えば、その変容にすぎない原印象を、レヴィナスのフッサール解釈を踏襲して、感覚作用と感覚内容との未分化の一致として理解する。言い換えると、原印象とは、作用の意識すなわち自己の意識と、感覚対象である他者の意識とが一体となったものである。この原印象における自己と他者との統一を、フランクは、性衝動における男女の肉体の性行為における合一と捉える。すなわち、衝動を根源的な志向性であると考えているのである。レヴィナスは時間を他者との関係において初めて可能になるとしたけれども、フランクはその他者との関係を性差のある肉体として捉え直したのである。

第二論文「存在と生けるもの」においては、ハイデガーのテクストに沿って、存在と生命との関係が分析される。両者の関係は現存在と有機体の関係にずらされ、さらに、有機体の考察は用具と比較された器官の分析へと進み、器官の本質は衝動として確定される。その上で、現存在の世界との関係と、衝動としての有機体のあり方と世界との関係が異なることが摘出される。言い換えると、生命・動物性のあり方は、現存在のあり方のように時間からは理解されないのである。第一論文の時間と肉体との問題が、ここで、現存在と生命との問題として、反復されたことに気づく。「実存の脱自的構成がそれの肉体化あるいは身体化と存在論的に相容れない以上は、現存在の解釈学の内では、手の存在を理解することを許容するものは何もないのである。」

第三論文「現象学の対象」では、「志向性そのものに迫るために志向的分析を主導する対象を見定めること」が目指される。考えてみると、現象学が対象を手引きにして、対象を構成する志向性の重層的構造を研究する以上、このことは一度はなされなければならない課題であろう。ところで、数学的理念性まで含めた日常的世界の対象のすべては、言語がそうであるように、感覚的見かけと知的意味との融合によってその統一が構成された「精神性を吹き込まれた」対象である。しかし、現象学の導きの糸である対象がこのような融合としてまず与えられているのであるとすれば、現象学はいったいどこから、どのような対象から、感覚と意味との分裂を、対象をまさしく構成されたものと考えることを可能にするノエシスーノエマの意識構造を、そして結局ところ、現象学的還元の動機づけを手に入れることができるのだろうか。現象学そのものの可能性の条件となっている特権的対象とは何か。このフランクの問いそのものもすでに十分刺激的であるが、フランクの答えもまた、十分期待に応えるものである。肉体、生き生きした肉体こそ、志向的分析の真の導きの糸である。ここで肉体ということで特に問題となっているのは、感覚である。しかしこの場合、ヒュレー／モルフェー図示において理解された感覚ではなくて、ヒュレー／モルフェーの分裂がそこから生まれてくるような感覚、志向性そのものがそこから生まれてくるような感覚、強度を持った感覚のことである。そのような感覚とはつまり衝動に他ならない。「身体は衝動的であり、志向性は衝動性として理解されなければならない」。

衝動は志向性の一種でなく、すべての志向性が衝動的なのである。強度を奪われた衝動が作用志向となり、衝動の強度の方はヒュレーの側に感覚として割り当てられたと見るべきであろう。しかしながらそこで問題となるのは、どのようにしてこのような割り当てが可能となるのか。言い換えると、衝動としての肉体はその肉体のどのような現れ方において、志向的相関関係を決定するヒュレー／モルフェーの分裂を現象学的に提示して、志向分析の根源的な導きの糸となりうるのか。この現象学的分裂は、私の肉体が同時に世界の一対象として物体身体として現れる事実に基づいている。しかも、この事実すなわち私の肉体の物体身体化は、さらに、私の肉体が本質的に具わっている他の肉体との根源的な関係によって、私の肉体が客観的なものとして対象化される時に、成立する。したがって、真の問題は、私の肉体の物体化を帰結として導く、私の肉体から他の肉体への本質的関係を、肉体の具体態として考えられた衝動のうちに見出せるかということになる。すでに第一論文で示されたように、性的衝動がその求める答えである。性衝動においては、とりわけ性的交わりにおいて、肉体としての他者は物体身体とはまったく異なる意味を持ったものとして現れる。この例外的な状況においては、「原理的には根底的に異なる固有領域に由来する二つの志向性が、唯一つの充実のみを持つことによって一つとなるのである」。

急いでつけ加えると、フランクの理解では、フッサールはカテゴリー的直観を発見し、また、現象学の志向分析を導く特権的な対象を肉体として確定することによって、カントの超越論的演繹論を「肉体の超越論的演繹論」に還元する方途を見出したのであり、さらに、強度を持った志向性としての衝動の概念は、ニーチェの力への意志において展開されている。少なくともこのように理解したから、フランクはフッサール現象学からニーチェ研究に進んだのであり、また、ニーチェに関する書物を著した後、カント研究に着手したのであろうと思われる。

第四論文「差異の身体」は、レヴィナスの『実存から実存者へ』を分析して、いわゆる存在論的差異を論じたものである。ハイデガーの「現存在の予備的分析論全体を通じて活用されていながら、（中略）それ自体としては基礎づけられないままにとどまっている存在論的差異を基礎づけること」が問題である。ハイデガー自身『時間と存在』において実行するはずであったこの企てを放棄した。「存在を了解する存在者であるがゆえに存在論的差異であるような現存在が、存在の中に出現してそれを了解する仕方を記述しつつ、存在論的差異を導出することは不可能なのだろうか。（中略）。換言すれば、実存〔＝存在〕から実存者〔＝存在者〕へと至ることで存在論的認識それ自体を可能にする運動を記述することができるのだろうか」。レヴィナスはこの運動を、存在（il y a）から出た存在者が存在を自分の属性として支配する根源的な行為として記述する。この記述は不眠、疲れ、怠惰、眠る能力としての意識、フロイトのように無意識に規定された意識ではなくて逆に意識に規定された無意識、存在論的に不安に先立つ恐怖などの、レヴィナスによって慎重に選び抜かれた現象を通して行われる。ハイデガーの存在論に精通したフランクの分析は問題の所在を闡明し、レヴィナスの洗練された感受性の凄さを実感させる。また、この論文では並行して、存在の彼方としての善と存在の悪との問題が論じられ、瞬間における存在者による存在への定位である行為としての身体に関係して、ニーチェの永遠回帰の瞬間の「より優れた身体の創造」としての善悪の彼岸における復活の可能性がほのめかされているが、展開されてはいない。

第五論文「現象学を超えて」。この論文の話題は第一論文と関連する。端的に言って、根源的な現象の地平である時間を構成する超越論的主観性そのもののあり方の問題、いわゆる「生き生きした現在」の問題である。谷徹ふうに言えば、原‐自我の問題である。時間意識そのものの構成に関するこの問題に、わが国の研究者は時間を構成する主観性の方から接近するのに対して、フランスでは、レヴィナスにしてもアンリにしても好んで、原印象の方からの道を選んでいる。フランクもこの伝統に従っている。原印象においては感覚と感覚内容とが一致していると考えられている以上、どちらから出発しても同じと思われるが、フランクの分析の成果は、さにあらず、原印象から問題を立てることの地の利を示している。

まず、意識によっては構成されない、根源的発生であり、根源的自発性である原印象があり、そこからそれの変容として意識と意識対象とが、感覚作用と感覚内容との分離として、あるいは時間意識と時間として出てくるのであれば、原印象そのものがすでに単なるヒュレーではなくて、初めからモルフェー的なものを、すなわち意味を持ったものとして存在するのでなければならない。単なる質料ではなくて形式をも併せ持った意味のある感覚、そのような感覚の意味を、フランクは感覚の強度として理解する。強すぎる感覚も弱すぎる感覚も感覚として意味をなさない。すなわち、感覚の強度はすでに意味なのである。おそらくフランクは、強さが意味であり価値であることを、ニーチェの力への意志から学んだと思われる。感覚の強度から感覚の意味を引き出せるとすれば、フッサールが志向性に対立するものとしてのヒュレーの側に追放した強度を志向性の側に取り戻して、志向性の強度といったものを考えることはできないか。感覚の強度が意味として志向性の原型ならば、志向性の強度を認めることによって原印象としての感覚を導き出すことができるのではないか。というよりも正確には、フッサールが理論的ないしは表象的思惟をモデルにしたために排除した強度の概念を志向性に戻すことによって、ヒュレーとモルフェーとの分岐の手前にある原印象の正しい性格を取り戻すことができるのではないか。伝統的に考えられてきた質料と意味・形式・カテゴリーとの対立を、強度の概念を作り変えることによって破棄しようというのである。強度を持った志向性とは、まさしく衝動のことに他ならない。したがって、原印象は衝動的なものであり、根源的自発性は衝動の能動性を表していることになるが、フランクの企ては志向性の本質である、対象への関係性・対象へ向かう運動＝移行性を、衝動の持つ目的性と自発性から導き出すことにある。

志向性の強度という考えは、正しい直観だと思うが、現象学的な規定としては飛躍があるのではないか。この問題を考えるためにアンリの感情と生命に関する考察は有効であるように思われる。一言で言えば、志向性の強度とは感情ではないか。むしろ、強度のある志向性とは感情のことではなか。そして根本的には衝動とは感情としての欲望ではないか。この問題はそのうちディディエと検討することになろうが、いずれにしろ、感覚の意味としての強度や志向性の強度の概念は、それぞれ、たとえば、村田純一が色の恒常性について語っていることや、山口一郎がフランクとまったく同じ関心から注目している衝動志向性のことなど、多くのことに思いを馳せさせる産出力に満ちたアイデアである。

最後の第六論文「現象の演劇的展開」はこの論文集のために書き下ろされた一編である。この論文はフッサールとレヴィナスの他者論を扱うのであるが、ここまでの五つの論文の整理と仕上げという側面もある。フランクの問題意識と思惟の姿勢はこれまで述べてきたことでその粗い輪郭はお分かりいただけたのではと思うので、この論文に関してはその読み方のすべてを読者の楽しみに委ねたい。犯人をほのめかして読者の感興を殺ぐような真似はしないことにしよう。

この論文集はフランクにとって、ショパンで言えば『エチュード』のようなものであろう。『エチュード』と言えば、しばしば『練習曲集』と訳され、ショパンの本格的なピアノソナタを弾くに先立って習得しなければならない予備訓練という印象を与えるが、実際は、ショパンが自分の才能とピアノの可能性とを追究した『研究曲集』に他ならない。フランクもまた、ソナタとを別にこれらの論文において、フッサール、ハイデガー、レヴィナスという現象学の連嶺を縦走してニーチェを望む彼の着想を、その核心において吟味彫琢したのである。

二〇〇三年一月十二日

山形　頼洋

訳者あとがき

本書は「凡例」にもあるように、Didier Franck, *Dramatique des phénomènes*, Collection《Épiméthée》, Presses Universitaires de France, 2001 の全訳に、著者より寄せられた「日本語版のための序文」を加えたものである。ディディエ・フランクの著作が翻訳されるのはわが国では初めてのことであり、この「訳者あとがき」では主に著者の紹介に話を限定することにしよう。本書の内容に関しては解説に譲ることにするが、念のために、著者自身によって執筆された原著の背表紙にあるレジュメを訳出しておく。

現象学を行うこととは、諸事象と諸概念を、諸々の地平ないしは場面——われわれはこれら地平ないし場面に従って諸事象と諸概念へと接近する——へともたらすことである。諸事象と諸概念へのこの接近が、もはや単に意識の対象化する眼差しの働きや実存者の配慮の働きではなく、同様にまた身体の営みでもあれば、いったい何が生じるだろうか。その時、諸現象がそこで現出し、また諸現象がその具体化である、諸々のシーンの連鎖、つまり〈現象の演劇的展開〉が現象の記述にとって代わるのである。

ここに収録された諸研究は、例えばフッサールにおける時間と身体との関係、ハイデガーによる存在と生けるものとの関係、レヴィナスにとっての存在論的差異と身体との関係が問題であるにせよ、〈形相的諸関係は脱身体化された＝具体性を欠いた結びつきではない〉ということを証し立てるこの〈現象の演劇的展開〉に専心している。

著者のディディエ・フランクは一九四七年パリ生まれ。リセ最終学年の哲学級（日本で言えば高校三年次に該当）の時に、出版されたばかりのハイデガー『存在と時間』の仏訳（これは第一篇第四節までの訳）と出会ったことが哲学、特に現象学を志すきっかけになったという。後にパリ第十大学でポール・リクールやエマニュエル・レヴィナスの授業に出席し、また高等師範学校でジャック・デリダが行っていた現象学についてのセミナーに参加するが、その時までにはすでに独学で現象学を学んでいたとのことである（したがって厳密な意味での師はいないそうである）。哲学のアグレガシオン（リセ以上の教授資格試験）合格後、一九七三年から一九八二年まで各地のリセの哲学教授を歴任、一九八二年から一九八四年まで国立学術研究センター（CNRS）所属研究員を務めた後、一九八四年に社会科学高等研究院に転出したデリダの後任として高等師範学校専任講師に着任する。この時期の特筆すべき業績としては、パリ市内各地で分散状態にあったフッサールの草稿群の謄写版を一箇所にまとめたフッサール文庫を、フランスの現象学研究の拠点としてジャン＝フランソワ・クルティヌとともに高等師範学校内に設立したこと（一九八七年）、フッサールの遺稿の仏訳、当時はまだフランスではマイナーであった分析哲学の紹介、そしてミシェル・アンリ、デリダ、ジャン＝リュック・マリオンらの重要な論考を掲載するなど、現在まで活発な活動を続けている雑誌『哲学』のミニュイ社からの創刊（一九八四年、以降一九九四年まで一〇年間、ピエール・ゲナンシアとともに編集長を務める）、同じくミニュイ社での「哲学」叢書の創刊（一九八九年）などが挙げられる。高等師範学校の教師としても、ジョスラン・ブノワ、クロード・ロマノ、ドミニク・プラデルら若い世代の現象学者を数多く育てている。その後一九九一年にはトゥール大学教授、一九九六年からはパリ第十大学教授に着任し現在に至る。また一九九三年には大阪大学主催のシンポジウムに参加するために来日し、「神の死と哲学の課題」と題する基調講演を行う（これは一九九八年の『ニーチェと神の影』の一部となる）。また二〇〇一年には中国での現象学会にも参加し講演を行った。

これまでの著作は以下の通りである。

Chair et corps, Minuit, 1981（『身体と物体』）

Heidegger et le problème de l'espace, Minuit, 1986（『ハイデガーと空間の問題』）

Nietzsche et l'ombre de Dieu, PUF, 1998（『ニーチェと神の影』）

Dramatique des phénomènes, PUF, 2001（本書）

また以下のものをフランス語に翻訳している。

Eugen Fink, *De la phénoménologie*, Minuit, 1974（オイゲン・フィンクの *Studien zur Phänomenologie 1930-1939*, Martinus Nijhoff, 1966 の仏訳）

Edmund Husserl, *La terre ne se meut pas*, Minuit, 1989（共訳、「コペルニクス説の転覆」などフッサールの草稿三つを仏訳したもの）

Edmund Husserl, *Notes sur Heidegger*, Minuit, 1993（共訳、『存在と時間』と『カントと形而上学の問題』へのフッサールの書き込み、ブリタニカ草稿の別ヴァージョンなど、フッサールとハイデガーの関わりをめぐるテクストを仏訳したもの）

その他に学会、シンポジウム、座談会、書評会での発表が多数ある。

本書の読解にも無益ではないであろうと思われるので、これまでの三つの著作とそれに関連するフランスでの現象学研究の歴史的状況をごく簡単に紹介しておこう。

最初の著作である一九八一年の『身体と物体』（副題は「フッサールの現象学について」）は、特にその「身体Leib＝chair」の概念に着目しながら、そこからフッサール現象学の身分規定そのものについて問い直そうとするものである。ほぼ二〇〇頁とけっして大著ではないものの、当時刊行されていたフッサリアーナのほとんど全体

（特に第一三—一五巻の相互主観性をめぐる草稿群）に目を配った総合的研究であり、「性的差異」への着目、「身体の他の身体との関係」、つまり「自己の他なるものへの接触としての自己の自己への接触」である「身体的関係」こそが「根源的事実性である」、「身体が時間を与える」のであって逆ではない、など、著者に独自のテーゼはすでにこの著作において姿を現している。本書に収録されている「身体と時間構成の問題」は、フッサール現象学の要をなすはずの「構成」という観点から『身体と物体』の議論を展開したものと言えよう。

ところで注目すべきことは、フランスの現象学研究史の中でこの『身体と物体』の持つ意義である。フッサールの著作の仏訳が本格的に始まった一九五〇年代後半から一九六〇年代後半にかけては、それに比例するかのように現象学関係の重要な著作が公刊されていた。例えばレヴィナスの主著の一つである『全体性と無限』（一九六一年）やアンリの大著『顕現の本質』（一九六三年）、メルロ＝ポンティの遺稿である『見えるものと見えないもの』（一九六四年）は言うまでもないとして、フッサールについてのモノグラフィーとしてもデリダの『声と現象』（一九六七年）、ルネ・シェレールの『フッサール論理学研究の現象学』（一九六七年）、ジェラール・グラネルの『フッサールにおける時間と知覚の意味』（一九六八年）などの成果が挙げられよう。ところがフッサールの仏訳がさらに盛んになる一九七〇年代に入ると、それと反比例するかのようにフランスでの現象学関係の著作の出版が急激に減少していく。学生の側からすると、現象学を学ぼうにもパリの大学には現象学を教えることのできる教師はほとんどおらず、例えばアンリがモンペリエ、アンリ・マルディネがリヨン、グラネルがトゥルーズなど、みなパリではなく地方の大学で教えており、パリにとどまっているとしても『イデーン』第一巻を仏訳したリクールや『論理学研究』を仏訳したシェレールの関心はすでに現象学からは離れつつあった。レヴィナスがポワチエからパリに戻って来てはいたもののその当時はまだマイナーな存在でしかなかったし、デリダが高等師範学校でフッサールについての研究グループを組織し、またハイデガーについての講議を地道に行っていた程度であった（上に述べたようにフランクもその参加者の一人であった)。著者によればこのような状況の中で、現象学を専攻しようという学生もほとんどいなかったとのことであり、例えばフランクとほぼ同世代のマリオン(一九四六年生まれ)やクルティヌ(一九四四年生まれ)にしても、当時は前者はフェルディナン・アルキエのもとでデカルト研究、後者はピエール・オーバンクのもとでアリストテレス、スアレス、シェリングというアリストテレス主義の系譜の研究に従事していた。両者ともハイデガーへの関心は共有していたものの、それはハイデガーの存在論そのものに対する関心というよりは、ハイデガーの哲学史を扱うその手つきについての関心であったという(この点に関しては次のドミニク・ジャニコーの書に収録されている各々の証言を参照されたい。Dominique Janicaud, *Heidegger en France*, tome II, Albin Michel, 2001. ハイデガーについてだけではなく、フッサールも含めた現象学全体のフランスでの受容の歴史に関してこの書は非常に有益である)。

アンリ、レヴィナスがパリでもようやく注目され、マリオンらも本格的に現象学研究を開始する一九八〇年代前半になるとこうした状況は解消されることになるが、言わばパリではほぼ一〇年にわたる現象学不毛の時代があったということである。このような状況の中で一九八一年に出版された『身体と物体』は、その後のフランス現象学研究の復興を考えれば、その先駆けともなった作品であり、その意味でフランスの現象学研究史における位置は重要であると言えるだろう。実際この書は現在のフランス現象学界ではすでに古典としての地位を確立している。

ところでフランスにおけるこの現象学不毛の時代は、単にフッサール研究不毛の時代であったというだけではなく、ハイデガー研究不毛の時代でもあった。ハイデガーの御墨付きを持つジャン・ボーフレを中心としたきわめて排他的なグループによってハイデガーの紹介は独占され、彼らによってハイデガーの仏訳はそれなりに進んではいたものの、実際にはこのグループによる仏訳は内容的にはかなりの問題を孕んでおり、またボーフレ子飼いのフランソワ・ヴザンによる『存在と時間』のフランス初の全訳が出るのがようやく一九八六年という遅さであった(しかもこの訳に多くの問題があることはつとに指摘されることである)。またボーフレ一派がボーフレ自身を始めとして大学で教えていたのではなく、リセあるいは高等師範学校入学試験のための準備学級の教師であったため、フランスの大学でのハイデガーの受容はほとんど進んでおらず、フランス哲学界全体としてはハイデガーに関してかなり変則的な受容の仕方がなされていたわけである。実際この時期ハイデガー研究のまとまった著作としては、アンリ・ビローの『ハイデガーと思惟の経験』(一九七八年)くらいしか出版されていないが、これは大著であるとはいえ、ハイデガーとカントの関係に的を絞ったものであり、ハイデガーの存在論の問題に正面から取り組んだものとは言えない。

フランクの第二作『ハイデガーと空間の問題』が出版されたのも、そのようなハイデガー研究不毛の時代が続いていた一九八六年のことである。この著作も大著ではないが、『存在と時間』のインパクトを正面から受け止めつつ、そこで巧妙に排除されている身体の問題系を、ハイデガーの存在論を丹念に辿ることによってあぶり出していくという手法を取っている。その結果明らかにされるのは、脱自的時間性の過剰で不当な重視が『存在と時間』の議論を支えつつも、同時にその限界を示していること(つまりそこにこそ『存在と時間』の未完の理由が存している)、またこの脱自的時間性の重視によって覆い隠された空間とは、もちろん哲学史の中で「延長する事物 res extensa」と同一視されてきた空間などではなく、そのような空間にも脱自的時間性にもけっして還元されない、身体と結びついた空間、現存在の空間性に先立つ身体の根源的空間性だということである。『身体と物体』におけるテーゼは、ここでもハイデガーに即する形で反復される。「他の身体との交錯における身体」、このような「身体は存在も時間もなく身体化する」。本書に収録されている「存在と生けるもの」は、この身体と空間を、今度は生・生命の問題として捉え直してハイデガーの思索の中に探ろうとするものである。この書の出版を皮切りに、ジャニコー、ミシェル・アール、ジャン・グレーシュ、マルレーヌ・ザラデルらの本格的なハイデガー論がフランスでも相次いで上梓されることになる。またこの書の出版の前後にフランクはマリオン、クルティヌらと共に高等師範学校や国立学術研究センターでハイデガーについてのセミナーを組織し、秘教的な読解と受容からハイデガーを解放し、大学でハイデガーが論じられることができるような環境の整備に努めた。さらにそのことは、フッサール文庫の設立やそこを拠点としたフッサール研究の組織化とも結びついて、それまでほとんど分離されていたフッサール研究とハイデガー研究が総合されて行く機縁ともなる。なお『身体と物体』と『ハイデガーと空間の問題』を合わせた「身体と空間性についての現象学的探究」により、フランクは一九八六年に国家博士号を取得している。

第三の著作である『ニーチェと神の影』はタイトルにある通りこれまでとは一転してニーチェに関する研究である。ただしニーチェ研究とはいえ、その背後に控えているのは著者の現象学的思索であり、またキリスト教についての深い造詣である。現象学、キリスト教、そしてニーチェについての精緻な読解が相まって五〇〇頁近い大著となったこの書をここで手短に紹介することは不可能である。このニーチェ論の翻訳も進行中であると聞くので、それを直に御覧になるよう薦めておきたい。ただこのニーチェ論に関連して補足しておくべきことがある。この点はしばしば誤解されがちなのであるが、著者のキリスト教についての造詣は並々ならぬものがあるとはいえ、ディディエ・フランク自身はキリスト教にはきわめて批判的だということである。キータームである chair, incarnation にしてもキリスト教的な含意は一切込められておらず、反キリスト教的立場を採るという点においては、フランクが直接教えを受け、本書でも詳しく論じられているレヴィナス、あるいは本書では論じられていないものの個人的に親しくしており、その影響も伺えるアンリとはあくまでもはっきりと一線を画している。例えばレヴィナスに対する評価はあくまでも現象学者としての評価であって、倫理学者としてのそれではなく、ユダヤ教的発想とも結びついたレヴィナスの倫理学に対する批判が本書の各所で表明されていることは、一読すれば自ずと明らかであろう。また著者の古くからの友人でもあるマリオンに対しても、カトリック神学を背景とするその現象学的立場にはやはり批判的である。さらにこれもついでながら補足しておくと、フランクは同じchairというタームを使用しながらも、もともとの発想がキリスト教神学に根差しているメルロ＝ポンティに対しては全面的に批判的である（メルロ＝ポンティと同じ意味ではchairという概念を使ったことはけっしてなく、フッサール現象学の持つ超越論的性格の無視、ハイデガー的存在論の不十分な位置づけなど、メルロ＝ポンティに賛同することはできないとのこと）。

本書を上梓した後、著者は現在、後期ハイデガー、特にそのアレーテイアと性起Ereignisとの関係、形而上学・キリスト教との対決についての著作を準備中とのことである。

本論集はこれまで雑誌や共同論文集に発表された論考と書き下ろしの論考をまとめたものである。以下その初出一覧を掲げておく。なお既発表のものは本書収録にあたって大幅に加筆修正がなされている。

「日本語版のための序文」本訳書のための書き下ろし

一、「身体と時間構成の問題」《La chair et le problème de la constitution temporelle》、『現象学と形而上学 *Phénoménologie et métaphysique*』、フランス大学出版の「エピメテ」叢書 Collection 《Épiméthée》、一九八四年、所収

二、「存在と生けるもの」《L'être et le vivant》、『哲学 *Philosophie*』誌、第一六号（一九八七年秋）、所収

三、「現象学の対象」《L'objet de la phénoménologie》、『クリティック *Critique*』誌、第五〇二号（一九八九年三月）、所収

四、「差異の身体」《Le corps de la différence》、『哲学 *Philosophie*』誌、第三四号（一九九二年春）、所収

五、「現象学を超えて」《Au-delà de la phénoménologie》、初出はスペイン語、『現象学と人間科学 *Fenomenologia y Ciencias Humanas*』、サンティアゴ・デ・コンポステーラ大学、一九九八年、所収

六、「現象の演劇的展開」《La dramatique des phénomènes》書き下ろし

また訳者の担当箇所は以下のとおりである。

「日本語版のための序文」　本郷　均
一、「身体と時間構成の問題」　米虫正巳
二、「存在と生けるもの」　久保田淳
三、「現象学の対象」　本郷　均
四、「差異の身体」　河合孝昭
五、「現象学を超えて」　本郷　均
六、「現象の演劇的展開」　米虫正巳

ただし翻訳にあたっては訳者同士でお互いの訳稿を交換して全員で検討した。全訳者がすべての箇所に目を通しており、訳の全体に対して訳者全員が共同で責任を負う。

最後になるが、本訳書がこうして出版の運びに到ったのも、実に多くの方たちのお力添えのおかげである。ここにお名前を挙げることで謝辞に代えさせていただきたい。

まず大阪大学大学院教授の山形頼洋先生と同志社大学助教授の庭田茂吉先生。両先生は本書の翻訳を思い立ったわれわれ訳者たちのために出版社紹介の労を取って下さった。またさらに山形先生は本書のために特別に解説を寄せて下さった。

南山大学名誉教授の立松弘孝先生。『イデーン』第二巻の翻訳者の一人であられる立松先生からは訳語その他について貴重な御教示をいただいた。

関西大学助教授の三村尚彦氏、日本学術振興会特別研究員の川瀬雅也氏、現在ドイツのブッパタール大学で博士論文を準備中の田口茂氏（早稲田大学大学院）。これらお三方には原稿や初校の段階でわれわれの訳稿に目を通していただき、様々な御教示や御意見を頂戴した。

著者のディディエ・フランク氏。訳者たちの様々な質問に対して丁寧に答えて下さった上に、訳者たちの求めに応じて「日本語版のための序文」を執筆下さった。また個人的な経歴やフランス現象学の歴史的状況に関しても貴重な情報をいただいた。

そして最後に萌書房の白石徳浩氏。専門的な学術書の出版事情が非常に厳しい中、本訳書の出版をお引き受けいただき、われわれ訳者たちをいろいろと支えて下さった。訳者たちの非力によりいろいろと御迷惑をおかけしたことをお詫びすると共に、心より感謝します。

二〇〇三年二月三日

訳者一同

■著者紹介

ディディエ・フランク（Didier Franck）

1947年パリ生まれ。パリ第10大学（ナンテール校）博士課程修了。高等師範学校専任講師等を経て，現在，パリ第10大学教授。*Chair et corps*, Minuit, 1981（『身体と物体』），*Heidegger et le problème de l'espace*, Minuit, 1986（『ハイデガーと空間の問題』），*Nietzsche et l'ombre de Dieu*, PUF, 1998（『ニーチェと神の影』）他。

■訳者紹介

本郷　均（ほんごう　ひとし）

1959年生まれ。早稲田大学大学院文学研究科博士後期課程（哲学専攻）満期退学。現在，東京電機大学工学部助教授。『仏蘭西の思想と倫理』（共著：行人社，2001年），「前期メルロ＝ポンティにおける反省と哲学」『東京電機大学工学部研究報告（人間科学，英語系列編）』（第21号，2002年）他。

米虫正巳（こめむし　まさみ）

1967年生まれ。大阪大学大学院文学研究科博士後期課程（哲学哲学史専攻）退学。現在，関西学院大学文学部助教授。「生命と主観性――科学と形而上学の間で」関西学院大学哲学研究室『哲学研究年報』（第34輯，2000年），「フランス哲学における最近のイデオロギー的語調について」関西学院大学人文学会『人文論究』（第51巻第3号，2001年）他。

河合孝昭（かわい　たかあき）

1969年生まれ。早稲田大学大学院文研究科博士後期課程（哲学専攻）満期退学。パリ第10大学（ナンテール校）第3課程 D. E. A.（哲学）取得。現在，早稲田大学非常勤講師。『仏蘭西の思想と倫理』（共著：行人社，2001年），エマニュエル・レヴィナス『実存の発見』（共訳：法政大学出版局，1996年）他。

久保田淳（くぼた　じゅん）

1969年生まれ。現在，東京大学大学院総合文化研究科博士課程（地域文化研究専攻）在学中。「他者の『死』と自己の確証――デリダの『アポリア』におけるハイデガー読解」『言語態』（第1号，2000年），『ミシェル・フーコー思考集成Ⅵ』（共訳：筑摩書房，2000年）他。

現象学を超えて

2003年5月30日　初版第1刷発行

訳　者　本郷　均・米虫正巳
河合孝昭・久保田淳

発行者　白石徳浩

発行所　萌書房《きざす》
〒630-1242　奈良市大柳生町3619-1
TEL（0742）93-2234 / FAX 93-2235
[URL] http://www3.kcn.ne.jp/~kizasu-s
振替　00940-7-53629

印刷・製本　共同印刷工業・藤沢製本

ISBN4-86065-006-9